TRAVAIL DU LABORATOIRE DE PATHOLOGIE EXPÉRIMENTALE ET COMPARÉE
DE M. LE PROFESSEUR STRAUS

ÉTUDE

SUR LA

BRONCHO-PNEUMONIE

(ANATOMIE PATHOLOGIQUE, BACTÉRIOLOGIE, PROPHYLAXIE)

Par le Dr ERNEST MOSNY

INTERNE LAURÉAT DES HOPITAUX DE PARIS (MÉDAILLE D'ARGENT 1890)
MONITEUR AU LABORATOIRE DE PATHOLOGIE EXPÉRIMENTALE ET COMPARÉE

PARIS
G. STEINHEIL, ÉDITEUR
2, rue Casimir-Delavigne, 2

1891

ÉTUDE

SUR LA

BRONCHO-PNEUMONIE

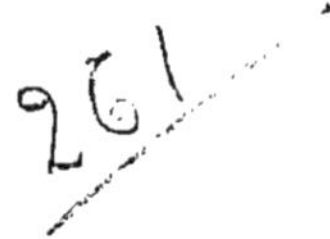

TRAVAIL DU LABORATOIRE DE PATHOLOGIE EXPÉRIMENTALE ET COMPARÉ
DE M. LE PROFESSEUR STRAUS

ÉTUDE
SUR LA
BRONCHO-PNEUMONI

(ANATOMIE PATHOLOGIQUE, BACTÉRIOLOGIE, PROPHYLAXIE)

Par le Dr Ernest MOSNY

INTERNE LAURÉAT DES HOPITAUX DE PARIS (MÉDAILLE D'ARGENT 1890)
MONITEUR AU LABORATOIRE DE PATHOLOGIE EXPÉRIMENTALE ET COMPARÉE

PARIS
G. STEINHEIL, ÉDITEUR
2, rue Casimir-Delavigne, 2

1891

TABLE DES MATIÈRES

IIe PARTIE

Pièces justificatives

INTRODUCTION

Malgré le nombre des travaux publiés sur la broncho-pneumonie, il est incontestable qu'actuellement encore les histologistes et les bactériologistes sont loin de s'entendre aussi bien sur le processus histologique de ses lésions que sur la nature de leurs agents pathogènes.

Les anatomistes qui, dans la première moitié de ce siècle, firent l'étude macroscopique des lésions de la broncho-pneumonie, les différencièrent bien de celles de la pneumonie franche. Ils montrèrent bien que ce qui caractérisait la broncho-pneumonie était le début constant de ses lésions par la bronchite capillaire, et qu'à cette bronchite initiale, primordiale, appartenait le rôle prépondérant dans la répartition topographique des lésions du parenchyme pulmonaire. Enfin, ils reconnurent que si quelques-unes de ces dernières étaient bien de nature inflammatoire et dues à l'extension de la bronchite à l'alvéole, d'autres devaient être considérées comme des lésions purement mécaniques, déterminées par la simple oblitération des conduits bronchiques, par les produits d'exsudation provenant des parties enflammées.

Tel était l'état de la question lorsqu'on aborda l'étude histologique de la broncho-pneumonie, et il faut bien reconnaître que l'intervention du microscope, loin de l'élucider, ne fit au début que l'obscurcir davantage.

Les uns, préoccupés par les seules lésions du parenchyme pulmonaire, les comparèrent à celles de la pneumonie franche, les en rapprochèrent et finirent par identifier complètement la pneumonie lobulaire à la pneumonie franche.

Les autres, au contraire, accentuèrent les différences qui les séparaient l'une de l'autre : ils attachèrent si peu d'importance aux lésions du parenchyme qu'ils n'y virent que le résultat de l'extension de la bronchite et de la péri-bronchite, encore quelques auteurs avaient-ils restreint l'importance de ces lésions du parenchyme au point de les mettre presque toutes sur le compte de l'obstruction bronchique, et d'en faire de simples lésions mécaniques, secondaires, accessoires.

Les anatomistes étaient donc loin de s'entendre sur le processus histologique de la broncho-pneumonie, lorsque les premières recherches bactériologiques vinrent jeter encore plus de confusion et d'obscurité dans la question.

Chacun croyant trouver dans les broncho-pneumonies secondaires l'agent pathogène de la maladie initiale, étudia séparément les cas de broncho-pneumonie secondaires soit à la rougeole, soit à la diphthérie ou à d'autres affections encore. On en arriva à assigner à chaque cas, suivant son origine clinique, des caractères anatomiques capables de le distinguer des autres et un agent pathogène spécial qui, dans l'esprit des auteurs, ne devait être autre que celui de la maladie initiale.

On voit sans peine quelle confusion devait jeter cette multiplication des formes cliniques, anatomiques et bactériennes dans la description de la pneumonie lobulaire.

Mais ce travail de dissociation devait, contrairement à l'intention des auteurs, aboutir à l'unification du processus histologique et des causes de la broncho-pneumonie.

On ne tarda pas à s'apercevoir, en effet, que dans tous les cas de broncho-pneumonie primitive ou secondaire, quelle que soit l'affection qui l'avait précédée, les microbes étaient toujours les mêmes, et les lésions ne se distinguaient entre elles que par des variations d'intensité d'un processus inflammatoire toujours essentiellement identique.

A l'époque où nous entreprenons ce travail, on admet donc que la broncho-pneumonie peut être primitive ou secondaire, et que dans ce dernier cas elle ne survient dans le cours ou à la suite de certaines maladies infectieuses qu'à titre de complication, d'infection secondaire, puisque, dans tous les cas, elle est due à un nombre restreint de microbes : Pneumocoque lancéolé, streptocoque pyogène, et Pneumobacille de Friedlænder, capables de déterminer indifféremment ses lésions.

L'opinion la plus généralement admise à l'heure actuelle, attribue donc aux mêmes agents pathogènes les processus pneumoniques aigus, lobaires ou lobulaires.

Et pourtant, on a déjà, dans ces derniers temps, tenté d'unifier les causes de la pneumonie franche, puisque les travaux les plus récents n'admettent plus que le pneumocoque lancéolé comme cause unique de ses lésions.

L'étude anatomique et bactériologique d'un certain nombre de broncho-pneumonies nous a conduit à penser que l'on pouvait, comme pour la pneumonie franche, attribuer à la broncho-pneumonie une cause unique, invariable.

Nous nous proposons donc, dans ce travail, de montrer que les différences incontestables qui existent entre la pneumonie lobaire et la pneumonie lobulaire, surtout au point de vue de la progression et de la répartition topographique des lésions inflammatoires, correspondent à des différences dans la nature de leurs agents pathogènes.

Nous opposons la *pneumonie lobulaire* à la *pneumonie*

lobaire, la première due à l'action du *Streptocoque,* la seconde à celle du *Pneumocoque,* et nous montrons que si, dans certains cas, la première peut être attribuée à l'action du pneumocoque, il s'agit constamment dans ces cas d'une forme anatomique spéciale de la broncho-pneumonie, la *forme pseudo-lobaire* qui, tant au point de vue de la répartition de ses lésions qu'à celui de son origine bactérienne, doit être rapprochée de la pneumonie franche, et considérée comme une forme de cette dernière spéciale à l'enfant.

PREMIÈRE PARTIE

HISTOIRE ET CRITIQUE

CHAPITRE PREMIER

Anatomie pathologique

L'histoire de la broncho-pneumonie date de 1823, époque à laquelle on la sépara de la pneumonie. C'est en effet en *1823* que Léger montra que, contrairement à la pneumonie de l'adulte, celle de l'enfant était bilatérale, souvent symétrique, et que son aspect également spécial, rappelait celui de la rate : c'est pour cette lésion spéciale qu'il créa le mot de *Splénisation*.

Berton (1828), Burnet (1833) et de la Berge (1834), allant plus avant dans cette voie de différenciation des lésions, montrèrent la disposition lobulaire de la pneumonie de l'enfant, et subordonnèrent cette localisation à la bronchite.

Dès lors, la broncho-pneumonie était créée, non pas comme forme de pneumonie spéciale à l'enfant, mais bien comme entité nosologique distincte de la pneumonie; et Rilliet et Barthez en 1838 établirent bien qu'il existe chez l'enfant deux variétés de pneumonie : l'une lobaire qu'ils considéraient comme primitive, l'autre lobulaire qu'ils regardaient comme secondaire. Mais l'observation rigoureuse des faits les obligea à reconnaître qu'il y a bien aussi des pneumonies lobaires secondaires qu'ils croyaient d'ailleurs très rares, et qu'ils ne pouvaient s'empêcher de déclarer n'être le plus souvent que des broncho-pneumonies.

A peine la broncho-pneumonie était-elle créée, à peine

avait-on fait les premiers pas dans la détermination de cette nouvelle entité nosologique, que déjà on cherchait à la dissocier, et qu'on commençait à en décrire des variétés anatomiques et des formes cliniques.

C'est ainsi que Barier décrit trois variétés de pneumonie lobulaire, l'une *disséminée*, une autre *généralisée*, une troisième enfin qu'il nomme *pseudo-lobaire* et qui, sauf les lésions des bronches, ressemblerait à la pneumonie lobaire franche. Cette dernière forme, que Barier rapproche de la pneumonie lobaire, établirait ainsi un lien de transition entre la broncho-pneumonie et la pneumonie. Barier, de plus, indiqua la fréquence de la terminaison de la broncho-pneumonie par la suppuration du lobule.

Fauvel, en 1840, étudiant de plus près la formation de ces abcès lobulaires, décrit sous le nom de *grains jaunes* une lésion qu'il attribue à la simple pénétration du pus des bronches dans les alvéoles pulmonaires et qui, par conséquent, serait une lésion secondaire d'ordre purement mécanique. — La lésion primordiale, la bronchite capillaire serait d'ordre inflammatoire : avec elle coexisteraient souvent, outre les lésions mécaniques, des lésions inflammatoires du parenchyme pulmonaire, la congestion et l'hépatisation, fréquentes, il est vrai, mais purement contingentes. — Les successeurs de Fauvel, poussant ses idées à l'extrême, n'admirent bientôt plus que la bronchite capillaire, niant ou tout au moins rejetant au second plan la pneumonie qui pour eux serait une exception.

Tels furent Legendre et Bailly (1844), pour qui les lésions décrites jusqu'alors sous le nom de broncho-pneumonie étaient en réalité constituées par deux sortes de lésions complètement différentes et indépendantes l'une de l'autre, pouvant, à la vérité, coïncider et se juxtaposer, mais souvent aussi existant seules, isolées, indépendantes l'une de l'autre.

La lésion primordiale, essentielle et de nature inflammatoire est la *bronchite capillaire;* elle détermine dans le parenchyme pulmonaire des lésions secondaires, congestives, mais passives et de nature purement mécanique : tel est l'*état fœtal* qui peut ou non s'accompagner de la formation de grains jaunes, c'est-à-dire de pénétration mécanique du pus de la bronche dans l'alvéole. Telles sont encore la congestion lobulaire disséminée ou généralisée et la pneumonie catarrhale qui peut exister seule ou se développer sur les parties primitivement atteintes d'état fœtal ou de congestion lobulaire généralisée. L'insufflation rend à ces parties ainsi mécaniquement lésées leur forme primitive, et ce caractère les différencie essentiellement de la *pneumonie lobulaire partielle* qui, simple variété de la pneumonie franche dont l'étendue et le siège des lésions la différencieraient seules, survient dans la bronchite capillaire, fort rarement d'ailleurs, mais en tous cas, à titre de lésion surajoutée.

Legendre et Bailly n'admettent donc, en somme, comme lésion caractéristique de la broncho-pneumonie, que la bronchite capillaire; les autres lésions ne sont que des lésions secondaires le plus souvent mécaniques (état fœtal, congestion lobulaire généralisée, pneumonie catarrhale), ou parfois inflammatoires (pneumonie lobulaire partielle), et dans ce dernier cas, toujours fortuites, contingentes, surajoutées.

Depuis Legendre et Bailly, c'est-à-dire depuis le jour où ces auteurs, à la suite de Fauvel, eurent opposé la théorie bronchitique à la théorie pneumonique de la broncho-pneumonie, tous les anatomistes qui étudièrent cette question adoptèrent, sauf quelques modifications de détail, l'une ou l'autre de ces idées.

Tous reconnaissent à la bronchite capillaire la priorité dans l'ordre chronologique d'apparition des lésions; mais tandis que les uns voient dans les lésions bronchiques le fait non seulement primordial, mais essentiel, et considèrent les lésions du parenchyme comme contingentes, secondaires, parfois inflammatoires, mais plus souvent mécaniques, — d'autres considèrent ces lésions pulmonaires comme des lésions inflammatoires non seulement commandées par la bronchite, mais encore dues à la propagation de celle-ci de proche en proche jusqu'à l'alvéole pulmonaire.

Pour Bartels (1860) et Ziemssen (1867), le fait primordial est la bronchite ; de l'oblitération des bronchioles par du muco-pus, résulte l'affaissement et la congestion du lobule, et ultérieurement son hépatisation.

M. le professeur Charcot (1877), l'un des premiers, insista sur les différences profondes qui séparent la broncho-pneumonie de la pneumonie, subordonna les lésions du parenchyme à celles des bronches, et créa, pour les expliquer, la théorie dite du *nodule péribronchique*. MM. Balzer et Joffroy, dans leurs monographies, ne firent que reproduire, en les développant, les idées de leur maître.

Pour M. Balzer (1878) la bronchite capillaire est la lésion primordiale; mais contrairement aux auteurs précédents, il se garde de mettre toutes les lésions du parenchyme sur le compte de l'obstruction mécanique des bronches; si, pour certaines d'entre elles, il en peut être ainsi, d'autres doivent être attribuées à la propagation de l'inflammation bronchique qui peut se faire superficiellement ou dans la profondeur. — Superficiellement, elle déterminera dans les alvéoles, en progressant de proche en proche, des lésions épithéliales : c'est alors la *pneumonie catarrhale* ou *splénisation*, lésion irritative analogue par sa nature et son mode de propagation aux lésions qui se développent dans les acini des glandes à la suite de la ligature de leurs canaux excréteurs. Profondément, elle déterminera la péribronchite, et par sa progression, l'hépatisation des alvéoles avoisinant la bronche malade, donnant ainsi lieu à la formation du *nodule péribronchique*. — La broncho-pneumonie, conclut M. Balzer, est donc une maladie du tissu conjonctif des espaces interlobulaires, interacineux et intra-lobulaires (bronche lobulaire et artère bronchique); il l'oppose à la pneumonie franche qui au contraire affecte le parenchyme pulmonaire (lobules et acini.)

M. Joffroy (1881), comme M. Balzer, admet que la bronchite et le péribronchite sont le point de départ des lésions d'hépatisation qui leur sont subordonnées, et n'en sont que l'extension; la péribronchite et l'hépatisation des alvéoles voisins qui en résulte constituant le nodule péribronchique. Mais, contrairement à M. Balzer, il considère la splénisation comme une lésion mécanique, au même titre que l'atélectasie, celle-ci n'étant que le premier stade de celle-là, et n'ayant par conséquent aucun rapport avec l'hépatisation qui est de nature inflammatoire.

Les auteurs dont nous allons rapidement passer les travaux en revue, accordèrent bien moins de prépondérance aux lésions bronchiques que les auteurs précédents. Ils donnent une égale importance aux lésions bronchiques, et aux lésions des alvéoles, toutes deux également de nature inflammatoire, rapprochant ainsi la broncho-pneumonie de la pneumonie franche, tout en reconnaissant que dans celle-là, la bronchite est la première en date.

Lebert (dès 1855), Traube (1856), Vulpian (1866) adoptent ces idées.

Damaschino (1867) admet la nature inflammatoire des lésions bronchiques et alvéolaires de la broncho-pneumonie, mais c'est là pour lui une inflammation catarrhale, épithéliale avec production de globules de pus, s'accompagnant parfois, il est vrai, quoique assez rarement, d'exsudation fibrineuse, ce que Virchow et Rindfleisch avaient d'ailleurs déjà observé.

Roger (dans son article du *Dictionnaire encyclopédique des Sciences médicales*) et Köster (1877) poussent encore plus loin l'analogie de la pneumonie franche et de la broncho-pneumonie, et soutiennent l'identité de leurs lésions.

Du reste, Rautenberg, dès 1874, était déjà allé si loin dans cette voie qu'il n'admettait entre la pneumonie lobaire et la broncho-pneumonie qu'une seule différence, c'est que la première était primitive et l'autre secondaire, ce qui est d'ailleurs complètement inexact.

Rindfleisch, tout en admettant que la broncho-pneumonie est due à la propagation aux petites bronches et finalement au parenchyme pulmonaire de certains catarrhes infectieux des grosses bronches, et que les lésions du parenchyme pulmonaire débutent par la pneumonie catarrhale ou desquamative pour aboutir à la pneumonie croupale, regarde comme indépendantes de ces lésions l'atélectasie et la splénisation qui seraient des lésions mécaniques liées à l'oblitération des bronches par le muco-pus.

M. G. Sée (1885) adopte d'ailleurs les mêmes idées en décrivant comme lésions inflammatoires, essentielles, la bronchite, la splénisation et l'hépatisation, et comme lésions mécaniques, accessoires, l'emphysème, l'atélectasie et la congestion.

On voit, en somme, par ce rapide exposé de l'histoire anatomique de la broncho-pneumonie que les conceptions qu'on s'en est faites ont passé par bien des alternatives qu'expliquent les points de vue divers auxquels les auteurs se sont placés pour étudier les lésions.

Lentement et péniblement séparée de la pneumonie par les premiers anatomistes, qui avaient bien vu le rôle important que jouait la bronchite dans la répartition des lésions, elle en fut plus tard rapprochée par ceux qui se préoccupèrent surtout de l'étude histologique des lésions élémentaires du parenchyme. Cela ne surprendra pas si l'on observe la réelle analogie, pour ne pas dire l'identité presque complète qui existe entre les lésions histologiques de la pneumonie lobaire et la broncho-pneumonie.

Les travaux des histologistes allemands n'ont pas peu contribué à pousser aussi loin que possible l'identification des processus pneumoniques aigus lobaires et lobulaires; et l'on ne peut s'empêcher d'être surpris, à la lecture de leurs ouvrages, de l'importance minime, sinon nulle, qu'ils accordent à la bronchite, et du peu de compte qu'ils tiennent de la répartition des lésions.

Les anatomistes français, au contraire, frappés de l'importance de la bronchite, n'hésitèrent pas à lui accorder le rôle prépondérant dans la topographie et la pathogénie des lésions du parenchyme, et virent bien que si les lésions de l'alvéole étaient presque identiques dans tous les processus pneumoniques aigus, la bronchite était, dans la broncho-pneumonie, la lésion primordiale, celle qui commandait la répartition des lésions alvéolaires, et qui donnait à la broncho-pneumonie ce cachet spécial qui empêche absolument de l'identifier avec la pneumonie franche.

On est, malheureusement, allé trop loin dans cette voie en cherchant à établir entre la pneumonie franche et la broncho-pneumonie des caractères distinctifs beaucoup plus tranchés qu'ils ne le sont en réalité, et c'est ainsi que nombre d'anatomistes ont été conduits à donner une interprétation erronée des lésions du parenchyme. Ces auteurs voulant attribuer à la bronchite seule un rôle prépondérant sinon unique dans les lésions essentielles de la broncho-pneumonie, n'ont vu, dans les lésions du parenchyme, que des lésions mécaniques, secondaires; ou bien alors, forcés d'en reconnaître la nature inflammatoire, les ont fait résulter de l'extension de la péribronchite dans la profondeur des tissus, créant la théorie dite du *nodule péribronchique.* Nous verrons comment un aspect histologique réel dans certains cas bien déterminés, a pu donner lieu à cette interprétation inexacte des faits, et à l'édification d'une théorie pathogénique que rien ne confirme.

CHAPITRE II

Bactériologie

Le caractère infectieux de la broncho-pneumonie, son épidémicité, sa contagion, avaient depuis longtemps fait présager sa nature microbienne.

Mais son apparition fréquente à la suite de maladies franchement infectieuses, telles que la rougeole et la diphthérie, en confirmant les premiers chercheurs dans cette opinion, donna malheureusement à leurs travaux une fausse direction.

Frappés de la pluralité des causes prédisposantes de la broncho-pneumonie, et confiants dans certains caractères histologiques qu'ils croyaient spéciaux à chacune des formes suivant la maladie qui l'avait précédée, ils ont naturellement été portés à rechercher dans chaque forme un microbe spécial qui, dans leur esprit, devait être celui de l'affection primitive que la broncho-pneumonie venait compliquer.

Mais leurs recherches, guidées par l'idée préconçue de la pluralité des broncho-pneumonies, ne devait aboutir qu'à leur unification. Les prétendues différences histologiques n'ont plus dès lors été considérées que comme des variantes d'un même processus pathologique, et au lieu d'attribuer les lésions pulmonaires au microbe de la maladie initiale, on reconnut qu'elles étaient dues en réalité à un nombre restreint de bactéries déterminant indifféremment par leur présence dans le poumon tous les processus pneumoniques aigus.

Cette évolution des idées sur la nature et les causes de la broncho-pneumonie apparaît d'une façon frappante lorsqu'on parcourt les travaux qui ont été publiés sur ce sujet : les premiers auteurs, en effet, n'étudient que les broncho-pneumonies spéciales, de la rougeole, de la diphthérie, etc., espérant trouver dans chacune d'elles le microbe de la maladie initiale, et la différencier par sa cause et la nature de ses lésions des complications pulmonaires analogues secondaires à d'autres affections. — Leurs successeurs, reconnaissant l'uniformité des lésions et la communauté d'origine bactérienne des broncho-pneumonies, en font des études d'ensemble, sans distinction d'origine clinique. C'est dans cet ordre qui respecte presque complètement l'ordre chronologique que nous allons étudier les différentes recherches qui ont été faites sur la broncho-pneumonie, nous réservant d'insister plus longuement sur celles qui portent sur des cas comparables à ceux que nous avons observés.

A. Recherches spéciales sur quelques broncho-pneumonies

I° Broncho-pneumonie secondaire

1° Rougeole. — MM. Cornil et Babès (1) ont décrit dans la rougeole, un microcoque arrondi de $0\mu,6$ de diamètre, très souvent uni à des coccus semblables pour former des diplocoques en 8 ou des chaînettes, et alors un peu aplatis, immobiles, très brillants, mal colorés par les violets d'aniline. Ils auraient retrouvé cet organisme dans un grand

(1) Babès. Adatok a Kangaro es a Kangaros tüdölob Koroktanához, *Orvosi Hétilap*, 1881. — Cornil et Babès, *Les Bactéries*, 3e édition, Paris, 1890. T. II. p. 274.

nombre de cas de rougeole, au début de l'éruption, dans les sécrétions catarrhales du nez, de la conjonctive et des bronches, dans les crachats et dans le sang; dans les cas où la rougeole se compliquait de broncho-pneumonie, ils retrouvaient cet organisme dans l'exsudat fibrineux pleural, dans les vaisseaux sanguins sous-pleuraux, dans quelques alvéoles voisins du tissu conjonctif périlobulaire, et surtout dans les vaisseaux lymphatiques du tissu interlobulaire et les gaines péri-vasculaires.

Ces auteurs n'hésitent pas à faire de ces organismes les agents pathogènes de la rougeole et de sa complication pulmonaire, et admettent qu'ils détermineraient celle-ci en se propageant soit par les voies lymphatiques, soit par la muqueuse des bronchioles.

Outre que ces auteurs ont souvent retrouvé, dans des cas analogues, le pneumocoque lancéolé associé à ce microbe, celui-ci pourrait bien n'être que le pneumo-bacille de Friedlænder ou même le streptocoque pyogène : c'est, d'ailleurs, une question qu'on ne peut guère résoudre, étant donnés les renseignements fort incomplets que donnent les auteurs sinon sur sa morphologie, du moins sur sa biologie, et sur les résultats de l'inoculation à l'animal.

Thaon (1), Tobeitz (2) ont, dans des poumons atteints de broncho-pneumonie secondaire à la rougeole, trouvé les mêmes organismes que le premier de ces auteurs déclare trop facilement être la cause de la rougeole et de sa complication pulmonaire. Ils n'ont, en effet, caractérisé ces orga-

(1) Thaon. A propos des broncho-pneumonies de l'enfance et de leurs microbes. *Rev. mens. de Médecine,* 1885, p. 1015.

(2) Tobeitz. Die Morbillen, *Arch. f. Kinderheilkunde*, t. VIII, 1887, fasc. 7, p, 322-369.

nismes que par leur morphologie, les tentatives de culture et d'inoculation faites par Thaon étant insuffisantes, et souvent même restées sans résultat. On ne peut donc se fonder sur des résultats aussi incertains obtenus avec une technique imparfaite et des procédés de recherche incomplets pour pouvoir accepter les conclusions de ces auteurs.

Guarnieri (1), Morel (2), employant dans leurs recherches une technique plus rigoureuse, ont mis en évidence dans des poumons de malades morts de broncho-pneumonie morbilleuse, un streptocoque qui s'y trouve à l'état de pureté, ou associé soit aux staphylococcus aureus ou surtout albus, et parfois (Morel) à des bacilles indéterminés que l'auteur n'a, d'ailleurs, jamais retrouvés dans ses cultures. Guarnieri et Morel font de ce streptocoque l'agent pathogène de la broncho-pneumonie morbilleuse; ils l'identifient par sa morphologie et ses cultures avec le streptococcus pyogenes, et considèrent la pneumonie lobulaire comme une infection secondaire à la rougeole.

On voit en somme que, parmi les recherches faites spécialement sur l'origine de la broncho-pneumonie rubéolique, celles qui ont été faites avec la technique la plus rigoureuse et la plus complète, qui, par conséquent, doivent seules entrer en ligne de compte, concordent à démontrer qu'il s'agit bien dans ce cas spécial d'une infection secondaire due à un streptocoque identique à celui de l'érysipèle ou du pus.

II. Diphthérie. — Les notions que l'on possède depuis

(1) Guarnieri. Streptococco nella broncho polmonite morbillosa. *Bull. della r. accad. med. di Roma*, 1887, n° 6, p. 367.

(2) Morel. Broncho-pneumonies consécutives à la rougeole. *Bull. Soc. Anat.*, 1890, p. 297.

quelques années sur l'agent pathogène de la diphthérie devaient, vraisemblablement, éclaircir la question de l'origine de la broncho-pneumonie diphthérique, et si l'on comprend les hésitations des auteurs qui l'ont étudiée, avant que parût le travail de Lœffler, on est surpris de voir qu'actuellement encore on n'a pu accorder un rôle quelconque à chacun, des microbes qu'on retrouve dans les portions hépatisées des poumons de diphthériques.

En effet, presque tous les bactériologistes qui ont examiné des poumons de diphthériques morts avec de la broncho-pneumonie y ont trouvé des coccus et des bacilles, mais sans pouvoir attribuer à chacun d'eux la part qui lui revenait dans la détermination de la broncho-pneumonie.

Lœffler, dans son mémoire sur la diphthérie (1884), avait déjà attribué la présence de coccus qu'il trouvait dans les fausses membranes diphthériques, à côté du *bacillus diphtheriæ,* à une invasion secondaire. Comparant ces coccus en chaînettes au streptococcus pyogenes ou erysipelatis, il reconnaissait leur rôle dans la détermination de certaines complications locales ou générales de la diphthérie. Il les trouvait parfois si nombreux qui les accusait de déterminer dans ces cas, une sorte d' « *érysipèle des muqueuses* ».

Mais si Lœffler avait donné l'interprétation exacte des faits qu'ils avait observés, les auteurs qui le suivirent, contrôlèrent ses observations, les confirmèrent, mais leur donnèrent une interprétation erronée.

C'est ainsi que Thaon (1) reconnut bien dans les foyers de broncho-pneumonie diphthérique, la présence de deux espèces de microorganismes, des coccus et des bacilles. Mais ayant toujours décelé les coccus dans les foyers les

(1) Thaon. *Loc. cit.*

plus récents, il crut leur invasion antérieure à celle des bacilles, et les regarda par conséquent comme les agents pathogènes de la broncho-pneumonie. Comme, d'autre part, Thaon était guidé dans ses recherches par l'idée préconçue que toute broncho-pneumonie est déterminée par l'agent de la maladie qu'elle complique, il en conclut que ces coccus trouvés dans les foyers récents de pneumonie lobulaire, étaient les agents pathogènes de la diphthérie et de sa complication pulmonaire.

Thaon confirma donc les observations de Lœffler, mais contrairement à ce dernier, ne sut pas interpréter ce qu'il avait vu. Sa technique est d'ailleurs trop imparfaite et trop incomplète pour justifier ses conclusions.

M. Darier (1) dans sa thèse rapporte sur 16 observations de broncho-pneumonie diphthérique, 13 cas où l'examen bactériologique a été fait. — M. Darier, comme il le dit lui-même, a voulu, dans son travail, faire œuvre d'histologiste, et la détermination des microbes n'y tient qu'une place accessoire; aussi ne les a-t-il recherchés que par les colorations des coupes. Quelque imparfaits que soient ses procédés d'investigation, il a pourtant obtenu des résultats identiques à ceux obtenus par les auteurs qui ont employé une technique plus parfaite et qui ont multiplié les procédés de recherche.

Sur les 13 observations qu'il rapporte, avec examen bactériologique, deux fois les résultats ont été négatifs; une fois il a trouvé de longs bâtonnets qu'il attribue à la putréfaction. — Parmi les 10 cas dans lesquels l'examen bactériologique a donné des résultats positifs, et a été fait dans des condi-

(1) Darier. *De la broncho-pneumonie dans la diphthérie*, th. de doctorat, Paris, 1885.

tions satisfaisantes, cinq fois il a retrouvé des coccus arrondis ou ovoïdes souvent en diplocoques ou habituellement même en chaînettes; — et dans 5 autres cas, il a trouvé, associés à ces mêmes chaînettes, des bacilles toujours moins nombreux d'ailleurs que les chaînettes, et qu'il identifie, par leur étude morphologique, avec le bacille de Loeffler.

Darier en conclut que ces bacilles, transportés dans les alvéoles pulmonaires, y feraient naître une inflammation préparant aux microcoques un terrain favorable à leur pullulation. Il compare ces coccus au *Streptococcus* décrit par Billroth, Rosenthal, Frænkel, Passet, et trouvé dans la fausse membrane diphthérique par Buhl, Letzerich, Eberth, Œrtel, Cornil, Klebs, Lœffler, etc.... Il les compare d'ailleurs également aux pneumococcus décrits par Eberth, Friedlænder, et Talamon, — n'osant pas, comme on le voit, trancher la question de leur origine et de leur nature. — Il pense, enfin, que ces coccus sont surajoutés au bacille de la diphthérie, et il leur attribue la suppuration du lobule pulmonaire.

Nous ne sommes pas absolument d'accord avec M. Darier sur ce point, et nous ne pouvons admettre ses conclusions.

Si, en effet, on se reporte à ses observations suffisamment détaillées pour pouvoir être critiquées, on y remarquera :

1° Que jamais il n'a retrouvé dans le poumon le bacillus diphtheriæ à l'état de pureté; que lorsqu'il s'y trouvait, il y était toujours associé aux chaînettes; et que ces dernières au contraire s'y trouvaient souvent seules;

2° Qu'il n'y avait que des chaînettes dans les bronchioles qui ne contenaient que du pus sans fausse membrane.

3° Que les bacilles, toujours moins nombreux d'ailleurs, ne se montraient associés aux chaînettes que dans les seuls cas où les petites bronches étaient tapissées de fausses membranes.

Les observations de M. Darier nous montrent donc à l'évidence, que la broncho-pneumonie paraît bien être une infection secondaire due au streptocoque surajouté au bacille de la diphthérie, et qu'on ne trouve ce dernier dans les foyers hépatisés que dans les seuls cas où la fausse membrane a envahi les bronchioles, et dans les seuls points où celle-ci existe. Bacille et streptocoque peuvent coexister, mais chacun agissant pour son propre compte, celui-ci déterminant les lésions broncho-pulmonaires, celui-là amenant la production de la fausse membrane.

Cela concorde parfaitement avec ce que nous avons trouvé, et nous en concluons que le bacillus diphtheriæ est incapable à lui seul de déterminer la production d'une broncho-pneumonie qui est toujours due au streptocoque pyogène.

Aussi MM. Cornil et Babes (1) n'ont-ils rencontré ce bacille dans les poumons qu'une seule fois sur 40 cas de broncho-pneumonie diphthérique.

Sœrensen (2), il est vrai, l'y aurait rencontré constamment dans 4 cas de pneumonie lobulaire, mais son étude est trop incomplète pour pouvoir être critiquée.

Enfin, dans une récente étude de la broncho-pneumonie diphthérique, MM. M. Prudden et W. Northrup (3) ont entrevu la vérité, ils ont bien vu dans les poumons atteints de broncho-pneumonie, un streptocoque, à l'état de pureté;

(1) CORNIL et BABÈS. *Loc. cit.*

(2) SÖRENSEN. Om Krup og Tracheotomie, *Nordiskt medicinskt. Arkiv.*, t. XVIII, 1886, n° 25.

(3) PRUDDEN et W. NORTHRUP. Studies on the etiology of the Pneumonia complicating diphtheria in children, *Americ. Journ. of the med. sc.*, 1889 juin, p. 562.

mais ils l'ont également retrouvé seul dans les fausses membranes du pharynx; aussi l'ont-ils décrit comme agent pathogène de la diphthérie, niant purement et simplement l'existence du bacille de Lœffler qu'ils n'avaient jamais rencontré.

Ce streptocoque qu'ils ont constamment rencontré pur ou presque pur dans les fausses membranes et dans les poumons de soixante-dix malades, a été étudié par eux au moyen des cultures et des colorations. — En outre, l'injection intra-trachéale à des lapins de cultures pures de cet organisme aurait toujours déterminé chez cet animal des pneumonies ou des broncho-pneumonies. Ils en concluent donc que la broncho-pneumonie diphthérique est due à l'introduction de ce streptocoque dans les poumons, résultant de son aspiration au niveau des foyers diphthériques des premières voies aériennes.

Si parfois on ne le retrouve pas dans les poumons hépatisés, ou si tout au moins il s'y trouve en quantité très variable, sa disparition rapide tiendrait, d'après ces auteurs, à la phagocytose.

Ce streptocoque avait déjà été étudié peu de temps auparavant par M. Prudden (1) qui, sous le nom de *Streptococcus diphtheriæ* l'avait mis en évidence dans 24 cas de diphthérie du pharynx et des voies aériennes consécutive à la rougeole et à la scarlatine; — il l'avait d'ailleurs comparé, sinon identifié, par sa morphologie, sa culture, et les résultats de son inoculation aux animaux, au streptococcus pyogenes.

Or, on sait aujourd'hui que la pseudo-diphthérie, consécutive à la scarlatine, diffère de la diphthérie vraie,

(1) *American Journ. of the med. sc.* Avril et mai 1889, p. 329 et 450.

précisément en ce qu'elle est déterminée par ce streptocoque, et que l'absence, dans ces cas, du bacille de Lœffler, suffit à écarter le diagnostic de diphthérie (1). On est dès lors en droit de se demander si tous les cas examinés par MM. Prudden et Northrup ont bien trait à la diphthérie légitime, primitive, et on doit mettre en doute les résultats qu'ils publient. Il est néanmoins probable que plusieurs de leurs cas s'y rapportent; aussi, sans attribuer comme eux la diphthérie à l'action de ce streptocoque, retiendrons-nous de leur mémoire au moins ce fait, qu'un streptocoque fort semblable, sinon identique au streptococcus pyogène, est l'agent pathogène des broncho-pneumonies diphthériques.

Cette conclusion ressort d'ailleurs de presque tous les travaux que nous venons de passer en revue, et qui tous concordent à nous faire considérer la broncho-pneumonie diphthérique comme une infection secondaire déterminée non par le bacille de Lœffler, mais par un agent pathogène surajouté qui, dans la plupart des cas, se trouve être un streptocoque fort analogue à celui de la suppuration.

III. Scarlatine. — Les observations de broncho-pneumonie scarlatineuse avec examen bactériologique sont fort rares, ce qu'explique la rareté même des complications pulmonaires de la scarlatine.

Ainsi, Marie Raskin (2), qui a fait l'étude bactériologique de 32 cas de scarlatine, ne rapporte que 2 observations

(1) Wurtz et Bourges. Recherches bactériologiques sur l'angine pseudo-diphthérique de la scarlatine. *Arch. de Médecine expérimentale*, t. II, 1890, p. 341.

(2) Marie Raskin. Klinisch-experimentelle Untersuchungen über Secundär-infection bei Scarlach, *Centralbl. f. Bakter. u. Parasitenkunde*, 1889, nos 13 et 14.

de complications pleuro-pulmonaires; l'une de pleurésie fibrineuse dont nous n'avons pas à nous occuper ici; l'autre, de scarlatine compliquée de croup et de broncho-pneumonie. Elle ne retrouva dans les foyers hépatisés qu'un streptocoque qu'elle essaya de différencier du streptocoque pyogène ou de l'érysipèle, en se basant sur des caractères si peu tranchés et si inconstants que Lenhartz (1), qui avait observé des cas analogues, n'avait pas hésité à identifier complètement ces deux organismes l'un à l'autre.

Babes (2), sur 20 cas de scarlatine suivis de mort, constata plusieurs fois l'existence d'une broncho-pneumonie, et très souvent alors il trouva dans le poumon, la plèvre et les ganglions lymphatiques de la racine des bronches, un streptocoque qu'il distingue de celui de la suppuration par des caractères également insuffisants.

Le même auteur, dans son traité de bactériologie fait en collaboration avec M. le professeur Cornil (3), rapporte 2 cas de bronchite capillaire et 11 de pneumonie catarrhale consécutifs à la scarlatine et suivis de mort : ces auteurs y ont trouvé ce même streptocoque dont la présence coïncidait dans un des cas avec le pneumocoque lancéolé de Talamon-Frænkel.

Cette présence constante du streptocoque presque toujours seul, fort rarement associé au pneumocoque, dans les complications pulmonaires de la scarlatine, ne doit pas surprendre, si l'on se rappelle le nombre des complications diverses de cette maladie où cet organisme a été décelé.

(1) *Jahrbuch f. Kinderheilkunde*, t. XXVII, oct. 1888.

(2) Babes. *Bakteriologische Untersuchungen über septische Prozesse des Kindesalters*. Leipzig, 1889.

(3) Cornil et Babes. *Loc. cit.*, t. II, p. 268.

Qu'il suffise de noter, en passant, qu'on l'avait trouvé dans le sang (Litten, Babes, Raskin), dans les reins atteints de néphrite (Cornil et Babes), dans l'angine pseudo-diphthérique (Heubner, Babes, Lenhartz, Raskin, Wurtz et Bourges), etc... Sa fréquence est même telle dans les infections secondaires de cette maladie, que certains auteurs (Klein) avaient cru voir en lui l'agent pathogène de la scarlatine.

IV. — Par ce rapide exposé critique des recherches bactériologiques qui ont été faites sur certaines broncho-pneumonies secondaires, que leur origine rapproche de nos observations, on peut voir que dans presque tous les cas, on a noté la présence du pneumocoque lancéolé ou celle du streptocoque, isolés ou associés.

Nous allons voir qu'il en est de même pour les broncho-pneumonies secondaires à des affections que nous n'avons pas eu l'occasion d'observer.

Dans des recherches faites sur la *broncho-pneumonie cholérique*, M. Dubreuilh (1) trouva des micrococques isolés ou en chaînettes, qu'il identifie au streptocoque de l'érysipèle et de la suppuration, et qui d'ailleurs avaient été déjà vus par R. Koch. Il ne les trouve que dans les alvéoles et les bronchioles, toujours plus nombreux dans les foyers hépatisés que dans les noyaux de splénisation, souvent situés dans le protoplasma des leucocytes qui remplissaient les alvéoles. — Il les considère comme les agents pathogènes de la broncho-pneumonie, et ne pense pas que leur présence puisse être attribuée à la putréfaction, ses autopsies ayant toutes été faites quelques heures après la mort.

(1) Dubreuilh. *De la broncho-pneumonie cholérique*. Thèse. Paris, 1885.

Dans la *coqueluche*, Afanassieff (1), puis Wendt (2), ont trouvé dans les crachats muqueux rejetés à la fin des quintes de la coqueluche sans broncho-pneumonie, un bacille, le *bacillus tussi convulsivœ* dont les cultures auraient déterminé, par leur inoculation aux animaux, des symptômes analogues à ceux de la coqueluche humaine, et parfois des broncho-pneumonies. — Outre que ces recherches demandent de nouvelles confirmations, elles ne nous intéressent que fort indirectement, car en admettant que l'inoculation expérimentale des cultures de ce bacille ait pu déterminer chez les animaux des lésions de broncho-pneumonie, jamais les auteurs même qui l'ont décrit dans la coqueluche, ne l'ont retrouvé dans ses complications pulmonaires, et jamais ils ne lui ont attribué la pneumonie lobulaire secondaire à la coqueluche, chez l'homme.

Les nombreux auteurs qui, dans ces dernières années, se sont occupés de la *fièvre typhoïde*, ne pouvaient certes manquer de prêter quelque attention à ses complications pulmonaires si fréquentes, si variées et généralement si graves.

Bien qu'on ait, dès 1886 et 1887, signalé dans les pneumonies typhiques un streptocoque soi-disant différent de celui de la suppuration (Neumann) (3) ou un diplocoque (E. Fraenkel et Simmonds) (4) que les auteurs se gardent d'ailleurs bien de rapprocher de celui de Talamon ou de celui de Friedlænder, malgré ces premières recherches,

(1) Afanassieff. Ætiologie und klinische Bakteriologie der Keuchhustens. *Wratsch*, 1888, n°s 3, 4, 5, 7, 8.

(2) Wendt. Recent Views regarding the pathology and treatment of pertussis, *Med. News*, 2 juin 1888.

(3) H. Neumann. Streptokokkus bei Pneumonia nach Typhus. *Berlin, Klinis. Woch.*, 1886, n°s 26 et 27.

(4) E. Frænkel et Simmonds. *Die ætiologische Bedeutung des Typhus bacillus.* 1886.

les auteurs qui suivirent firent leurs examens dans le but évident de trouver le bacille typhique dans les foyers de pneumonie lobaire ou lobulaire, aussi nombre d'auteurs l'y trouvèrent-ils souvent même à l'état de pureté (Foà et Bordoni-Uffreduzzi) (1), Chantemesse et Widal (2). Mais les résultats obtenus par ces auteurs sont passibles de graves objections. En effet, le bacille typhique se trouvant souvent dans le sang, il n'y a rien de bien surprenant à ce qu'on le retrouve dans les poumons de typhoïdiques, les recherches bactériologiques faites sur le poumon portant évidemment autant sur le sang des vaisseaux pulmonaires que sur le parenchyme même de l'organe. D'autre part, on ne retrouve le pneumocoque que quand on le recherche spécialement, quand, sans se contenter des colorations de bacilles et des cultures sur plaques, on inocule l'exsudat aux souris. On comprend donc que toute étude n'ayant pas pour but la recherche spéciale de ce microbe, le laisse facilement passer inaperçu. Enfin, il est de règle que, lorsque les examens bactériologiques sont pratiqués sur les pneumonies de date relativement ancienne, le pneumocoque a disparu ; aussi ne doit-on pas s'étonner de ne plus retrouver dans ces cas que le bacille typhique qu'on y trouvera presque à coup sûr si l'évolution de la dothiénentérie n'a pas dépassé le second septénaire.

On ne doit plus dès lors s'étonner des résultats contradictoires obtenus par les auteurs qui ont spécialement recherché dans les foyers de pneumonie lobaire ou lobulaire secondaires à la fièvre typhoïde, les agents pathogènes habituels

(1) Foa et Bordoni-Uffreduzzi. *Riforma medica*, 1887, n° 1.

(2) Chantemesse et Widal. Recherches sur le bacille typhique et l'étiologie de la fièvre typhoïde. *Arch. de physiol.*, 1887, t. I, p. 217.

des processus pneumoniques aigus. Polguère (1) avait déjà trouvé dans les pneumonies typhiques lobaires et lobulaires, plusieurs de ces organismes (bacillus pneumoniæ, streptococcus pneumoniæ, diplococcus pneumoniæ). Karlinski (2) décela la présence du streptococcus pyogène, du staphylococcus aureus, et du pneumocoque lancéolé, isolés ou associés au bacille typhique. Enfin, dans un récent travail, Arustamoff (3) y signale le pneumocoque lancéolé également associé au bacille d'Eberth mais en bien plus grande abondance que celui-ci. Aussi ne devons-nous pas être surpris que ces deux derniers auteurs considèrent les pneumonies typhoïdiques lobaires ou lobulaires comme des infections secondaires dues aux agents pneumonigènes habituels, en faisant remarquer que l'insuccès fréquent de leur recherche doit être attribué à leur disparition rapide dans les poumons, comme cela se constate souvent, même dans la pneumonie lobaire primitive.

Pendant la dernière épidémie de grippe (1889-90), les recherches bactériologiques sur les *pneumonies grippales* lobaires ou lobulaires, n'ont certes pas manqué. Dès 1886, M. Ménétrier (4) avait déjà signalé la présence du pneumocoque lancéolé dans les pneumonies et les bronchopneumonies grippales. La dernière épidémie (5) dans

(1) Polguère. *Des infections secondaires*. Thèse, Paris, 1888.

(2) Karlinski. Zur Frage ueber die Entstehung der typhösen Pneumonie. *Fortschritte der Mediz.*, t. VII, 1889, n° 18.

(3) M. J. Arustamoff. Zur Frage ueber die Enstehung der typhösen Pneumonie. *Centralbl. f. Bakter*, t. VI, 1889, p. 75 et 105 et t. VII, 1890.

(4) Ménétrier. *Grippe et Pneumonie en 1886*. Th., Paris, 1887.

(5) Les indications bibliographiques relatives aux pneumonies et bronchopneumonies grippales sont trop nombreuses pour que nous les donnions ici en détail. Nous renvoyons, pour l'étude de cette question, aux traités classiques de bactériologie, et surtout aux numéros du *Centralblatt für Bakteriologie* des années 1889 et 1890.

laquelle ces complications pulmonaires furent si fréquentes, fournit aux bactériologistes un nouveau champ d'études. — Il serait par trop long de citer ici les travaux qui ont été publiés sur ce sujet ; qu'il suffise de dire que si, parfois, on a retrouvé dans les pneumonies lobaires et lobulaires, le pneumocoque lancéolé (Leiden, Lévy, Sée et Bordas, Netter, Prior, Weichselbaum) ou le pneumobacille de Friedlænder (Gilles et Jolles de Vienne), on y a, dans la plupart des cas, décelé la présence du streptococcus pyogenes (Vincent et Vaillard, Ribbert, Prior, Weichselbaum, Babes).

La présence si fréquente de ces organismes dans tous les processus pneumoniques aigus, quelle qu'en soit l'étiologie, n'autorise guère à voir dans ces microbes les agents pathogènes de la grippe, comme le soutenaient Gilles, Jolles, Ribbert, Finkler. Il est beaucoup plus logique d'admettre avec le professeur Bouchard, avec Talamon, Weichselbaum, et la plupart des auteurs qui se sont occupés de cette question, qu'il ne s'agit en réalité dans ce cas que d'une infection secondaire de la grippe, due à un microbe surajouté, agent habituel des pneumonies lobaires ou lobulaires, primitives ou secondaires, qui, il est vrai, paraît survenir dans cette affection sinon constamment, du moins plus souvent que dans toute autre.

Quant au diplocoque encapsulé que Kirchner a décrit dans les foyers de pneumonie grippale et qu'il considère comme l'agent pathogène de la grippe, les caractères morphologiques et biologiques sur lesquels il s'appuie pour le différencier du pneumocoque lancéolé n'autorisent véritablement pas cette différenciation, et laissent supposer avec beaucoup de vraisemblance qu'il a, en réalité, eu affaire soit au pneumocoque lancéolé, soit au streptococcus pyogenes.

Dans la *tuberculose pulmonaire*, comme dans toutes les autres maladies souvent compliquées de pneumonies lobaires ou lobulaires, on a recherché la cause de la complication pulmonaire, et, dans ce cas encore, on l'a, dès le début, attribuée à l'action du bacille de la tuberculose lui-même. Thaon (1), l'un des premiers, soutint cette opinion et attribua à la broncho-pneumonie tuberculeuse un caractère spécial, distinctif des autres formes étiologiques de la pneumonie lobulaire, à savoir l'évolution fibro-caséeuse de ses lésions. Mais dans ce cas particulier comme dans tous ceux qu'il étudia, son assertion repose sur des preuves trop insuffisantes (coupes et colorations de lamelles), pour qu'on y attache une grande importance.

Cette opinion émise par Thaon sur l'origine des broncho-pneumonies tuberculeuses a, dans la suite, été portée à l'extrême par MM. Landouzy et Queyrat (2) qui, dans une série de travaux, se sont attachés à démontrer que non seulement la broncho-pneumonie des tuberculeux était due au bacille de Koch, mais même que « maintes de ces broncho-pneumonies simples d'aspect, dites *a frigore* ou rubéoliques», ne sont en réalité que des formes anatomiques de la tuberculose, spéciales au premier âge, simulant par leur évolution, leur aspect anatomique et leur structure histologique, la broncho-pneumonie simple. — Or, nous tenons à faire remarquer qu'ils n'ont constaté la présence des bacilles de la

(1) Thaon. *Loc. cit.*

(2) Landouzy. De la première enfance envisagée comme milieu organique dans ses rapports avec la tuberculose. *Congrès pour l'étude de la tuberculose*, 1888. — Landouzy et Queyrat. Note sur la tuberculose infantile. *Gazette hebdomadaire*, 1886, n°s 16 et 17. — Queyrat. *Tuberculose du premier âge et broncho-pneumonie*. Th., Paris, 1886.

M

tuberculose que dans les ganglions trachéo-bronchiques caséeux, dans des noyaux caséeux plus ou moins volumineux, siégeant au milieu de foyers vulgaires de broncho-pneumonie, mais non dans ces foyers eux-mêmes. — Ils n'ont d'ailleurs fait ni cultures, ni inoculations aux souris, et il est fort possible que, sur de simples colorations de coupes ou sur les frottis de lamelles, les agents pathogènes habituels de la broncho-pneumonie aient pu leur échapper. — Nous admettons donc parfaitement avec MM. Landouzy et Queyrat que les broncho-pneumonies de la rougeole, de la diphthérie, etc., ne sont en réalité que des complications de ces maladies; des infections secondaires surajoutées; mais nous ne pouvons admettre que le bacille de la tuberculose en soit l'agent habituel et presque constant : ce que nous avons observé ne nous permet pas d'adopter cette opinion.

Du reste, MM. Duflocq et Ménétrier (1) dans un récent travail, ont démontré que la bronchite capillaire des phtisiques était souvent due au pneumocoque lancéolé, et qu'il s'agissait donc bien là d'une infection secondaire, dans l'apparition de laquelle le bacille de Koch ne paraissait jouer que le rôle accessoire de cause prédisposante.

En somme, pour la tuberculose pulmonaire comme pour les autres affections que nous venons de passer en revue, la complication pneumonique lobaire ou lobulaire paraît bien due à une infection secondaire, à une association au bacille de Koch, de microbes capables de déterminer par eux-mêmes ces inflammations pulmonaires aiguës : telle est l'opinion de MM. Cornil et Babes (2), c'est également celle

(1) Duflocq et Ménétrier. Des déterminations pneumococciques pulmonaires sans pneumonie. *Arch. gén. de médecine*, 1890, t. I, p. 658 et t. II, p. 47.

(2) Cornil et Babes, *Loc. cit.*

que nous admettons comme conforme aux faits que nous avons observés.

En résumé, l'examen critique des principaux travaux qui ont été faits sur les broncho-pneumonies secondaires, montre à l'évidence qu'il s'agit bien là d'une complication commune à diverses maladies. Toujours invariable dans ses lésions fondamentales, seules les variations d'intensité d'un même processus histologique ont pu servir à distinguer des formes anatomiques. Or, cette différenciation ne doit pas être maintenue, puisqu'elle repose sur des caractères histologiques insuffisants et qu'elle ne s'accorde ni avec l'origine clinique, ni avec les données de la bactériologie, qui démontre au contraire la communauté d'origine microbienne de toutes les broncho-pneumonies secondaires. Nous allons voir qu'il en est en réalité de même pour les broncho-pneumonies primitives.

II° *Broncho-pneumonies primitives*

Les observations de broncho-pneumonie primitive avec examen bactériologique sont d'autant plus rares que l'affection elle-même est une exception; on en retrouve pourtant quelques exemples dans la littérature médicale.

Pipping (1) conclut de l'examen de 14 cas de broncho-pneumonie primitive étudiés au moyen des colorations, des cultures sur tubes et sur plaques de gélatine, et de l'inoculation aux animaux, que le pneumo-bacille de Friedlænder est la cause des broncho-pneumonies comme il est celle de la pneumonie franche, il reconnaît leur disparition rapide au sein des lésions anciennes, aussi ne les a-t-il pas trouvés

(1) Pipping. Kapselcoccen bei der Broncho-pneumonie. *Fortschritte d. Mediz.*, t. IV, 1886, p. 319, n° 10.

dans 7 de ses cas, et n'a-t-il pu les retrouver que dans les lésions récentes; beaucoup de ses observations sont, du reste, sujettes à caution et l'on est en droit de se demander, d'après ses descriptions, si parfois il n'a pas eu affaire au pneumocoque de Talamon-Frænkel ou au streptocoque. Ces broncho-pneumonies primitives à pneumo-bacille, il les oppose aux broncho-pneumonies secondaires qu'il attribue, sans aucune preuve, aux agents pathogènes de l'affection primitive.

Frænkel (1), contrairement à Pipping, ne peut admettre que deux affections aussi différentes que la pneumonie et la broncho-pneumonie puissent être dues aux mêmes microbes; et si, comme cet auteur, il admet que le pneumo-bacille de Friedlænder puisse être l'agent de la broncho-pneumonie, il lui refuse toute action dans la pneumonie franche qu'il attribue dans tous les cas au pneumocoque lancéolé.

Cantani (2) observa 5 cas de broncho-pneumonie aiguë primitive, contagieuse, dans une même famille. L'examen bactériologique pratiqué par M. Manfredi y révéla la présence dans les crachats, d'un streptocoque analogue à celui de Fehleisen, mais dont l'inoculation expérimentale resta sans résultat. Cantani se fonde sur ces recherches incomplètes et insuffisantes pour créer une forme nouvelle de broncho-pneumonie contagieuse aiguë, qu'il attribue à un streptocoque dont il se garde bien d'affirmer la complète analogie avec celui de l'érysipèle.

Nous-même (3) avons observé un cas de broncho-pneu-

(1) Frænkel. Weitere Beiträge zur Lehre von den micrococcen der Genuinen fibrinösen Pneumonie. *Zeitschrift f. Klin. Mediz.*, t. XI, 1886, f. 5 et 6.

(2) Cantani. *Arch. ital. di Clin. med.*, XXVII, 1, 1888.

(3) Mosny. Note sur un cas de broncho-pneumonie érysipélateuse sans érysipèle externe. *Arch. de Méd. expériment.*, 1890, p. 272.

monie primitive à laquelle nous n'avons donné l'épithète d'érysipélateuse que parce qu'elle était survenue chez une personne donnant des soins à un malade atteint d'érysipèle de la face. Un streptocoque en tous points identique au streptococcus erysipelatis en était la cause : c'était donc bien réellement une broncho-pneumonie primitive à streptocoques. Or, on verra que la broncho-pneumonie, qu'elle soit primitive ou secondaire, est due à cet agent microbien à qui elle doit sa répartition irrégulière, lobulaire, si caractéristique, et qu'il ne s'agit, dans la différenciation des divers cas, que d'une question de dose et de virulence du streptocoque. C'est là qu'est la véritable cause de l'extrême variabilité de la gravité des symptômes et la rapidité plus ou moins grande de la généralisation de l'infection.

B. — ÉTUDES D'ENSEMBLE SUR LA BRONCHO-PNEUMONIE

L'historique et la critique des travaux les plus importants qui ont été faits sur la broncho-pneumonie, montrent à l'évidence que tous les auteurs qui nous ont précédé dans cette voie, dominés par la multiplicité des affections qu'elle compliquait, ont toujours cherché à y déceler l'agent pathogène de cette affection primitive.

Quant aux broncho-pneumonies primitives, on a cherché à les assimiler plus ou moins complètement à la pneumonie franche, et on leur a décrit les mêmes agents bactériens, ou bien alors, on les en a différenciées, les attribuant à l'action du streptocoque et du pneumo-bacille de Friedlænder.

Or, si l'on jette une vue d'ensemble sur toutes ces monographies spéciales, on ne peut manquer de s'apercevoir que dans tous les cas on a trouvé les mêmes microbes, le pneumocoque lancéolé, le streptocoque ou le pneumo-bacille.

Aussi nombre d'auteurs, renonçant à trouver dans chaque broncho-pneumonie le microbe de la maladie initiale, ont-ils étudié cette affection dans son ensemble, sans tenir aucun compte de son origine clinique. C'est là une étape importante dans l'histoire bactériologique de la broncho-pneumonie, qui marque un grand progrès dans la voie de l'unification de ses causes.

Massalongo (1), dans une première série de recherches purement expérimentales sur la nature des broncho-pneumonies, identifie leurs lésions élémentaires à celle de la pneumonie franche, et admet que tous les processus pneumoniques aigus spontanés, qu'il s'agisse de pneumonie franche ou de broncho-pneumonie, sont toujours liés au pneumocoque : encore faut-il faire observer qu'il a en vue le pneumo-bacille de Friedlænder et non le pneumocoque lancéolé. — Quant à l'énorme différence de localisation des lésions qui permet dans tous les cas de les distinguer l'une de l'autre, aussi bien au lit du malade que sur la table d'autopsie, Massalongo en fait si peu de cas, qu'à peine essaye-t-il de l'expliquer par l'existence fort hypothétique d'une bronchite antérieure, et par l'action au moins aussi douteuse du microbe pathogène de l'affection initiale.

Dans un second travail, fait d'après des observations cliniques et basé sur la recherche purement microscopique des bactéries, il confirme l'unité étiologique des pneumonies lobaires et lobulaires, et attribue leurs différences anatomiques, qu'il regarde comme insignifiantes, aux différentes

(1) MASSALONGO. Contribution à l'étude expérimentale de la pneumonie et de la broncho-pneumonie. *Arch. de physiol. normale et pathol.*, 1885. 2e semestre, p. 526. — MASSALONGO. *Etiologica e pathogenesi delle broncho-pneumoniti acute. Estratto della Gazzetta degli Ospitali*, 1887, n° 6.

façons d'agir du même microbe, à ses divers degrés de virulence, et aux conditions diverses dans lesquelles se manifeste la broncho-pneumonie.

Weichselbaum (1), dans une des monographies les plus importantes et les plus complètes qui aient été faites sur ce sujet, étudie 129 cas de pneumonie, dont 102 sont primitives, et 27 secondaires, les unes et les autres étant indifféremment lobaires ou lobulaires. De cette étude, il conclut que quatre espèces de microbes peuvent déterminer les lésions de la pneumonie, que celle-ci soit primitive ou secondaire, lobaire ou lobulaire, et que chacune de ces formes de la pneumonie aiguë peut être produite indifféremment par l'un quelconque de ces microbes isolé ou associé à l'un des trois autres. Ces microbes sont :

1° Le *Diplococcus pneumoniæ* qui n'est autre que le pneumocoque lancéolé de Talamon-Frænkel, et que Weichselbaum a retrouvé dans le plus grand nombre des cas (94 fois);

2° Le *Streptococcus pneumoniæ* que Weichselbaum différencie longuement du précédent, et qu'il compare au Streptococcus erysipelatis ou pyogenes, sans pourtant oser affirmer leur identité absolue, bien qu'une assimilation complète entre ces deux organismes paraisse ressortir de l'étude morphologique, biologique et expérimentale qu'il en fait ;

3° Les *Staphylococcus aureus* et *albus* qu'il n'a presque jamais retrouvés que dans les broncho-pneumonies secondaires;

4° Le *Pneumobacille de Friedlænder* qu'il étudie sous le nom de *bacillus pneumoniæ.*

(1) WEICHSELBAUM. Ueber die Ætiologie der acuten Lungen und Rippenfellentzündungen. *Mediz. Jahrbücher*. Wien, 1886, p. 483.

Weichselbaum, on le voit, tout en admettant la multiplicité d'origine bactérienne des broncho-pneumonies, restreint beaucoup le nombre des microbes qui peuvent leur donner naissance, en reconnaissant que seuls ces microbes sont la cause des processus pneumoniques aigus, quelle qu'en soit la forme anatomique et l'origine clinique.

H. Neumann (1), étudiant les processus pneumoniques aigus plus spécialement chez l'enfant, pense que si la pneumonie franche primitive est une infection pure à pneumocoques, les broncho-pneumonies, bien que dues au même pneumocoque dans la plupart des cas (10 sur 16 dans ses observations), sont souvent dues à d'autres microbes (Streptocoque pyogène, staphylocoques).

M. Netter (2), comme les auteurs qui précèdent, admet la multiplicité des origines de la broncho-pneumonie, car sur 50 cas examinés par lui (7 broncho-pneumonies chez le vieillard, 7 chez l'adulte et 36 chez l'enfant), il a trouvé isolés ou associés à l'un des autres

Le Streptocoque — 21 fois.
Le Pneumocoque — 14 —
Le Pneumo-bacille — 20 —

Il en conclut que la broncho-pneumonie est une infection secondaire à la rougeole, la coqueluche, etc..., et non pas une détermination locale de la maladie générale qui l'a précédée. Il pense que les caractères cliniques et anatomiques des broncho-pneumonies diffèrent suivant le microbe qui leur a donné naissance. — Enfin, cette complication pulmo-

(1) H. Neumann. Bakteriologischer Beitrag zur Ætiologie der Pneumonien in Kindesalter. *Jahrbuch für Kinderheilkunde.* t. XXX, 1889, p. 233.

(2) Netter. *Comptes rendus des séances de la Soc. méd. des hôpitaux* de Paris, 1889, p. 330.

naire de beaucoup de maladies, infectieuses parfois, mais rarement contagieuses, serait le plus souvent le résultat d'une auto-infection due à l'invasion, dans les poumons, des bactéries (streptocoques, pneumocoques, pneumobacilles) contenues normalement dans la bouche des sujets sains.

MM. Cornil et Babès (2), au contraire, enseignent que si les broncho-pneumonies sont toujours secondaires, elles se propagent à l'alvéole pulmonaire, soit le plus souvent par les voies aériennes, soit par les canaux lymphatiques, soit par les vaisseaux sanguins. Quel que soit leur mode de production, elles seraient dues aux microorganismes des différentes maladies qui les précèdent, bien que parfois elles puissent reconnaître pour cause le pneumocoque lancéolé, soit isolé, soit associé à d'autres organismes et principalement à un streptocoque analogue à celui de l'érysipèle.

(1) Cornil et Babès. *Les Bactéries*, 3e édit., 1890, t. II, p, 34.

CHAPITRE III

Théories pathogéniques

Lorsqu'à la suite des recherches bactériologiques que nous venons d'exposer, on en arriva à considérer que toute broncho-pneumonie, sans distinction d'origine, relevait de causes microbiennes multiples, mais peu nombreuses, indifféremment variables selon les cas, on se demanda naturellement si les bactéries qu'on trouvait n'existaient pas normalement dans les poumons pendant la vie ; si leur présence, après la mort, ne pouvait s'expliquer par la putréfaction, ou si enfin, tout en admettant la réalité de leur action pathogène, elles ne pouvaient provenir d'une partie quelconque de l'organisme sain, et dans certaines conditions données envahir les poumons pour y déterminer les lésions de la broncho-pneumonie.

Or, ces recherches concordent à démontrer que les microbes reconnus jusqu'à présent comme agents pathogènes des processus pneumoniques aigus lobaires ou lobulaires primitifs ou secondaires :

1° N'existent pas dans les poumons sains;

2° Ne sont pas dus à la putréfaction;

3° Se trouvent dans les voies aériennes supérieures, d'où ils peuvent envahir le parenchyme pulmonaire et y déterminer par leur présence les lésions de la pneumonie et de la broncho-pneumonie.

I

M. le professeur Straus, cité dans la thèse de M. Dubreuilh (1), avait déclaré, d'après ses recherches personnelles, qu'il n'y avait pas de microbes dans les poumons sains. Polguère (2) était arrivé aux mêmes conclusions à la suite de recherches pratiquées sur les poumons sains de l'animal, et de l'homme. Chez ce dernier pourtant, il aurait une fois trouvé, dans le parenchyme pulmonaire, trois microbes parmi lesquels le pneumocoque lancéolé. Mais il caractérise cet organisme de façon telle qu'il est impossible d'y reconnaître le pneumocoque : outre qu'il se serait développé sur gélatine à 22°, et qu'il aurait pu être réensemencé au bout de cinq jours, ce qui est absolument contraire à toutes les notions que l'on a sur les propriétés biologiques du pneumocoque ; de plus, l'auteur omet d'indiquer ses réactions aux matières colorantes (méthode de Gram), et n'a pas même pratiqué l'inoculation à la souris. Il est donc impossible de tenir compte des résultats qu'il avance, et on ne peut admettre qu'il se soit trouvé là en présence du pneumocoque lancéolé de Talamon-Frænkel.

De même, Von Besser (3) aurait, à plusieurs reprises, isolé dans le mucus du larynx et des bronches le pneumocoque lancéolé, le streptococcus pyogenes, le staphylococcus aureus et le pneumobacille de Friedlænder. Mais on ne sait véritablement pas comment cet auteur peut considérer la présence de ces microbes comme fréquente dans les voies aériennes *normales,* puisque toutes ses recherches portent sur des sujets atteints de lésions pulmonaires, telles que

(1) Dubreuilh. *De la broncho-pneumonie cholérique.* Thèse, Paris, 1885, p. 34.

(2) Polguère. *Des infections secondaires.* Thèse, Paris, 1888.

(3) L. Von Besser. Ueber die Bakterien der normalen Luftwege. *Beiträge zur pathologischen Anatomie u. zur Allgemeinen Pathologie*, 1889, t. VI, p. 333, fasc. 4.

tuberculose, broncho-pneumonie, etc., lésions bien suffisantes pour expliquer la présence de ces microbes dans les voies aériennes.

Des recherches plus longues, plus nombreuses, et surtout mieux conduites sont donc nécessaires pour élucider complètement cette question, mais on peut, dès à présent, admettre que le parenchyme pulmonaire sain ne contient pas normalement de microbes. La ramification des conduits bronchiques, la lubréfaction continuelle de leurs parois par le mucus de leurs glandes, les cils vibratiles des cellules qui les revêtent, expliquent suffisamment la protection de l'alvéole contre les organismes introduits avec l'air à chaque inspiration.

II

Si les microbes considérés comme agents pathogènes de la broncho-pneumonie ne se trouvent pas normalement dans les poumons sains, on ne peut davantage attribuer leur présence à la putréfaction.

Bien qu'on ait fait peu de recherches dans ce but, on voit en effet que tous les examens pratiqués sur des poumons indemnes de toute lésion pneumonique, mais en état évident de putréfaction, ou tout au moins examinés un certain temps (24 à 48 heures) après la mort, concordent à démontrer que si l'on y retrouve des bactéries plus ou moins nombreuses, jamais on n'y décèle les agents pathogènes de la broncho-pneumonie.

Polguère dans sa thèse déjà citée, au milieu d'un nombre plus ou moins grand de bactéries qui n'ont jamais été décrites comme agents pathogènes de quelque maladie que ce soit, n'aurait retrouvé qu'une seule fois le staphylococcus albus.

Nous-même n'avons trouvé dans le cours de nos recherches qu'un seul microbe différent de ceux que nous avons trouvés habituellement (Obs. IX) : il s'y trouvait à l'état de pureté, à l'exclusion de tout organisme pathogène; or, dans ce cas précisément, l'état de putréfaction bien que peu prononcé des poumons, permettait de lui attribuer la présence de ce microbe, et ne nous autorisait pas à considérer ce dernier comme un agent pathogène de la lésion constatée à l'autopsie.

Il paraît donc bien évident que les bactéries décrites par les auteurs comme agents de la broncho-pneumonie ne sont pas dus à la putréfaction, qui s'accompagne toujours de microbes complètement différents des microbes pathogènes.

III

Mais ce qui paraît bien réellement résulter de recherches faites, dans ces derniers temps, c'est que ces microbes pathogènes de la broncho-pneumonie existent normalement dans les cavités que traverse l'air avant d'arriver aux poumons.

C'est ainsi qu'on avait déjà trouvé dans la bouche de l'homme sain le *Pneumocoque lancéolé* (Pasteur, Sternberg, Frænkel), le streptocoque pyogène (Netter), le bacille encapsulé de Friedlænder (Netter), les staphylocoques pyogènes (Miller, Vignal, Biondi).

M. Netter (1), à la suite d'une série de travaux poursuivis

(1) Netter. Présence du micro-organisme de la pneumonie dans la bouche de sujets sains. (*Bulletin médical*, 1er mai 1887.) — Du microbe de la pneumonie dans la salive. (*Comptes rendus de la Société de Biologie*, 29 novembre 1887.) — Du streptococcus pyogenes dans la bouche de sujets sains. *Société de Biologie*, 21 juillet 1888.) — Du microbe de Friedländer dans la

dans le but de les rechercher dans le cavité bucco-pharyngienne des sujets sains, arriva à établir qu'on y retrouve en moyenne :

Le pneumocoque lancéolé, plus de 20 fois sur 100.
Le streptocoque pyogène 5,5 —
Le bacille encapsulé de Friedlænder 4,5 —
Les staphylocoques pyogènes, dans presque tous les cas.

Il fit en outre remarquer que si le pneumocoque « existe à l'état normal, chez un cinquième des sujets n'ayant jamais eu de pneumonie, sa fréquence est bien plus grande encore chez les personnes qui ont eu antérieurement une pneumonie, alors même que cette pneumonie remonte à dix ans et plus. » C'est ainsi qu'il ne trouva le pneumocoque dans la salive que sur 20 °/₀ des sujets indemnes de toute pneumonie antérieure, tandis qu'il le retrouva chez 80 °/₀ des sujets qui avaient eu une pneumonie.

Ces mêmes organismes ont d'ailleurs encore été trouvés dans les voies aériennes supérieures par Von Besser (1) qui, sur 81 examens du mucus des fosses nasales de sujets sains, trouva, hormis de nombreux saprophytes, 14 fois le pneumocoque lancéolé, 14 fois le staphylococcus aureus, 7 fois le streptococcus pyogenes et 2 fois le pneumobacille de Friedlænder.

On voit, en somme, d'après toutes ces recherches, que si les organismes reconnus comme agents des processus pneumoniques aigus, ne se trouvent pas dans les poumons sains, ils existent normalement dans les voies aériennes supé-

salive. (*Soc. de Biolog.*, 24 décembre 1887.) — Microbes pathogènes contenus dans la bouche de sujets sains. (*Revue d'hygiène et de police sanitaire*, 1889, p. 501.)

(1) L. von Besser. *Loc cit.*

rieures (cavité bucco-pharyngienne et fosses nasales) chez la plupart des sujets sains.

On comprend dès lors que l'air puisse les transporter dans les poumons, et que dans certaines conditions tenant d'une part à la quantité et à la qualité des microbes, d'autre part au terrain sur lequel ils se trouvent transportés, ils puissent pulluler dans le parenchyme pulmonaire et y déterminer les lésions de la broncho-pneumonie.

Nous sommes, on le voit, sous la menace perpétuelle d'auto-infections propagées par la voie pulmonaire, et si dans la plupart des cas l'infection ne se produit pas, c'est que notre organisme possède des moyens de protection qui suffisent à détruire les microbes introduits dans les poumons ou tout au moins à y empêcher leur pullulation.

Cette protection est d'autant plus efficace que les microbes eux-mêmes sont d'habitude en quantité peu considérable, et doués d'une virulence si faible qu'ils ne peuvent vaincre la résistance de notre organisme.

M. Netter (1) a noté, en effet, que sous des influences extérieures, cosmiques, mal déterminées, d'ailleurs, les organismes pathogènes normaux de la salive, et en particulier le pneumocoque, peuvent tantôt acquérir une grande virulence, tantôt au contraire en être presque totalement dépourvus, et c'est à cet état qu'on les observe d'habitude dans la salive des sujets sains. — On comprend que dans de telles conditions, leur introduction dans les poumons ne soit suivie d'aucun effet pathologique.

D'autre part, de nombreuses conditions d'ordre mécanique, chimique ou physiologique, s'opposent à la pénétration de ces microbes même virulents jusqu'à l'alvéole pulmonaire,

(1) NETTER. *Loc. cit.*

et à leur pullulation dans ce milieu s'ils parviennent à s'y introduire.

L'air, en effet, même chargé de microbes, traverse avant d'arriver à l'alvéole, des conduits ramifiés à l'infini, de calibre de plus en plus restreint, lubrifiés par la sécrétion de mucus rejeté par l'expectoration, autant de conditions mécaniques arrêtant au passage les bactéries transportées par l'air; sans compter l'action des cils vibratiles des cellules épithéliales de la trachée et des bronches, dont l'action expulsive connue pour les poussières doit également s'exercer sur les bactéries déposées à leur surface.

Celles-ci, malgré ces causes qui s'opposent à leur pénétration, parviennent-elles à gagner l'alvéole, elles s'y trouvent dans de telles conditions chimiques et physiologiques, qu'elles ne peuvent y pulluler : la réaction acide du parenchyme pulmonaire (Robin et Verdeil) est, en effet, rien moins que favorable à leur développement. Peut-être enfin faut-il tenir compte de l'action phagocytique exercée sur les microbes introduits dans les poumons, soit par les cellules mêmes de l'endothélium alvéolaire, soit par les leucocytes diapédisés; cette action phagocytique serait, d'après certains auteurs (Flügge, Wyssokovitch, Tchistovich, Banti), un puissant moyen de protection de l'organisme contre l'infection par la voie pulmonaire (1).

(1) Duclaux. Sur l'absorption par inhalation des germes morbides. (*Annales Inst. Pasteur*, 1888, p. 32.) — Banti. Sur la destruction des bactéries par l'organisme. (*Arch. p. le Scienze mediche*, t. XIII, 1888, n° 9). — Tchistovich. Des phénomènes de phagocytose dans les poumons. (*Annales Institut Pasteur*, 1889, p. 337, n° 7.)

CHAPITRE IV

De l'état actuel de nos connaissances sur la broncho-pneumonie.

Arrivé au terme de cette étude historique et critique des principales recherches qui ont été faites sur la nature et les causes des broncho-pneumonies, nous pouvons, en considérant l'ensemble de ces travaux, constater les progrès accomplis, et, de l'état actuel de nos connaissances, dégager ce que nous devons à nos devanciers, des notions qui nous restent à acquérir, et des points que nous devons élucider.

Les travaux des histologistes, d'accord avec ceux des bactériologistes, ont rapproché la pneumonie franche de la broncho-pneumonie au point de les identifier presque complètement l'une à l'autre.

Les premiers ont démontré l'identité des lésions histologiques des processus pneumoniques aigus lobaires et lobulaires, primitifs et secondaires.

Les seconds, semblant confirmer ces idées, ont affirmé l'identité d'origine microbienne de ces lésions; ils ont montré qu'elles étaient toujours dues à un nombre restreint de microbes (Pneumocoque lancéolé, Streptocoque pyogène, Pneumobacille de Friedlænder), qui dans tous les cas pouvaient indifféremment les déterminer par leur action isolée ou associée.

Or, on a sûrement été beaucoup trop loin dans l'unification des processus pneumoniques aigus, on a fait trop peu de cas des différences cliniques et surtout anatomiques; on a eu le tort, enfin, de ne pas rechercher si les lésions n'affectaient pas, suivant le cas, des formes anatomiques différentes, et si on ne pouvait trouver dans les divergences d'origine microbienne, l'explication de la répartition variable des lésions.

Nous avons donc examiné un certain nombre de broncho-pneumonies sans distinction d'origine clinique, et si notre étude nous amène à confirmer l'identité presque absolue des lésions histologiques de la pneumonie franche et de la pneumonie lobulaire, elle nous montre d'autre part:

1o La différence profonde de la répartition topographique des lésions de la pneumonie franche et de la broncho-pneumonie, dans laquelle nous distinguons deux types principaux:

Un *type lobulaire* qui constitue la broncho-pneumonie proprement dite ;

Un *type pseudo-lobaire* qui doit être rapproché de la pneumonie franche ;

2o La différence d'origine microbienne de ces deux types anatomiques, qui rapproche ce dernier de la pneumonie franche en nous enseignant que le type lobulaire ou broncho-pneumonique est dû à l'action du streptocoque pyogène ; le type pseudo-lobaire, à celle du pneumocoque lancéolé de Talamon-Frænkel.

DEUXIÈME PARTIE

RECHERCHES SUR LES LÉSIONS, LES CAUSES ET LA PROPHYLAXIE DE LA BRONCHO-PNEUMONIE

CHAPITRE PREMIER

Anatomie pathologique

I° Description des lésions macroscopiques

I — Lorsqu'on pratique l'autopsie d'un sujet mort de broncho-pneumonie, et qu'on en examine les *poumons*, on est immédiatement frappé de la différence d'aspects que présentent ces organes suivant les points considérés.

A la base et au bord postérieur des deux poumons, en général, le parenchyme a une couleur rouge plus ou moins foncée, sa consistance est accrue ; parfois des taches ecchymotiques sont irrégulièrement disséminées sous la plèvre ; un fragment de poumon excisé en ces points plonge au fond de l'eau. Ce sont là les lésions d'*hépatisation*.

Leur siège est d'ordinaire bi-latéral, mais non symétrique ; on les trouve le plus souvent à la base, et aux bords postérieurs, souvent aussi au niveau du hile. Elles font une légère saillie sur le reste du parenchyme lorsque celui-ci est sain ; d'autres fois, au contraire, elles sont en dépression sur les parties environnantes lorsque celles-ci sont atteintes d'emphysème.

Tantôt ces lésions sont étendues à la majeure partie, sinon à la totalité d'un lobe, sans que les lésions d'emphysème ou d'atélectasie s'interposent entre elles ; cette disposition des lésions inflammatoires caractérise la *forme pseudo-lobaire*. — Tantôt au contraire elles sont disséminées, et les noyaux hépatisés, bien que groupés dans une zone plus ou moins étendue, sont séparés par des lobules ou des groupes de lobules sains ou emphysémateux ou atélectasiés : ce mode de répartition des lésions est spécial à la forme dite *lobulaire à foyers disséminés*.

Les lésions de l'*atélectasie* se distinguent facilement des lésions de splénisation et d'hépatisation, par leur siège et par leur aspect. On les trouve dans tous les cas de broncho-pneumonie de l'enfant, elles sont au contraire fort inconstantes, rares même chez l'adulte. — Généralement plus étendues que les précédentes, elles n'existent jamais sans elles, et ne se trouvent que là où existent ces dernières. — Contrairement à celles-ci, elles siègent soit sur les faces latérales du poumon, soit à son bord antérieur, soit même à son sommet. Elles se présentent à la surface du poumon sous l'aspect de zones plus ou moins étendues, de couleur bleuâtre, ardoisée, en dépression sur les parties voisines; les interstices interlobulaires, souvent plus accentués, forment un réseau rougeâtre tranchant sur la couleur ardoisée des lobules. Les zones d'atélectasie ne crépitent pas; leur consistance est légèrement accrue; elles surnagent lorsqu'on les jette dans un vase rempli d'eau.

Presque toutes les parties du poumon que l'hépatisation et l'atélectasie ont respectées sont distendues par l'*emphysème* qui occupe la plus grande partie de cet organe, et s'interpose aussi bien entre les foyers d'hépatisation et d'atélectasie qu'entre les lobules d'un même foyer hépatisé. — Les lobules distendus par l'emphysème sont très saillants, crépitent sous le doigt, s'affaisent à la pression. Cet emphysème est toujours exclusivement intra-lobulaire et, dans aucun cas, nous n'avons observé d'emphysème interlobulaire.

La *cavité pleurale* est toujours exempte d'adhérences à moins de lésions tuberculeuses anciennes du poumon, et ne contient pas d'épanchement liquide.

Mais souvent la *plèvre* offre des lésions inflammatoires que nous avons toujours vues limitées à son feuillet viscéral, et aux portions de ce dernier qui recouvrent les zones splénisées ou hépatisées du parenchyme pulmonaire : le feuillet pleural est alors dépoli, chagriné, rugueux, et souvent recouvert d'un mince exsudat fibrineux qui s'enlève facilement par le raclage. — On voit alors sous la plèvre se dessiner nettement des tractus blanchâtres de lymphangite qui accentuent plus fortement les limites des lobules.

Les *ganglions lymphatiques* du hile du poumon et les ganglions trachéo-bronchiques ne sont hypertrophiés que dans les cas de longue durée ou dans les cas suraigus; encore cette hypertrophie qui indique la généralisation de l'infection pulmonaire, et sa propagation par la voie lymphatique, est-elle toujours peu marquée : les ganglions sont alors généralement tuméfiés; leur couleur est rosée, leur consistance molle.

La *rate* n'est hypertrophiée que lorsque l'infection est généralisée; généralisation que nous avons constatée toujours chez l'adulte, très rarement chez l'enfant.

Nous en dirons autant du *foie* qui seulement dans ces conditions est hypertrophié, gras, et présente une accentuation anormale des espaces et des fissures-portes.

II. Si maintenant on pratique des *coupes* dans les poumons où un premier examen superficiel dénote de telles lésions, on remarque que toutes les zones hépatisées, ou atélectasiées; affectent la forme générale d'un triangle dont la base est tournée vers la plèvre à laquelle elle est le plus souvent immédiatement contiguë.

Les *parties enflammées* (splénisation et hépatisation) qui sont de beaucoup les moins étendues, ont une surface lisse ou plus ou moins granuleuse; il s'en écoule beaucoup moins de suc sanguinolent et spumeux qu'à la coupe des foyers de pneumonie franche. La surface de coupe présente un aspect tantôt rouge, uniforme, tantôt bigarré : les noyaux de pneumonie, plus ou moins rouges, suivant le degré de leurs lésions, tranchent en saillie sur les parties voisines. A la surface apparaissent, disséminés, les orifices des bronchioles arrondis, élargis, béants, d'où la pression fait sourdre une gouttelette de pus. L'exagération de ces lésions donne l'aspect de petits abcès (abcès péribronchiques, grains jaunes), qu'on n'observe d'ailleurs que dans les cas de longue durée.

Quant aux grosses bronches, leur muqueuse est presque intacte, à peine un peu rougeâtre; si la pression du poumon en fait sortir une quantité plus ou moins considérable de pus jaunâtre, spumeux, celui-ci vient évidemment des lobules hépatisés et des bronchioles abcédées.

La surface de la coupe des *zones d'atélectasie* est remarquablement sèche et unie, sa couleur d'un bleu violacé ; on n'y voit sourdre des bronchioles que du mucus sanguinolent, mais jamais de pus. Déprimées par rapport aux parties voisines, la coupe leur rend d'habitude leur aspect normal, sans qu'il soit besoin pour cela de recourir à l'insufflation. Elles surnagent constamment lorsqu'on les excise et qu'on les jette dans un vase rempli d'eau.

La coupe des parties distendues par *l'emphysème* détermine leur affaissement. Sans insister sur leur aspect bien connu, signalons seulement la présence inconstante au milieu de ces lésions, d'alvéoles remplis et distendus par du pus (*vacuoles*) qui paraît provenir des parties hépatisées, et avoir été projeté dans les lobules emphysémateux à la suite d'efforts inspiratoires exagérés.

Nous aurons terminé la description de ces lésions lorsque nous aurons dit que la forme triangulaire des foyers de pneumonie tient au mode de division normal des bronches, et à l'origine bronchique des lésions du parenchyme.

De même, les foyers atélectasiés paraissent dépendre de bronches plus volumineuses, oblitérées par le pus provenant des foyers de broncho-pneumonie, incomplètement rejeté par l'expiration et refoulé par l'inspiration.

Quant à l'emphysème, c'est comme l'atélectasie, une lésion purement mécanique due à la pression de l'air inspiré sur les lobules épargnés par les lésions inflammatoires (splénisation et hépatisation) et l'atélectasie : il est par conséquent irrégulièrement disséminé et souvent généralisé à la majeure partie du parenchyme pulmonaire resté sain.

II° ÉTUDE HISTOLOGIQUE

Parmi les lésions que nous venons d'examiner superficiellement, nous devons distinguer les lésions fondamentales, essentielles, inflammatoires, qui constituent la broncho-pneumonie, et les lésions accessoires dont les unes, inflammatoires, ne sont que l'extension des premières, les autres mécaniques sont dues soit à l'oblitération des bronches par les produits d'exsudation provenant des parties enflammées (telle est l'atélectasie), soit à la pression de l'air inspiré sur les alvéoles restés perméables (emphysème).

a.) *Lésions fondamentales*

1° Bronchite. — De toutes les lésions fondamentales, la bronchite est la lésion primordiale : c'est celle qui apparaît la première et qui commande la répartition des lésions du parenchyme qui, elles, n'en sont que l'extension.

Les *grosses bronches* sont presque absolument saines : on ne remarque qu'une légère congestion de leurs parois, ce qui paraît être une lésion d'emprunt qu'expliquent les lésions profondes des ramifications qui sont situées en aval. Leur épithéliuum est constamment intact, et on n'y trouve presque jamais de microbes, ce que nous croyons dû au rôle protecteur que joue l'épithélium cilié vis-à-vis de l'invasion microbienne.

Les petites bronches sont, au contraire, constamment atteintes et leurs lésions sont d'autant plus profondes qu'on se rapproche davantage du lobule : cette *bronchite capillaire* marque le début de toute broncho-pneumonie.

L'inflammation bronchique occupe donc les bronchioles à épithélium cylindrique non cilié, et en particulier les bronchioles sus-lobulaires et intra-lobulaires; elle se manifeste par des lésions de l'épithélium et de la paroi propre.

L'*épithélium* est irrité : ses cellules sont tuméfiées; elles prolifèrent, et des cellules jeunes se montrent entre leurs bases, ne tardant pas à déterminer la chute dans la lumière de la bronchiole des cellules anciennes; et bientôt, toute trace d'épithélium disparaît.

La *paroi propre* d'abord congestionnée s'infiltre de leucocytes, et cette infiltration finit par en amener la destruction presque complète : on les voit alors sur les coupes prendre presque toujours l'aspect de cercles distendus, régulièrement arrondis, constitués par un mince anneau fibro-élastique noyé au milieu d'un amas de leucocytes; les fibres musculaires lisses dissociées par l'infiltration nucléaire disparaissent presque complètement; les leucocytes comblent alors plus ou moins complètement la lumière de la bronche, s'étendent autour de ses parois et gagnent progressivement les alvéoles les plus voisins de la bronche.

L'aspect histologique décrit sous le nom de *nodule péribronchique* résulte précisément de l'extension progressive de la péribronchite et de l'englobement des alvéoles voisins dans l'amas leucocytique qui la constitue. On voit alors autour d'une bronchiole, dont les parois sont détruites et la lumière comblée par les leucocytes, une infiltration nucléaire plus ou moins étendue, uniforme, au sein de laquelle se détachent les alvéoles également comblés par les leucocytes. Ces alvéoles sont déformés, allongés, aplatis, incurvés en croissants enveloppant la bronche d'une série de cercles concentriques ou excentriques par rapport à la bronche, suivant les hasards de la coupe.

En somme, ce nodule péribronchique résulte de l'extension progressive de la péribronchite qui refoule les alvéoles voisins, les comprime, les déforme, et finalement englobe les plus proches dans la masse. Il est rare de constater sur les coupes le nodule péribronchique; c'est en tous cas un mode de propagation de lésions inflammatoires spécial aux lésions de longue durée, aux cas subaigus, toutes raisons qui nous obligent à refuser à cet accident de l'évolution de la péribronchite un rôle prépondérant dans la répartition des lésions de la broncho-pneumonie.

C'est un accident rare, propre à certains cas déterminés dans lesquels même il est fort loin d'être constant, nous n'y insisterons donc pas plus longuement. L'examen de quelques coupes suffit d'ailleurs à le démontrer d'une façon évidente.

2° Alvéolite. — Ce n'est pas en effet dans la profondeur que s'étend d'habitude l'inflammation bronchique ; elle suit les conduits aériens pour gagner l'alvéole et y déterminer une série de lésions comparables en tous points aux lésions successives des parois bronchiques. La lésion du parenchyme pulmonaire résulte en un mot de la progression des lésions bronchiques suivant la *continuité* des voies aériennes, et non pas de leur extension en profondeur aux zones du parenchyme *contiguës* à la bronche. *La propagation en continuité est la règle; l'extension en contiguité est l'exception*, on ne constate jamais ce dernier mode sans observer des traces incontestables du premier.

L'alvéolite étant toujours consécutive à la bronchite, s'observe sur les coupes dans des zones au centre desquelles on note la présence d'une bronchiole malade. Il n'y a pas d'alvéolite sans bronchiolite, mais les deux lésions sont loin d'affecter un rapport constant dans leur intensité; il est même fréquent d'observer de simples lésions épithéliales dans un groupe d'alvéoles dépendant d'une bronchiole presque complètement détruite.

La structure normale du poumon rend compte de la topographie des lésions du parenchyme. Celles-ci, en effet, sont disposées en foyers irrégulièrement arrondis, dans lesquels les lésions de l'alvéole sont partout égales; une bronchiole se trouve au centre du foyer, ou sur ses bords, suivant la direction transversale ou oblique de la coupe.

Ces foyers sont contigus à des lobules lésés soit au même degré, soit à des degrés différents, ou à des lobules tantôt sains, tantôt affaissés par l'atélectasie, tantôt distendus par l'emphysème. *Cette inégale répartition des lésions constitue le caractère propre de la broncho-pneumonie.*

Dans un même lobule, les lésions sont au même stade de leur évolution, elles y parcourent une série de stades successifs dus à leur progression de l'épithélium aux parois de l'alvéole.

Premier stade. Lésions épithéliales. — Les lésions initiales de l'alvéole décrites par les auteurs sous les noms de *splénisation*, de *pneumonie épithéliale, catarrhale, desquamative,* correspondent exactement aux lésions du stade *d'engouement*, de la pneumonie franche : ce sont des lésions essentiellement épithéliales.

Les cellules épithéliales aplaties qui tapissent la cavité de l'alvéole se tuméfient : leur protoplasma augmente de volume, devient granuleux, se colore mal par les réactifs habituels (picro-carmin, éosine), leur noyau se tuméfie, prolifère. L'alvéole se montre alors tapissé par ces grosses cellules globuleuses, arrondies, saillantes dans la cavité alvéolaire, et à l'hypertrophie desquelles la paroi de l'alvéole doit en grande partie son épaississement.

En même temps, les capillaires des parois alvéolaires sont dilatés, gorgés de sang, et deviennent plus sinueux. Autour de ces vaisseaux commencent à s'accumuler des leucocytes qui s'en échappent par diapédèse.

La congestion vasculaire, la diapédèse des leucocytes dans les parois de l'alvéole entre les cellules épithéliales qui tapissent deux alvéoles voisins, jointes à la tuméfaction et à la prolifération active de ces cellules expliquent leur desquamation.

On trouve en effet dans la cavité alvéolaire une quantité de ces cellules desquamées qui l'oblitèrent plus ou moins complètement. Leur volume est énorme plus protoplasma granuleux, foncé; quant à leur noyau, il a d'habitude complètement disparu, ou tout au moins la difficulté de sa coloration par l'hématoxyline indique sa disparition prochaine et la mort de la cellule.

2e *stade. Exsudation fibrineuse.* — Ces lésions épithéliales du début se compliquent bientôt d'exsudation de fibrine qui ne tarde pas à remplir complètement l'alvéole. La congestion vasculaire des parois de l'alvéole détermine évidemment cette exsudation de la fibrine hors des vaisseaux; les lésions de l'épithélium alvéolaire permettent sa transsudation dans la cavité de l'alvéole.

On voit alors le réseau fibrineux englober dans ses mailles les cellules épithéliales desquamées, mêlées à quelques leucocytes et à quelques rares globules rouges.

La destruction rapide des cellules desquamées et la désintégration de la fibrine donne bientôt à cet exsudat l'aspect d'une masse granuleuse, compacte, qui remplit complètement la cavité alvéolaire. Sur les coupes colorées à l'éosine, ces masses prennent un aspect finement granuleux et une couleur rouge brique foncée, qui est due à la présence du pigment sanguin transsudé, et probablement à des globules rouges alors détruits puisqu'on n'en peut plus déceler la structure.

Ce stade d'exsudation fibrineuse, qui correspond à celui qui a été décrit sous le nom de stade *d'hépatisation rouge*, est extrêmement court, passager, aussi a-t-on pu longtemps nier la présence de la fibrine dans les noyaux de broncho-pneumonie. On devra en tous cas, pour observer ces lésions, multiplier les coupes et surtout les faire porter sur la limite des régions hépatisées et des régions saines, là où les lésions sont le plus récentes.

3e *Stade. Diapédèse des leucocytes.* — A ce stade d'hépatisation rouge succède très rapidement le 3e stade décrit par les auteurs sous le nom *d'hépatisation grise*, et qui consiste dans l'accumulation dans la cavité de l'alvéole des leucocytes issus par diapédèse des capillaires des parois alvéolaires.

La désintégration de l'exsudat fibrineux et sa disparition laissent s'accumuler dans la cavité alvéolaire les leucocytes dont les noyaux se tuméfient et s'entourent d'une mince couche de protoplasma.

En même temps, les parois de l'alvéole, dont les cellules épithéliales ont disparu, se montrent constituées par les mêmes leucocytes; il est pourtant possible de distinguer les parois de l'alvéole de l'exsudat qui le remplit et qui sur les coupes s'en montre habituellement séparé par un espace vide.

Les lésions précédentes peuvent soit progresser et aboutir à la suppuration du lobule, soit rétrocéder et aboutir à la sclérose des bronches et de l'alvéole.

Les broncho-pneumonies suraiguës, dans lesquelles l'infection se généralise rapidement, n'arrivent pas jusqu'à la suppuration. Dans les cas simplement aigus, la suppuration est fréquente et s'annonce par un changement d'aspect des leucocytes diapédisés : leur protoplasma devient granuleux, et contient un ou plusieurs noyaux mal colorés.

Il peut ainsi se former de véritables abcès lobulaires qu'il n'est pas rare d'observer dans les broncho-pneumonies secondaires surtout chez l'enfant.

Si au lieu d'aboutir à la suppuration, les lésions rétrocèdent, on admet qu'elles peuvent disparaître sans laisser de traces. Mais le plus souvent, que la suppuration ait eu lieu ou non, les lésions laissent à leur suite une sclérose persistante qui occupe aussi bien les parois des bronches dont le calibre est dilaté que celles des alvéoles.

Plusieurs fois nous avons observé à l'examen histologique des coupes, des lésions inflammatoires récentes greffées sur d'anciennes lésions de sclérose broncho-alvéolaire ; le diagnostic est d'ailleurs facile à faire lorsque l'examen d'un grand nombre de coupes a familiarisé avec la superposition fréquente de ces lésions.

Il faut noter que dans ces cas l'épithélium alvéolaire est moins tuméfié, moins globuleux; sa forme se rapproche de la forme cubique, sa desquamation est moins active; les capillaires de parois de l'alvéole, maintenus pour ainsi dire par le tissu scléreux qui les enveloppe sont moins dilatés; enfin l'exsudat alvéolaire soit fibrineux, soit leucocytique est moins abondant. Il semble en un mot que la sclérose des parois alvéolaires les protège en partie contre l'invasion des microbes et rende en tous cas l'action de ces derniers moins efficace, et la production des lésions plus difficile.

b). *Lésions accessoires*

A côté des lésions que nous venons de décrire, et qui sont les lésions primordiales, essentielles, caractéristiques de la broncho-pneumonie, existe une autre catégorie de lésions purement accessoires qui sont :

1°) Les unes *inflammatoires* dues soit à l'extension (artérite), soit à la propagation à distance (pleurésie, lymphangite, adénite) des lésions essentielles de bronchite ou d'alvéolite.

2°) Les autres, *mécaniques*, dues à l'obstruction des bronches saines par l'exsudat provenant des parties malades (atélectasie) soit à la pression de l'air inspiré sur les parties du poumon demeurées saines (emphysème).

A. Lésions inflammatoires. 1° *Artères.* — L'inflammation des artérioles pulmonaires satellites des bronchioles, est un phénomène constant dans la broncho-pneumonie.

Les ramifications de l'artère bronchique qu'accompagnent les bronches sont saines comme les bronches qu'elles accompagnent. Mais il n'en est pas de même des artérioles pulmonaires satellites des bronchioles sus et intra-lobulaires. Celles-ci présentent en effet des lésions constantes qui consistent en une *périartérite* plus ou moins accentuée, plus ou moins limitée et dont l'intensité et l'extension sont en raison directe de l'étendue de la péribronchite.

Il n'y a jamais d'endartérite, et, dans les cas où on la constate, on peut affirmer la coexistence de lésions tuberculeuses plus ou moins anciennes avec les lésions broncho-pneumoniques. L'examen de coupes multipliées confirmera toujours cette règle à laquelle nous n'avons jamais trouvé d'exception.

La périartérite de la broncho-pneumonie est toujours, au début, localisée exactement au point de la circonférence de l'artériole qui confine à la bronchiole atteinte de péri-bronchite : c'est donc bien une *lésion d'emprunt* qui résulte simplement de l'extension par contiguité de la péri-bronchite à la paroi artérielle.

Plus tard, à mesure que la péri-bronchite s'étend, la périartérite peut occuper toute la circonférence de l'artériole, encore sera-t-elle dans ces cas toujours plus accentuée sur la face de l'artériole, qui confine à la bronche.

On comprend donc que dans le cas où on observe l'existence du nodule péribronchique qui n'est comme nous l'avons vu qu'une péribronchite très étendue, la périartérite sera toujours très intense et très étendue.

A propos des lésions vasculaires dans la broncho-pneumonie nous voulons insister ici sur une lésion qu'il est fréquent d'observer sur les coupes, et dans la pathogénie desquelles ces lésions vasculaires jouent le principal rôle: nous voulons parler des *hémorrhagies lobulaires.* — Nous insisterons d'autant plus sur cette lésion que jamais on n'en a donné d'explication satisfaisante, et que l'étude minutieuse de nos coupes nous autorise à donner cette explication.

On sait qu'il est fréquent d'observer à la surface des poumons d'enfants morts de broncho-pneumonie de petites ecchymoses, véritables foyers hémorrhagiques, véritables infarctus que d'ailleurs l'étude des coupes permet de retrouver presque toujours, quelle que soit l'origine clinique de la broncho-pneumonie observée.

Sur les coupes, la forme plus ou moins régulièrement arrondie de ces foyers hémorrhagiques montre qu'il s'agit en réalité d'hémorrhagies *lobulaires*, occupant un seul lobule ou plusieurs lobules contigus. Dans ces foyers, on voit que l'alvéole est rempli par du sang pur qui distend sa cavité et refoule ses parois au point que celles-ci ne se montrent plus constituées que par une double rangée de cellules extrêmement aplaties, sans qu'il soit possible de distinguer aucune trace de capillaire dans leur épaisseur

Or tous ces caractères montrent à l'évidence qu'il s'agit

bien là d'hémorrhagies rapides, *massives*. Une simple transsudation du sang des capillaires des parois alvéolaires ne saurait en effet expliquer l'accumulation, dans un groupe lobulaire d'alvéoles, de sang pur en quantité suffisante pour refouler à un tel point les parois alvéolaires. — D'ailleurs, les capillaires alvéolaires, bien loin d'être distendus par la congestion, sont dans ces cas exsangues par suite de la pression qu'exerce le sang accumulé dans les alvéoles.

Nous attribuons ces hémorrhagies à la perforation tantôt des capillaires dilatés des parois bronchiques, tantòt des vaisseaux propres des artérioles pulmonaires, tantôt de ces artérioles elles-mêmes. Quant à cette perforation, elle se fait de dehors en dedans, et par suite d'une ulcération due à l'extension de la péribronchite.

Nons avons en effet plusieurs fois observé sur des artérioles voisines de bronches extrêmement enflammées, et au point précis de l'artériole contigu à la bronchiole, une accumulation de leucocytes s'infiltrant dans les parois artérielles jusqu'à arriver au-dessous de l'endartère, ulcérant et perforant un vaisseau propre de l'artériole et déterminant en ce point une hémorrhagie en nappe irrégulière, plus ou moins étendue, disséquant, pour ainsi dire, les parois de l'artériole et les parties voisines.

Telle est, selon nous, l'origine des hémorrhagies massives si fréquentes dans la broncho-pneumonie des enfants, et que nous considérons comme dues à l'irruption dans les bronches du sang ainsi épanché hors des vaisseaux : la destruction inflammatoire plus ou moins complète des parois bronchiques favorise l'irruption du sang dans les bronches ; l'ulcération et la perforation des vaisseaux par l'extension de la péribronchite déterminent l'hémorrhagie.

Nous nous gardons bien d'ailleurs d'attribuer à cette seule cause toutes les hémorrhagies alvéolaires. Il est en effet fréquent de voir des groupes d'alvéoles atteints de lésions épithéliales du début renfermer dans leur cavité une assez grande quantité de sang mêlé aux débris de l'épithélium desquamé : les parois de l'alvéole ont gardé leur forme, leurs cellules tuméfiées, et leurs capillaires sont distendus et gorgés de sang. Il est naturel dans ces cas d'attribuer la présence du sang dans les cavités alvéolaires, à sa simple transsudation hors des capillaires congestionnés. Les différences histologiques que nous indiquons rendent d'ailleurs impossible toute confusion entre ces deux lésions d'aspect si différent.

2° *Plèvres.* — Les lésions pleurales sont fréquentes, mais non constantes dans la broncho-pneumonie. — Elles sont en tous cas exactement limitées au feuillet viscéral de la séreuse, et à la portion de celui-ci qui recouvre les foyers de pneumonie.

Elles se bornent en général à un simple épaississement de la plèvre dont la surface prend un aspect rugueux, chagriné, dépoli. L'examen histologique dénote un épaississement de la séreuse avec congestion vasculaire et lymphangite sous-pleurale.

Parfois on trouve à la surface de la plèvre un exsudat fibrineux généralement peu abondant sous forme d'une couche mince, uniforme de fibrine.

Nous n'avons jamais trouvé d'adhérence entre les feuillets de la plèvre, ni, dans sa cavité, d'épanchement de quelque nature que ce soit.

3° *Système lymphatique.* — On ne trouve, dans la

broncho-pneumonie, de lésions du système lymphatique pulmonaire que dans les cas ou l'infection se généralise.

Dans la plupart des broncho-pneumonies de l'enfance, qu'elles soient secondaires à la rougeole, à la diphthérie, ou à d'autres maladies encore, l'infection reste généralement localisée aux poumons, ne se généralise pas ; on ne trouve dans ces cas aucune trace, ni de lymphangite, ni d'adénite des ganglions du hile ou des ganglions trachéo-bronchiques.

Dans certains cas suraigus plus spéciaux à l'adulte chez qui la broncho-pneumonie évolue plus rapidement, l'infection pulmonaire se généralise à l'organisme entier par la voie lymphatique.

On retrouve alors non seulement de la lymphangite, de l'adénite, des ganglions du poumon, mais des lésions de la rate, du foie, des reins, etc., les microbes se sont propagés sur les vaisseaux sanguins après avoir pénétré des poumons dans le système circulatoire par la voie lymphatique.

On retrouve donc dans ces cas des lésions des vaisseaux lymphatiques et des ganglions.

a) Les *vaisseaux lymphatiques* sont dilatés, gorgés de globules blancs, et ces traînées de lymphangite s'accusent très nettement, non seulement dans les espaces interlobulaires, mais encore et surtout sous la plèvre où la richesse de développement du réseau lymphatique est connue.

On les voit alors sur les coupes, et suivant la direction de celles-ci, se présenter sous la forme, soit de traînées de leucocytes (coupes longitudinales), soit d'amas leucocytiques arrondis (coupes transversales), occupant les parois des bronches ou le pourtour des artères, ou situés sous la plèvre.

b) Les ganglions du hile et les ganglions trachéo-bronchiques du côté correspondant au poumon le plus profondément lésé sont légèrement augmentés de volume; leur couleur est rosée, leur consistance plus molle que de coutume. L'accumulation des leucocytes et des microbes à leur intérieur est une preuve de leur inflammation. Jamais nous n'avons noté leur suppuration, et même leur inflammation s'est constamment montrée peu prononcée.

II. Lésions mécaniques. — La structure des lésions décrites sous le nom d'atélectasie et d'emphysème a été trop souvent et trop minitieusement décrite pour que nous insistions à nouveau sur leur description. Nous ne voulons en parler que pour fixer la place qu'elles doivent occuper parmi les lésions de la broncho-pneumonie.

1o *Atélectasie.* — S'il est très facile de reconnaître l'atélectasie au moment de l'autopsie, il est beaucoup plus difficile de l'étudier sur les préparations histologiques : la coupe paraît avoir rendu aux tissus affaissés leur disposition normale. On ne distingue guère plus alors qu'une très légère tuméfaction de l'épithélium alvéolaire, sans prolifération, sans desquamation, sans congestion intense des capillaires alvéolaires, les bronches enfin sont indemnes de toute lésion : autant de caractères qui ne permettent guère de confondre les lésions inflammatoires de splénisation avec les lésions mécaniques de l'atélectasie.

Ces lésions de collapsus sont, comme les lésions inflammatoires, disséminées; comme elles, elles occupent des territoires de forme triangulaire ; mais elles sont presque toujours plus étendues.

Nous pensons, comme la plupart des auteurs qui les ont

étudiées, qu'il s'agit là d'une oblitération mécanique des bronches par l'exsudat fibrineux ou muco-purulent provenant des parties hépatisées : l'expiration rejetterait incomplètement cet exsudat que les efforts d'inspiration refouleraient dans les bronches voisines.

Cette théorie, qui n'est d'ailleurs qu'une simple hypothèse, explique que l'atélectasie occupe des territoires voisins des régions hépatisées, presque toujours plus considérables que ces dernières, puisque l'exsudat oblitère des bronches de calibre plus considérable que les bronchioles enflammées. La théorie de Gairdner explique parfaitement qu'une fois les bronches oblitérées, l'air en puisse sortir, mais n'y puisse plus rentrer, ce qui rend compte de l'affaissement des lobules qui dépendent de ces bronches.

2° *Emphysème.* — Comme pour l'atélectasie nous ne décrirons par les lésions histologiques de l'emphysème qui sont suffisamment connues et décrites pour que nous puissions nous abstenir de répéter les descriptions classiques qui en ont été données.

Nous devons seulement insister sur son origine et sa répartition topographique.

Cette lésion affecte constamment la forme décrite sous le nom d'*emphysème lobulaire* ou *vésiculaire* : elle résulte en un mot de la distension exagérée du lobule pulmonaire par la pression de l'air inspiré.

Jamais nous n'avons constaté l'emphysème dit *interlobulaire* ou intervésiculaire et sous-pleural, c'est-à-dire la pénétration de l'air dans les espaces conjonctifs interlobulaires et sous-pleuraux.

On désignait jadis cette lésion sous le nom d'emphysème

compensateur, et par cette épithète, on voulait indiquer le rôle de suppléance que jouaient les parties emphysémateuses par rapport aux territoires hépatisés, dans les fonctions de l'hématose.

Or, l'étude de ses lésions montre qu'en réalité, les lobules emphysémateux sont aussi impropres à l'accomplissement des fonctions respiratoires que les lobules hépatisés eux-mêmes.

Comme pour l'atélectasie, l'explication de l'emphysème n'est qu'une hypothèse. Cette lésion semble en effet résulter de ce qu'à chaque inspiration, la pression négative qui existe à l'intérieur de la cavité pleurale étant la même, la quantité d'air qui pénètre dans les voies respiratoires est également la même; mais le champ respiratoire étant plus ou moins rétréci par le fait de l'hépatisation et de l'affaissement d'une portion plus ou moins étendue du parenchyme pulmonaire, les lobules restés sains sont distendus par l'air qui y pénètre sous une pression supérieure à la pression normale: En un mot, l'emphysème se produirait pour rétablir la proportion constante qui doit physiquement exister entre la pression de l'air inspiré et le volume qu'il occupe.

Cette pathogénie de l'emphysème pourrait expliquer l'irrégularité de sa dissémination, et sa diffusion dans les lobules restés perméables à l'air, aussi bien au milieu des foyers hépatisés qu'à l'entour de ceux-ci. Elle expliquerait aussi sa généralisation à la majeure partie du parenchyme pulmonaire épargné par l'hépatisation et l'atélectasie. Mais nous le répétons, on ne doit attribuer à cette explication que la valeur d'une hypothèse que rien n'a jusqu'à présent démontré.

Nous avons vu qu'il n'était pas rare d'observer dans des lobules emphysémateux l'accumulation de pus (vacuoles) qui sûrement provient des parties hépatisées et peut avoir été refoulé dans les lobules distendus par l'emphysème à l'occasion des mouvements inspiratoires. L'absence de lésions inflammatoires dans les parois des alvéoles distendus empêche en tous cas d'admettre que cette suppuration se soit faite sur place.

Ces lésions accessoires mécaniques, rares et en tous cas peu étendues chez l'adulte, sont au contraire constantes et extrêmement étendues chez l'enfant; l'étroitesse des conduits aériens chez ce dernier nous expliquent sa présence et rendent plausible l'explication pathogénique que nous en avons donnée.

III. — Répartition des Microbes dans les lésions

Nous avons peu de choses à dire sur la répartition des microbes dans les poumons; car nous y reviendrons à propos de l'étude bactériologique des broncho-pneumonies.

Nous nous contenterons de dire ici que jamais nous n'avons observé de microbes ni dans les vaisseaux sanguins, ni dans les territoires affaissés par l'atélectasie ou distendus par l'emphysème, — sauf, pour ces deux dernières lésions, les cas rares où des lésions inflammatoires sont survenues dans les parties préalablement atélectasiées, ou bien les cas où du pus a été projeté dans les lobules emphysémateux.

Nous n'avons non plus jamais noté la présence des microbes dans les premières ramifications bronchiques.

Nous ne les avons observés que dans les bronchioles et les alvéoles enflammés, quel que soit le degré des lésions et leur extension. Nous devons pourtant ajouter que leur nombre est en raison inverse de l'ancienneté de la lésion.

On les trouve alors soit dans les interstices des cellules épithéliales desquamées et des leucocytes, soit à l'intérieur de ces éléments.

Enfin ils n'existent à l'intérieur des vaisseaux lymphatiques péri-lobulaires et sous-pleuraux et dans les ganglions du hile et des bronches que lorsque l'évolution de l'affection a été rapide ou lorsque l'infection pulmonaire, à quelque stade que ce soit, se généralise. — On voit alors, sur des préparations qui ont subi la double coloration (carmin boraté et procédé de Gram), les microbes entassés dans les lymphatiques, former une véritable injection naturelle de ces vaisseaux.

IV. — Formes anatomiques de la broncho-pneumonie

On s'est efforcé de distinguer différentes formes de la broncho-pneumonie basées tantôt sur les caractères histologiques des lésions, tantôt sur leur répartition topographique.

M. Thaon (1) avait attribué une évolution suppurative aux broncho-pneumonies de la rougeole, fibrino-hémorrhagique à celles de la diphthérie, fibro-caséeuse à celles de la tuberculose. Or, les caractères qu'il attribue aux deux premières ne suffisent pas à les distinguer l'une de l'autre, car ce sont de simples différences d'intensité d'un même processus histologique qu'on peut retrouver dans divers cas, sans distinction d'origine. Quant à l'évolution fibro-caséeuse qu'il attribue à ce qu'il appelle la broncho-pneumonie tuberculeuse, c'est un caractère des lésions tuberculeuses qui n'appartient nullement aux lésions de la broncho-pneumonie.

(1) Thaon, *Loc. cit.*

Nous ne croyons donc pas devoir maintenir la distinction de ces prétendues formes de la broncho-pneumonie.

Nous ne croyons pas non plus devoir conserver les formes basées sur la répartition des lésions : formes généralisées, à noyaux confluents, disséminés, etc....., car on pourrait alors créer autant de formes que de cas.

Mais nous devons maintenir une distinction, depuis longtemps établie d'ailleurs, entre les formes pseudo-lobaire et lobulaire de la broncho-pneumonie, car nous apportons à l'appui de cette différenciation anatomique des preuves bactériologiques qui distinguent complètement ces deux formes l'une de l'autre.

1° La *forme lobulaire,* en effet, que ses noyaux soient confluents ou disséminés, est due au streptocoque pyogène. Elle constitue la vraie broncho-pneumonie, la *broncho-pneumonie franche.*

Anatomiquement elle est caractérisée par la répartition irrégulière, dans les régions inférieures et postérieures des deux poumons, de lobules enflammés, isolés ou réunis en petits groupes, chacun à des degrés divers de l'évolution des lésions, et séparés les uns des autres par des lobules sains, atélectasiés on emphysémateux.

Elle peut évoluer rapidement, surtout chez l'adulte; elle aboutit alors très vite à l'hépatisation grise. On y retrouve le streptocoque pyogène, d'ordinaire en grande quantité et à l'état de pureté. Les lésions accessoires sont dans ces cas nulles ou insignifiantes. L'infection pulmonaire se généralise rapidement, et détermine la mort par sa généralisation même.

Elle peut, dans d'autres cas, évoluer plus lentement et c'est ce que l'on constate presque toujours chez l'enfant. On observe alors une extension variable, mais une grande dissémination des lésions ; les streptocoques s'y retrouvent en nombre plus restreint, et généralement associés à d'autres organismes auxquels la durée de l'évolution des lésions a permis d'envahir secondairement les poumons. L'infection ne se généralise que très rarement, mais les lésions accessoires sont extrêmement étendues; aussi la gravité de la broncho-pneumonie chez l'enfant est-elle due à l'asphyxie que détermine l'extension de ces lésions, bien plus qu'à l'infection qui, presque toujours, reste localisée aux poumons.

2o) La *forme pseudo-lobaire*, par la répartition de ses lésions et son origine bactérienne, doit être rapprochée beaucoup plus de la pneumonie franche que de la broncho-pneumonie; aussi la dénomination de *forme pseudo-lobulaire de la pneumonie franche* lui conviendrait-elle mieux que celle qu'on lui donne d'habitude.

Anatomiquement, elle se caractérise par la répartition régulière des lésions inflammatoires sinon dans un lobe entier, du moins dans un territoire toujours assez considérable du parenchyme pulmonaire. Le territoire entier qu'elles occupent est constitué par des lobules enflammés, sans interposition entre eux de lobules sains, emphysémateux ou atélectasiés.

Mais dans ces lobules, les lésions sont à des stades divers de leur évolution, ce qui s'observe d'ailleurs également dans la pneumonie franche.

Les lésions sont souvent bilatérales, et toujours moins étendues dans l'un des deux poumons où elles peuvent simuler la forme lobulaire dont elles se distinguent toujours au microscope par l'absence d'interposition de lobules sains entre les lobules lésés.

Les lésions de bronchite constantes dans cette forme ne permettent pas de la distinguer de la pneumonie franche, puisqu'on les observe également dans celle-ci. Elles sont toujours moins accentuées et moins profondes que dans la forme lobulaire. Le pneumocoque lancéolé se trouve dans les foyers de pneumonies souvent à l'état de pureté.

Cette forme pseudo-lobulaire, en un mot, constitue une forme de pneumonie franche spéciale à l'enfant. Elle évolue plus lentement que la pneumonie de l'adulte, et, contrairement à celle-ci, ne détermine que rarement la mort par généralisation de l'infection.

Dans ces deux formes, l'étendue toujours considérable des lésions accessoires d'atélectasie et surtout d'emphysème est la cause de la mort qui survient avec des symptômes se rapportant beaucoup plus à l'asphyxie qu'à l'infection.

En somme, l'infection pneumonique aiguë, quels qu'en soient la forme anatomique et l'agent pathogène, se généralise rarement chez l'enfant; on pourrait presque dire à ce point de vue qu'elle est bénigne, si l'étroitesse des conduits aériens dans le jeune âge ne facilitait leur oblitération par l'exsudat des portions malades et la production de l'atélectasie. C'est donc à l'asphyxie qu'elle détermine presque toujours que la broncho-pneumonie doit son extrême gravité chez l'enfant.

CHAPITRE II

Etude Bactériologique

A. Description générale des agents pathogènes de la broncho-pneumonie

Les microorganismes que nous avons rencontrés et étudiés dans les dix-sept cas que nous rapportons, sont nombreux, variés, et pourtant on peut en faire une étude d'ensemble, car si tous peuvent avoir une action quelconque, d'ailleurs indéterminée et même douteuse sur les tissus lorsqu'ils sont transportés dans les poumons et qu'ils y pullulent, à quelques-uns seulement paraît dévolu le rôle pathogénique principal; les autres n'interviennent que secondairement, d'une façon tout à fait accessoire.

Ceux que nous considérons comme les agents pathogènes des inflammations broncho-pulmonaires sont :

1° Le *Streptocoque pyogène* que nous avons rencontré douze fois isolé ou associé à d'autres microbes ;

2° Le *Pneumocoque lancéolé de Talamon-Frænkel* que nous avons trouvé six fois, quatre fois à l'état de pureté, deux fois seulement associé au Streptocoque;

3° Le *Pneumobacille de Friedlænder* qui a été décelé dans deux cas : une fois à l'état de pureté, une autre fois associé au streptocoque.

Nous devons, pour ce dernier, faire quelques réserves, et nous reviendrons plus loin sur l'action qu'il convient de lui accorder dans la détermination des processus pneumoniques aigus.

Quant aux deux premiers de ces organismes, le streptocoque pyogène et le pneumocoque lancéolé, nous n'hésitons pas à les considérer comme pouvant, par leur seule présence dans les poumons, déterminer l'inflammation des bronches et des alvéoles, et nous invoquons dès maintenant à l'appui de cette assertion, la constatation fréquente de leur présence dans les foyers de pneumonie lobaire ou lobulaire, à l'état de pureté absolue.

Nous n'en dirons pas autant des autres organismes que nous avons maintes fois trouvés dans ces mêmes foyers, toujours associés aux précédents. Nous considérons leur rôle comme tout à fait accessoire, et nul, en tous cas, dans la détermination des lésions pneumoniques. On ne peut même, en attribuant leur présence à une infection secondaire, les considérer comme agents nécessaires de la suppuration du lobule, celle-ci se produisant souvent sans leur intervention, et les propriétés pyogènes du streptocoque et du pneumocoque étant actuellement hors de contestation. — On peut donc observer souvent la suppuration à la suite de l'inflammation des bronchioles et des alvéoles sans déceler la présence de ces organismes à fonction indéterminée.

Parmi ces derniers nous citerons les *Staphylocoques pyogènes* (*staphylococcus pyogenes aureus* et *albus*) que nous avons très souvent trouvés, mais jamais à l'état de pureté, et dont nous considérons la présence comme surajoutée à celle des agents pathogènes décrits, et le rôle comme indéterminé, sinon comme absolument nul.

Nous citerons également le *bacillus diphtheriæ* de Lœffler, qu'on ne retrouve que dans certains cas bien déterminés de broncho-pneumonie diphthérique, ceux précisément où la fausse membrane a envahi les voies aériennes jusqu'à l'alvéole pulmonaire ; on le trouve alors dans le parenchyme pulmonaire où il a déterminé la lésion caractéristique qui en révèle à coup sûr la présence, c'est-à-dire, l'exsudation fibrineuse qui constitue la fausse membrane diphthérique. — A côté de lui se trouve toujours un des agents pathogènes à l'action desquels nous attribuons le processus pneumonique : le *streptocoque* ou le *pneumocoque.*

Nous ne décrirons donc ici que les organismes que nous avons retrouvés à l'état de pureté, ceux auxquels, d'accord avec la majorité des auteurs, nous attribuons un rôle actif dans la détermination des lésions de la broncho-pneumonie, et encore parmi ceux-ci n'insisterons-nous que sur le streptocoque.

Car, si d'après les résultats obtenus, et les détails morphologiques et biologiques que nous donnons à propos de chaque observation, il est impossible de confondre le pneumocoque lancéolé ou le pneumobacille avec d'autres microbes, il n'en est plus de même pour le streptocoque. Quelques variations dans sa morphologie et surtout dans les caractères de ses cultures, peuvent faire hésiter sur sa nature, et mettre en doute son identité avec le streptococcus pyogenes. Cette différenciation du streptocoque de la pneumonie d'avec celui de la suppuration ou de l'érysipèle a d'ailleurs été soutenue par M. Weichselbaum, et comme, contrairement à cet auteur, nous croyons pouvoir les identifier complètement l'un à l'autre, nous insisterons davantage sur la description morphologique de cet organisme et sur ses propriétés biologiques.

1° PNEUMOCOQUE. — Le microorganisme que, dans nos observations, nous désignons sous ce seul nom, ou qu'on nomme encore le *Pneumocoque lancéolé de Talamon-Frænkel* (1), a été signalé en 1881 par Pasteur dans la salive d'un enfant mort de la rage, et même dès 1880 par Sternberg dans la salive normale de l'homme sain.

Mais c'est à M. Talamon que revient le mérite incontestable de l'avoir le premier, en 1883, mis en évidence dans l'exsudat pulmonaire de malades atteints de pneumonie et d'avoir non seulement décrit sa morphologie, mais encore démontré par l'expérimentation son rôle pathogène dans la pneumonie franche.

M. Talamon, ainsi que Salvioli, dont les recherches datent de la même époque, eut malheureusement le tort de vouloir identifier le microbe qu'il avait observé avec l'organisme décrit en 1883 par Friedlænder et dénoncé par lui comme agent pathogène de la pneumonie.

Les recherches ultérieures de A. Frænkel (1885), Weichselbaum (1886), Netter, (1887), Monti, Boozzolo etc... vinrent différencier ces deux organismes, et faire du pneumocoque lancéolé une espèce microbienne bien déterminée. Ils étudièrent complètement sa morphologie, ses propriétés biologiques, et démontrèrent d'une façon définitive son rôle pathogénique dans l'étiologie de la pneumonie lobaire et de quelques broncho-pneumonies.

Déjà trouvé par nombre d'auteurs (Weichselbaum, Netter, Neumann, Cornil et Barbes etc.) dans la broncho-pneumonie, nous l'avons, à notre tour, mis en

(1) Consulter à ce sujet la *Revue critique* récemment faite par M. NETTER sur le Pneumocoque dans les *Arch. de Médecine expérimentale et d'Anatomie pathologique* (1890 n°s 5 et 6).

évidence dans les foyers splénisés ou hépatisés de pneumonie lobulaire, *à forme pseudo-lobaire*, soit isolé, soit associé à d'autres microbes.

Nous l'avons retrouvé dans l'exsudat prélevé au niveau des foyers de broncho-pneumonie, et nous y avons décelé sa présence, au moyen de la coloration de cet exsudat étalé puis desséché sur des lamelles ; nous l'avons isolé en ensemençant cet exsudat soit directement sur des tubes de gélose, soit sur des plaques de gélose où nous pouvions le reprendre pour l'ensemencer à nouveau sur les milieux nutritifs appropriés, après l'avoir isolé des colonies d'autres microorganismes qui se développaient à ses côtés. — Enfin, ne nous contentant pas de ces procédés de coloration et de culture, nous avons chaque fois inoculé directement à une souris quelque gouttes de l'exsudat pulmonaire, seul moyen certain, croyons-nous, de mettre le pneumocoque en évidence là où il se trouve. Ses colonies petites, transparentes et peu visibles, peuvent en effet échapper à l'examen même minutieux des plaies, tandis que l'inoculation de l'exsudat pulmonaire à la souris est le seul moyen de déceler *à coup sûr* la présence du pneumocoque dans un exsudat pneumonique.

L'organisme que, par ces divers moyens, nous avons trouvé dans plusieurs de nos cas et que nous désignons, avec M. Talamon, sous la dénomination de *pneumocoque lancéolé*, se présentait à l'examen microscopique des frottis de lamelles faits avec l'exsudat pulmonaire frais et coloré par le violet de gentiane, sous l'aspect d'un coccus ovoïde, en forme de grain de blé, de grain d'orge (Talamon) ou de lancette (Frænkel), mesurant 0μ, 50 à 1μ dans son plus grand diamètre, et dont les extrémités étaient l'une arrondie, l'autre allongée en fer de lance.

Nous avons observé cet organisme non pas isolé comme nous venons de le décrire, mais toujours associé à un coccus identique formant ainsi un diplocoque (*Diplococcus Pneumoniæ*, Weichselbaum), dont les deux coccus se regardent par leurs extrémités effilées. Parfois aussi, plusieurs de ces diplocoques s'associaient bout à bout pour former des chaînettes généralement droites, peu allongées, toujours constituées par un nombre pair de coccus (*Streptococcus lanceolatus Pasteuri* — Gamaleïa).

Les diplocoques ou streptocoques étaient d'habitude, mais non constamment, entourés d'une capsule bien mise en évidence par la coloration avec la solution aqueuse de violet de gentiane, suivie de décoloration par passage rapide dans une solution aqueuse d'acide acétique à 1 %.

Ensemencé sur des tubes de gélose placés à l'étuve à 38°, il s'y développait au bout de vingt-quatre heures sous forme de colonies petites, arrondies, brillantes, réfringentes, translucides, ressemblant à des gouttelettes de rosée, toujours très peu abondantes, et qui, au bout de deux ou trois jours au plus, perdaient non seulement leur virulence, mais leur vitalité ; car toute tentative de réensemencement des cultures âgées de plus de trois jours resta constamment sans résultat.

Dans les tubes de bouillon exposés à la même température, la culture se développait également au bout de vingt-quatre heures sous forme d'un léger trouble du liquide qui louchissait uniformément sans dépôt ni sur les parois ni au fond du tube. Ce trouble uniforme du bouillon s'accroissait pendant les deux ou trois premiers jours qui suivaient l'ensemencement, puis diminuait et finissait par disparaître complètement au bout de six à sept jours au plus après l'ensemencement : le bouillon était alors redevenu absolument limpide. Mais le pneumocoque était alors déjà mort, car nous n'avons jamais pu réensemencer les cultures sur bouillon âgées de plus de cinq jours.

Sur les tubes de gélatine placés à l'étuve à 22°, rien ne s'est jamais développé : toutes nos cultures sont constamment demeurées stériles.

Sur toutes ces cultures le pneumocoque affectait toujours la forme que nous lui avons trouvée dans l'exsudat pulmonaire, sans autre variation de morphologie que la perte de sa capsule que nous n'avons jamais pu mettre en évidence sur les organismes provenant des cultures.

L'inoculation à des souris blanches de l'exsudat pulmonaire que contenait cet organisme, a constamment amené leur mort en trois jours; et nous devons noter que la dose était toujours extrêmement faible, puisque nous nous sommes toujours contenté de ne leur inoculer sous la peau, à la base de la queue, que deux à trois gouttes au plus de cet exsudat prélevé au niveau des noyaux de pneumonie lobulaire.

Dans le sang du cœur des souris mortes à la suite de cette inoculation, nous avons constamment retrouvé le pneumocoque à l'état de pureté, soit sous forme de diplocoques, soit sous forme de chaînettes toujours pourvues d'une capsule très nette. L'ensemencement du sang des souris nous a donné, dans tous les cas, des cultures pures du pneumocoque avec les caractères que nous venons de leur assigner.

La double coloration des coupes par le carmin boracique de Grenacher et la méthode de Gram nous a constamment montré le pneumocoque dans la cavité des alvéoles et dans leurs parois, jamais dans les vaisseaux sanguins ni dans les symphatiques. Nous devons en outre noter que c'est toujours dans les foyers récents, au sein des lésions d'engouement ou splénisation que nous les avons trouvés en plus grand nombre. Il nous est même arrivé de n'en pas trouver dans les foyers anciens, au stade d'hépatisation grise, et dans les foyers pseudo-lobaires avancés dans leur évolution, alors que chez le même sujet nous les retrouvions en nombre considérable et à l'état de pureté, dans les foyers récents ; les cultures faites par ensemencement de l'exsudat prélevé au niveau des foyers anciens restaient stériles ; celles faites avec l'exsudat des foyers plus récents, chez le même sujet, donnaient une culture abondante et souvent pure. A. Frænkel avait d'ailleurs observé la même chose pour les pneumonies lobaires, et avait noté la présence constante du pneumocoque dans les foyers récents au stade d'engouement ou d'hépatisation rouge, et son absence habituelle dans les foyers plus anciens d'hépatisation grise.

2° Pneumobacille de Friedlænder. — Découvert en 1882 par Friedlænder, et décrit par lui sous le nom de *pneumococcus*, comme agent pathogène de la pneumonie, il fut étudié depuis par Weichselbaum (1886) sous le nom de *bacillus pneumoniæ* ou *pneumobacille* dans les pneumonies lobaires et les broncho-pneumonies, et plus particulièrement étudié dans ces dernières par A. Frænkel, Pipping, etc.

Bien que nous ne l'ayons retrouvé que deux fois dans le cours de nos recherches, comme, dans l'un de ces deux cas, il se trouvait à l'état de pureté, il peut, par conséquent, être considéré comme capable de déterminer à lui seul les lésions de la broncho-pneumonie. Cette considération seule suffit à justifier la description que nous allons donner de l'organisme que, sous ce nom, nous avons examiné, cultivé et décrit dans deux de nos observations.

Dans l'exsudat pulmonaire prélevé au niveau des foyers de broncho-pneumonie, étalé, séché et fixé sur des lamelles et coloré avec une solution aqueuse de violet de gentiane, cet organisme se présentait sous la forme d'un double point, que la décoloration par une solution aqueuse d'acide acétique à 1 % montrait entouré d'une capsule. Dans cette capsule, moins vivement colorée que les coccus qu'elle entoure, nous n'avons jamais pu déceler de cloison médiane séparant les deux coccus l'un de l'autre. Chacun de ces coccus était régulièrement arrondi, et il ne nous a jamais semblé que ces deux points fussent les extrémités d'un bacille dont les plus forts grossissements ne nous ont jamais révélé la partie médiane. — Ce diplocoque se colorait facilement par les procédés simples, habituels, mais ne se colorait pas par la méthode Gram, caractère important pour le différencier du pneumocoque lancéolé, au simple examen des frottis de lamelles colorés.

Ses cultures sur plaques de gélose affectaient la forme de colonies petites, arrondies, d'une couleur blanc jaunâtre, très saillantes.

Ensemencées à la surface d'un tube incliné de gélose placé à l'étuve à 38°, elles se développaient rapidement, en vingt-quatre heures au plus, sous forme d'une strie blanc jaunâtre, épaisse, plus large à sa partie inférieure qu'à sa partie supérieure, et qui, dans les jours suivants, s'élargissait et ne tardait pas à envahir toute la superficie du tube de culture.

Dans le bouillon, la culture formait un nuage épais, uniforme, avec dépôt blanc jaunâtre, épais, crémeux au fond du tube, et sur ses parois. A la partie supérieure, au-dessus du niveau du bouillon, se déposait un mince pellicule blanc-jaunâtre qui ne s'en détachait que par l'agitation du liquide.

Mais c'est, sans contestation, la culture par piqûre sur tube de gélatine, qui donne les résultats les plus caractéristiques. Lorsqu'on ensemence par piqûre un tube de gélatine, et qu'on le maintient à la température de 20°, on voit dès le lendemain apparaître le long du canal de la piqûre une ligne blanchâtre qui s'accentue les jours suivants, en même temps qu'à la surface de la gélatine, au point de la piqûre, s'élève une légère saillie blanchâtre. — Le long du trait de piqûre on observe au bout de quelques jours une colonne blanchâtre plus épaisse en haut qu'en bas, constituée par un amas de colonies arrondies, assez peu volumineuses, fort rapprochées les unes des autres, et bien circonscrites sur le trajet du trait de piqûre. — Au bout de dix à quinze jours se montre à la surface de la gélatine, au point précis où s'est enfoncé le fil de platine qui a servi à l'ensemencement, une saillie arrondie, du volume d'un pois environ, brillante, de couleur blanc jaunâtre, d'aspect éburné : la culture offre alors cet aspect si caractéristique qui lui a fait donner le nom de *culture en clou*. — Plus tard, au bout d'un mois et demi à deux mois, cette saillie s'affaisse et s'étale ; — jamais la gélatine n'est liquéfiée.

Ces diverses cultures du bacille de Friedlænder conservent très longtemps leur vitalité, puisqu'au bout de cinq mois, nous avons pu réensemencer la culture sur gélatine.

Le pneumo-bacille obtenu en culture pure sur ces divers milieux présente, à l'examen microscopique, les formes les plus variées, et ce polymorphisme ne permettrait guère de reconnaître qu'il s'agit du même organisme, si nous n'avions pour critérium l'aspect caractéristique de sa culture sur gélatine et les résultats de son inoculation aux souris.

Qu'il s'agisse des cultures sur gélose, gélatine ou bouillon, il se montre en effet sous la forme tantôt d'un double point analogue à l'aspect qu'il présente dans l'exsudat pneumonique, sauf pourtant l'absence presque constante de capsule dans les cultures, tantôt et beaucoup plus souvent sous la forme d'un bacille assez mince, immobile, parfois court, parfois au contraire allongé au point de rappeler les longs filaments du bacillus anthracis; cette forme bacillaire dominait toujours dans nos cultures, parfois même elle existait seule à l'exclusion de la première; quelle que soit sa forme, il se décolore constamment par la méthode de Gram.

L'inoculation aux souris est toujours mortelle, pourvu que la dose soit suffisante; l'une de nos souris résista en effet à l'inoculation sous-cutanée de deux gouttes de l'exsudat pulmonaire où nous avions, par les cultures, mis le pneumo-bacille en évidence. Une autre souris ne résista pas à l'inoculation sous-cutanée de cinq gouttes d'une culture pure, et succomba en cinq jours.

Quoi qu'il en soit, cet organisme s'est toujours montré moins virulent pour la souris que le pneumocoque, et la dose, pour être mortelle, doit être plus considérable que lorsqu'il s'agit de ce dernier, encore la mort se fait-elle plus longtemps attendre, et ne survient-elle que vers le cinquième jour, tandis qu'elle est toujours survenue le troisième jour pour les souris inoculées avec des doses infiniment moindres de pneumocoque lancéolé.

Le pneumo-bacille se retrouve toujours dans le sang de la souris, toujours sous la forme d'un double point entouré d'une capsule très nette ; quelle que soit d'ailleurs la forme qu'affectait ce pneumo-bacille dans la culture qui a servi à l'inoculation : c'est là du reste un caractère fort important qui souvent nous a servi à reconnaître qu'il s'agissait bien du pneumo-bacille de Friedlænder dans les cultures où presque toujours il affectait la forme bacillaire.

2°) STREPTOCOQUE. — Nous insisterons sur la description du streptocoque que nous avons trouvé dans les parties splénisées ou hépatisées des poumons que nous avons examinés beaucoup plus longuement que sur le pneumocoque et le pneumo-bacille. Pour ces deux derniers, en effet, nos descriptions se rapportent d'une façon si évidente aux organismes décrits par Talamon, Frænkel et Weichselbaum d'une part et par Friedlænder d'autre part, comme agents des pneumonies lobaires et lobulaires ; les caractères morphologiques et les propriétés biologiques que nous leur avons assignés concordent tellement avec ce qu'en ont dit les auteurs qui ont étudié ces microbes, que le doute est impossible et qu'on ne peut que reconnaître qu'il s'agissait bien en réalité de ces organismes là ou nous les avons trouvés et caractérisés.

Il n'en est pas de même pour le streptocoque; quelques particularités semblent le distinguer des streptocoques de la suppuration ou de l'érysipèle, si bien que quelques auteurs, M. Weichselbaum par exemple, avaient cru devoir en faire un streptocoque d'une espèce particulière que ce dernier auteur étudie et décrit sous le nom de *streptococcus pneumoniæ*. Aussi, nous arrêterons-nous un peu plus sur sa description, pour voir si cette distinction des streptocoques de la suppuration et de l'érysipèle d'une part, et du streptocoque de la pneumonie d'autre part, repose sur des caractères morphologiques et sur des propriétés biologiques et expérimentales suffisamment accusées pour le justifier.

L'identité constante et absolue des streptocoques que nous avons trouvés dans tous nos cas suffit à légitimer l'étude d'ensemble que nous en faisons ; nous devons pourtant dire que nous ne comprenons pas dans cette étude le coccus en chaînettes isolé dans notre IXe observation et que nous rapportons à la putréfaction. Il suffit de ce que nous en avons dit à propos de ce cas, pour que nous n'insistions pas ici davantage sur les raisons qui nous ont obligé à le distinguer des autres streptocoques que nous avons isolés.

Au point de vue de sa *morphologie*, le streptocoque s'est toujours montré, dans l'exsudat pulmonaire prélevé au niveau des régions pulmonaires engouées ou hépatisées, sous la forme de chaînettes constituées par l'association bout à bout d'un nombre variable de micrococques. Ces chaînettes sont généralement courtes, peu sinueuses, et même presque rectilignes, ou tout au plus légèrement incurvées à leurs extrémités.

Elles sont constituées par des micrococques de 0μ, 5 à 1μ au maximum, régulièrement arrondis, généralement en nombre pair, ne dépassant pas d'habitude 4 à 6 micrococques par chaînettes.

Ces coccus sont également distants les uns des autres, ou assez souvent rapprochés deux à deux, de façon à se présenter sous la forme de chaînettes de diplocoques. — On les met facilement en évidence par la plupart des procédés habituels; elles se colorent bien par la méthode de Gram, il est alors facile de voir qu'aucune capsule ne les entoure, constatation qui peut déjà, outre la forme des grains de ces chapelets, permettre de les différencier des chaînettes que forme le pneumocoque lancéolé.

On peut, dans l'examen des frottis de lamelles faits avec un exsudat pneumonique, les laisser passer inaperçus si, comme le fait est fréquent, ces organismes se présentent sous l'aspect de doubles points très rapprochés.

Seule, alors, la culture lèvera les doutes, car si, au moyen d'une anse de platine plongée au sein des tissus hépatisés, on ensemence en stries quadrillées la surface d'une plaque de gélose solidifiée et placée à l'étuve à 38°, on voit au bout de 24 à 36 heures se développer le long des stries de culture les colonies de streptocoques qui apparaissent sous la forme de petits points très ténus, ayant au plus les dimensions d'une tête d'épingle, régulièrement arrondis, un peu saillants, brillants, très pâles, presque translucides.

Ces colonies se développant exclusivement le long du trait de culture, se groupent ordinairement en amas peu considérable, plus ou moins espacé sur son trajet.

Ensemencées sur des tubes inclinés de *gélose* mis à l'étuve à 38°, ces colonies se développent également au bout de 24 à 36 heures, et atteignent leur complet développement en 3 à 4 jours. Elles y apparaissent généralement sous le même aspect que sur les plaques de gélose : les colonies y sont en effet assez rares, espacées, presque translucides.

Mais les cultures que nous avons obtenues sont loin de présenter toujours cette même pauvreté de développement. Souvent en effet, au lieu de se montrer sous forme de colonies aussi petites et aussi espacées, la culture prend l'aspect d'une bande de couleur blanc-jaunâtre, étendue d'un à deux millimètres de chaque côté de la strie d'inoculation; plus épaisse et plus jaune à sa périphérie, elle est plus mince, plus blanche en son centre : ses bords sont festonnés, comme formés d'une ligne verticale de petites colonies blanches arrondies, confluentes, qui bordent le reste de la culture. — Cette culture estplus large et plus épaisse à la partie inférieure de la surface inclinée de la gélose, qu'à sa partie supérieure.

Cette dernière culture, comme on le voit, diffère beaucoup des cultures du streptococcus pyogenes : elle est incontestablement plus riche, plus épaisse ; et pourtant le streptocoque qui se développe ainsi est morphologiquement analogue en tous points à celui de la suppuration. D'autre part, les réensemencements successifs de ces cultures peuvent prendre un aspect absolument identique à celui sous lequel se présente communément le streptococcus pyogenes.

Lorsque cet organisme est ensemencé dans des tubes de bouillon placés à l'étuve à 38°, on voit au bout de 24 à 36 heures, le bouillon restant absolument transparent et limpide, se déposer au fond du tube un dépôt blanchâtre, granuleux, ressemblant à des grains de semoule qui, par l'agitation, se répandent dans le bouillon, et s'y maintiennent pendant quelque temps en suspension sans le troubler. Ce n'est pourtant pas là un caractère constant, et il n'est pas rare de voir le bouillon se troubler tout en laissant déposer au fond du tube une masse granuleuse, blanc jaunâtre, que l'agitation détache facilement du fond du tube, et qui se répand alors dans le bouillon pour déposer peu de temps après.

Ce n'est parfois qu'au bout de plusieurs réensemencements successifs que la culture dans le bouillon prend l'aspect classique que nous lui avons d'abord décrit, sans troubler la masse du liquide.

La même culture ensemencée par piqûre sur des tubes de gélatine placés à l'étuve à 20° ne commence guère à se développer qu'au bout de 48 heures : on voit alors apparaître, le long du trait de piqûre, des colonies petites, arrondies, granuleuses, plus ou moins espacées, atteignant à peine le volume d'une tête d'épingle ; le développement toujours très pauvre est complet au bout de 5 à 6 jours; jamais la gélatine n'est liquéfiée.

Sur toutes ces cultures s'est constamment développé un microcoque en chaînettes qui pourtant, suivant le milieu nutritif sur lequel il s'est développé, a présenté dans sa morphologie quelques variations qu'il est utile d'indiquer.

Sur *gélose*, en effet, les chaînettes sont plus courtes, composées de six à huit coccus au plus, presque toujours associés deux à deux, prenant l'aspect de chaînettes de diplocoques ajoutés bout à bout. Ces coccus sont arrondis, parfois aplatis à leurs points de contact, surtout sur les faces contiguës de deux coccus d'un même diplocoque. Ils ont un diamètre moyen de 0,µ 3 à 0,µ 5. Les chaînettes sont peu sinueuses, d'habitude incurvées à leurs extrémités, mais jamais enlacées comme cela se voit dans le bouillon.

Dans le *bouillon*, ces chaînettes sont en effet extrêmement longues, traversant parfois tout le champ optique, elles sont enroulées, sinueuses, enlacées entre elles. Elles sont également constituées par des diplocoques associés, mais *beaucoup plus volumineux* que ceux qui se sont développés sur gélose.

Sur *gélatine*, il est impossible de voir les chaînettes si l'on ne dilue pas la culture dans l'eau chaude stérilisée au moment de l'examen. Sinon, on les voit à l'état de microcoques irrégulièrement groupés et que, n'étaient les caractères de la culture, on pourrait confondre avec des staphylocoques.

La durée de la *vitalité* de ces cultures est extrêmement

restreinte; jamais en effet nous n'avons pu réensemencer une culture âgée de plus de quatre semaines : les cultures sur tubes de gélose n'ont jamais pu être réensemencées au bout de quinze jours ; généralement même elles étaient complètement détruites après dix ou quinze jours ; sur gélatine, elles subsistaient jusqu'à la troisième semaine ; dans les bouillons, nous avons pu les réensemencer au bout de quatre semaines, mais en aucun cas nous n'avons pu dépasser cette limite.

Nous devons enfin noter que ces cultures, après réensemencements successifs, variaient beaucoup d'aspect, et que telle culture sur gélose extrêmement riche, épaisse, blanchâtre, donnait, après deux ou trois réensemencements, des cultures absolument comparables aux cultures classiques des streptococcus pyogenes.

Les résultats obtenus par l'inoculation aux animaux ont été constants, et concordent également à rapprocher ce streptocoque de celui de la suppuration.

Dans tous nos cas, nous avons inoculé sous la peau à des souris blanches deux à trois gouttes de l'exsudat pulmonaire prélevé au niveau des foyers pneumoniques. — Or, chaque fois que le streptocoque s'y trouvait soit seul, soit associé à des microbes autres que le pneumocoque lancéolé ou le pneumobacille, les souris ont résisté à l'inoculation, sans même présenter aucun symptôme de maladie.

Il en a été de même chaque fois que nous leur avons injecté la même dose de culture pure, récente de streptocoque.

Dans trois cas, ceux où les cultures sur gélose présentaient un aspect qui s'éloignait de celui des cultures des streptococcus pyogènes, nous avons injecté quelques gouttes de culture pure sous la peau de l'oreille du lapin ; or, nous avons toujours observé dès le lendemain du jour de l'inoculation, une rougeur érysipéloïde de l'oreille qui devenait rouge, œdémateuse, chaude, présentant en un mot tous les caractères de la réaction inflammatoire locale qui suit presque constamment l'injection de quelques gouttes de culture pure de streptocoque de l'érysipèle sous la peau de l'oreille du lapin. Ces phénomènes s'atténuaient dès le second jour pour disparaître complètement au bout de quatre à six jours.

Pour toutes ces raisons, nous croyons en somme qu'on doit identifier le streptocoque que nous avons retrouvé dans nos broncho-pneumonies avec celui de la suppuration ou de l'érysipèle; — nous croyons tout au moins qu'on ne peut actuellement l'en différencier d'une façon certaine, ni par ses caractères morphologiques, ni par l'aspect de ses cultures, ni par les résultats de son inoculation aux lapins et aux souris.

On nous objectera certainement contre cette hypothèse les différences qui séparent tous nos streptocoques de celui que nous avons isolé dans notre XVIIe observation, et dont l'origine érysipélateuse est indéniable; on opposera ses cultures à celles des autres, les lésions qu'il a déterminées dans le poumon à celles que nous avons notées dans tous nos autres cas, et on sera tenté d'identifier ce dernier streptocoque à celui de l'érysipèle, et d'en différencier les autres.

Et pourtant, les différences qui les séparent sont loin d'être aussi tranchées; les chaînettes isolées dans notre broncho-pneumonie erysipélateuse primitive sont plus courtes, constituées par des coccus plus ténus, leurs cultures sont beaucoup plus pauvres; leur inoculation au lapin a été suivie de conséquences évidemment plus graves; enfin les lésions qu'ils avaient déterminées dans le poumon, chez le malade que nous avons observé, tout en étant celles de la broncho-pneumonie, avaient évolué avec une rapidité inaccoutumée au point d'aboutir en 48 heures à l'hépatisation grise. — Mais outre que, dans ce fait, les streptocoques étaient plus abondants que dans aucun des autres cas, il faut, croyons-nous, attribuer simplement cette rapidité d'action à une virulence plus considérable du même agent.

Les variations de dose et de virulence d'un même agent pathogène suffisent ici, en un mot, pour rendre compte des différences d'ailleurs superficielles des lésions qu'il détermine, et l'on devra bien se garder d'objecter à cette hypothèse la plus grande richesse des cultures des streptocoques les moins pathogènes, car chacun sait que l'abondance et la facilité du développement des microbes pathogènes sur nos milieux artificiels de culture, sont loin d'être en rapport direct avec l'intensité de leur action sur l'organisme humain ; la proposition inverse paraîtrait au contraire être plus souvent conforme à la réalité.

Si nous avons si longuement insisté sur les motifs qui nous obligent à identifier le streptocoque que nous avons isolé dans un grand nombre de nos broncho-pneumonies secondaires à celui que nous avons trouvé dans notre broncho-pneumonie érysipélateuse primitive, c'est-à-dire en somme à celui de l'érysipèle ou de la suppuration, c'est que Weichselbaum, dont on connaît la compétence en pareille matière, avait essayé de les différencier, et de faire du streptocoque de la pneumonie une espèce spéciale qu'il décrivait sous le nom de *streptococcus pneumoniæ*.

Weichselbaum (1), sur les 129 cas qu'il a examinés, a

(1) Weichselbaum : Ueber die Ætiologie der acutem Lungen u. Rippenfell-entzündungen *Mediz. Jarhbucher* Wien 1836 p. 483.

en effet trouvé 21 cas de pneumonie lobaire ou lobulaire primitive ou secondaire dans lesquels il a pu mettre en évidence un streptocoque isolé ou associé au pneumocoque lancéolé.

Les coccus qui le constituent sont arrondis, ou aplatis par compression réciproque; les chaînettes qu'ils forment sont courtes, fortement incurvées, ou longues, sinueuses, enlacées; elles sont toujours dépourvues de capsule. — La description qu'il donne des cultures du streptococcus pneumoniæ ressemble presque en tous points à celle que nous en avons donnée; pourtant ces cultures seraient bien plus encore que les nôtres, comparables à celles du streptococcus pyogenes; il trouve en effet que sauf leur croissance plus énergique et leur développement plus abondant on pourrait les comparer aux cultures du diplococcus pneumoniæ.

Enfin, son streptocoque se serait montré, pour les souris, plus virulent que le nôtre; mais nous devons faire remarquer qu'il faisait l'injection des cultures pures dans le thorax ce qui explique la divergence des résultats obtenus; d'autre part, l'inoculation sous la peau de l'oreille du lapin ne lui a presque jamais donné que des résultats négatifs.

On voit donc, en somme, que les caractères morphologiques ainsi que les propriétés biologiques attribués par Weichselbaum à son streptococcus pneumoniæ tendent à l'identifier, sauf quelques divergences sans importance, avec le streptococcus pyogenes, dont on éprouve quelque difficulté à le distinguer, d'après l'étude même qu'il en a faite.

Et pourtant, Weichselbaum, tout en admettant l'analogie presque complète de la forme et des cultures, n'ose admettre l'identité complète des deux streptocoques : il invoque surtout la diversité d'origine et l'action un peu différente sur les animaux; et ce sont aussi ces mêmes raisons qui, selon lui, permettraient de considérer comme deux espèces différentes le streptococcus pyogenes et le streptococcus erysipelatis : or chacun sait qu'il est actuellement impossible de les distinguer l'un de l'autre d'après leur forme, d'après l'aspect de leurs cultures et d'après leurs propriétés pathogènes chez les animaux.

Il admet d'ailleurs que ce streptococcus pneumoniæ est bien réellement l'agent pathogène de certaines pneumonies ou broncho-pneumonies ; il ne croit pas en effet qu'il ait envahi les poumons après la mort, puisqu'il l'a retrouvé par ponction capillaire du poumon chez le vivant, et que ses autopsies ont été faites une à deux heures après la mort.

A part les cas où il a trouvé ce streptocoque associé au pneumocoque lancéolé, il ne pense pas non plus que sa présence soit due à une infection secondaire, puisqu'il l'a retrouvé souvent isolé, dès le début de la lésion pulmonaire, et que la plupart du temps il n'existait chez le malade observé aucune affection primitive à streptocoque (abcès, érysipèle, etc.,) qui pût être invoquée comme cause de son invasion secondaire dans le poumon.

En résumé, nous admettons que la broncho-pneumonie peut être due à l'action d'un streptocoque; que cet organisme est celui qu'on retrouve le plus souvent dans les foyers de pneumonie lobulaire; qu'on peut l'y rencontrer soit à l'état de pureté, soit associé au pneumocoque lancéolé, soit et plus souvent à d'autres organismes tels que les staphylocoques pyogènes dont la présence dans les poumons n'a jamais été constatée à l'état de pureté, et qui s'y sont introduits ou bien après la mort, ou bien encore pendant la vie, à titre d'infection secondaire.

Avec M. Weichselbaum, nous reconnaissons qu'un certain nombre de raisons paraissent plaider en faveur de la séparation de cette espèce d'avec le streptococcus pyogenes ou erysipelatis, mais en réalité, vu l'impossibilité où nous sommes actuellement d'attribuer à chacune de ces espèces des caractères propres qui suffisent à les distinguer l'une de l'autre, nous admettons l'identité du streptocoque que nous avons isolé dans plusieurs de nos broncho-pneumonies, avec le streptococcus pyogenes ou erysipelatis. Nous apportons comme preuves de cette identité :

1°) La complète identité de leur morphologie ;

2°) La grande ressemblance de leurs cultures, ou en tous cas le retour, après plusieurs réensemencements successifs, d'une culture en apparence absolument dissemblable à une culture absolument identique à celle du streptococcus pyogenes ;

3°) L'égale vitalité de leurs cultures, sinon l'égale richesse de leur développement ;

4°) Leur action toujours comparable, sinon toujours également virulente sur le lapin.

Si quelques divergences sont observées entre eux, à ces divers points de vue, nous les attribuons plus volontiers à une variabilité dans la virulence d'un même organisme, tenant peut-être aux conditions différentes dans lesquelles ils se sont développés et au terrain qui leur a servi de milieu de culture, que nous n'y voyons la preuve d'une dualité d'espèce que nous déclarons ne pouvoir étayer de raisons suffisantes.

Trois organismes paraissent donc, par leur pullulation dans le poumon, pouvoir y déterminer les lésions de la broncho-pneumonie : le pneumocoque lancéolé de Talamon-Frænkel, le pneumobacille de Friedlænder et le streptococcus pyogenes.

Nous ne croyons pas qu'après l'étude détaillée que nous venons d'en faire, il soit possible de les confondre l'un avec l'autre, encore moins qu'il soit possible de les considérer comme les variétés d'une même espèce microbienne.

On a bien pu, au début des études sur la pneumonie, confondre l'un avec l'autre le pneumocoque lancéolé et le pneumobacille; l'insuffisance de la technique des colorations et surtout des procédés de cultures permettait à cette époque une confusion désormais impossible.

On aurait également pu confondre le streptococcus pyogenes avec la forme en chaînettes qu'affecte souvent le pneumocoque lancéolé.

La possibilité de cette confusion justifie l'insistance que met Weichselbaum à différencier le diplococcus pneumoniæ que nous avons précédemment dit considérer comme identique au streptococcus pyogenes. — Mais les caractères que nous avons attribués à chacun d'eux, rendraient réellement toute discussion futile : dans l'état actuel de nos connaissances, la distinction des deux espèces est suffisamment accentuée pour qu'il soit inutile d'insister sur leur diagnostic.

Ces trois organismes doivent être considérés comme trois espèces microbiennes capables de déterminer la broncho-pneumonie.

Quant aux autres microbes que nous leur avons vus parfois associés, mais que nous n'avons jamais trouvés seuls dans les foyers de broncho-pneumonie, nous avons dit au début de cette étude que nous considérions leur présence comme purement accessoire : tel est le bacille de Lœffler qu'on trouve dans certains cas bien déterminés de broncho-pneumonie diphthérique; ou bien comme résultant d'une infection secondaire : tels sont les staphylococcus pyogenes aureus et albus.

Nous ne les considérons donc nullement comme des agents pathogènes de la broncho-pneumonie, et nous ne les décrirons pas ici : la description succincte que nous en avons donnée à propos de chacun des cas où nous les avons trouvés, suffit à les caractériser, et à justifier notre diagnostic bactériologique, sans qu'il soit nécessaire d'y insister davantage.

Il nous paraît maintenant utile d'étudier de plus près les cas que nous avons observés, en nous plaçant au point de vue de l'étiologie de chacun d'eux, c'est-à-dire de l'affection qui a précédé l'éclosion de la broncho-pneumonie.

Cette étude aura pour but de rechercher s'il existe des différences entre les broncho-pneumonies, suivant leur origine, si la broncho-pneumonie qui complique la rougeole diffère de celle qui est secondaire à la diphthérie ou à la scarlatine, si en un mot il existe autant de broncho-pneumonies qu'il y a de maladies qui peuvent en être suivies, ou si c'est, au contraire, une lésion anatomique bien définie, identique dans tous les cas et toujours due à un microbe unique, ou bien à un nombre restreint d'organismes pouvant la déterminer soit primitivement, d'emblée, soit secondairement à une maladie infectieuse quelconque qui pourrait favoriser le développement de ces bactéries en leur préparant leur terrain.

Nous nous proposons donc d'étudier l'une après l'autre nos broncho-pneumonies secondaires (broncho-pneumonies morbilleuses, diphthériques, scarlatineuses), puis les broncho-pneumonies primitives; nous verrons ensuite si les différences microbiologiques qui les séparent l'une de l'autre correspondent à la diversité d'origine.

B. Etude spéciale de quelques broncho-pneumonies

1° *Broncho-pneumonies secondaires*

1° Broncho-pneumonie morbilleuse. — Nous avons observé neuf cas de broncho-pneumonie morbilleuse dans lesquels la complication pulmonaire a suivi de près l'éruption morbilleuse : Cette précocité relative de la broncho-pneumonie rubéolique n'est évidemment pas la règle générale; mais elle n'est pas rare à l'hôpital des Enfants-malades. Nous avons pu constater dans la salle d'isolement de la rougeole, annexée à cet hôpital, que la broncho-pneumonie complique l'immense majorité des cas de rougeole, que son apparition est souvent précoce, et que sa gravité est telle qu'elle cause la mort d'environ 40 °/₀ des petits malades atteints d'une rougeole normale à leur entrée à l'hôpital.

Sur les neuf cas de broncho-pneumonie morbilleuse que nous avons observés, cinq fois la rougeole seule a précédé l'apparition de la broncho-pneumonie et dans les foyers pulmonaires d'engouement ou d'hépatisation, nous avons retrouvé :

3 fois un streptocoque à l'état de pureté. (Obs. I, VII, IX.)

1 — le pneumocoque lancéolé à l'état de pureté. (Obs. IV).

1 — le pneumobacille de Friedlænder à l'état de pureté. (Obs. VI).

Nous devons nous hâter de faire remarquer ici que dans les trois premiers de ces cas, deux fois seulement (Obs. I et VII) il s'agissait du streptocoque que nous avons identifié au streptococcus pyogenes. Dans l'obs. IX, il s'agissait d'un organisme en chaînettes dont la morphologie seule pouvait rappeler l'aspect du streptocoque de la suppuration, mais qui en différait tellement par ses cultures et par le résultat de son inoculation aux souris, que nous avons dû en faire une espèce complètement distincte. L'état des organes où nous l'avons trouvé au moment de l'autopsie, permettait d'ailleurs d'attribuer à la putréfaction sa présence dans le poumon. — Nous ne devons donc pas faire entrer cette observation en ligne de compte, et nous ne l'avons rapportée que pour montrer que si, dans la plupart des cas analogues, les chaînettes qui se trouvent dans le poumon doivent être rattachées au streptococcus pyogenes, il faut bien se garder de croire qu'il en soit toujours ainsi : l'examen au microscope est insuffisant pour établir cette distinction ; seules les cultures et l'inoculation peuvent apporter un complément de preuves et juger en dernier ressort.

Dans trois observations, la rougeole s'accompagnait de lésions tuberculeuses localisées aux poumons ou généralisées et diagnostiquées au lit du malade, ou simplement trouvées à l'autopsie. Dans ces *trois cas de broncho-pneumonie morbilleuse chez les tuberculeux,* nous avons isolé :

1 fois le streptocoque à l'état de pureté (Obs. II).

1 fois le streptocoque et le pneumocoque encapsulé (Obs. III).

1 fois le streptocoque et le pneumobacille de Friedlænder (Obs. VIII).

Enfin, dans *un cas de broncho-pneumonie chez un morbilleux secondairement atteint de diphthérie cutanée,* mais, fait important à noter, sans aucune trace de lésion diphthérique des voies aériennes, nous avons trouvé le streptocoque à l'état de pureté (Obs. XII).

Nous voyons donc en résumé que dans les broncho-pneumonies morbilleuses que nous avons pu observer, c'est le streptocoque que nous avons le plus souvent retrouvé, puisque sur ces huit cas, il existait quatre fois à l'état de pureté, une fois associé au pneumocoque encapsulé, et une fois associé au pneumobacille de Friedlænder. Nous n'avons retrouvé à l'état de pureté qu'une seule fois le pneumocoque encapsulé, et une fois également le pneumobacille de Friedlænder.

Dans les quatre cas où la rougeole seule a précédé l'apparition de la broncho-pneumonie, seule elle peut être invoquée comme cause prédisposante. Mais lorsque la broncho-pneumonie n'était pas seulement précédée d'une éruption de rougeole, et que des lésions diphthériques ou tuberculeuses en accompagnaient l'évolution, on est en droit de se demander quelle est celle de ces affections que nous devons considérer comme cause prédisposante de la pneumonie lobulaire.

Or, dans tous ces cas, nous considérons encore l'inflammation broncho pulmonaire comme une complication de la rougeole.

Dans l'une de nos observations, en effet (Obs. XII), la broncho-pneumonie était survenue chez un morbilleux, secondairement atteint de diphthérie cutanée du pavillon de l'oreille. — Or, si la diphthérie des voies respiratoires a pu être incriminée comme cause de broncho-pneumonie, nous ne croyons pas que cette cause puisse être invoquée dans le cas présent, où il n'existait qu'une plaque fort peu étendue de diphthérie cutanée, et où l'absence de fausses membranes diphthériques dans les premières voies digestives et dans les voies aériennes a été soigneusement notée à l'autopsie. Seule la rougeole peut donc passer ici comme cause prédisposante, et nous admettons qu'il s'agit bien ici en réalité d'une broncho-pneumonie purement morbilleuse.

Il en est de même de trois autres cas où l'apparition de la broncho-pneumonie a été précédée non seulement d'une éruption nettement caractérisée de rougeole, mais encore de tuberculose soit limitée aux poumons (Obs. II et III), soit généralisée sous forme de tuberculose miliaire disséminée avec accidents imputables à la tuberculose, comme le mal de Pott (Obs. VIII).

Or, dans ces cas encore, nous croyons que la broncho-pneumonie doit être considérée comme une complication de la rougeole bien plus que de la tuberculose. — Dans l'Obs. II, en effet, on ne trouve qu'une très petite cavernule tuberculeuse au sommet du poumon gauche avec un ganglion caséeux au hile de ce même poumon. Les foyers de broncho-pneumonie, au contraire, sont disséminés dans les deux poumons; ils sont même plus nombreux, plus confluents dans le poumon droit, et c'est dans celui-ci que nous avons pratiqué nos recherches bactériologiques et anatomiques. — L'examen microscopique des coupes nous a montré l'absence de lésions histologiquement tuberculeuses; les recherches bactériologiques ne nous ont montré aucun bacille de la tuberculose, mais nous ont révélé la présence de coccus isolés ou réunis en chaînettes, que les cultures nous ont montré être des streptocoques pyogènes. On pourra nous objecter, il est vrai, que le bacille de la tuberclose n'a été recherché que par les colorations de lamelles; mais on doit reconnaître que la coïncidence de son absence ainsi constatée, avec l'absence de lésions histologiquement tuberculeuses, ne permet guère de mettre notre conclusion en doute.

Dans l'observation III il s'agit de lésions tuberculeuses également localisées au sommet du poumon gauche, bien qu'elles y soient plus étendues qu'elles ne l'étaient dans le cas précédent. Ce sont des lésions dites de pneumonie caséeuse : l'examen microscopique y décèle des lésions histologiquement tuberculeuses; l'exsudat étalé sur des lamelles y montre après dessiccation et coloration appropriée, des bacilles de la tuberculose. Quant aux foyers de broncho-pneumonie disséminés dans les deux poumons, outre qu'ils n'ont aucune relation de contiguité avec le foyer tuberculeux, ils montrent de plus qu'il s'agit de véritables lésions de pneumonie lobulaire qu'il est impossible de confondre histologiquement avec la tuberculose, même quand elle se montre sous la forme disséminée sans formation de véritables granulations. — L'examen bactériologique n'y a d'ailleurs décelé aucun bacille de la tuberculose. — Or, comme nous avons examiné au double point de vue histologique et bactériologique, le poumon gauche d'une part, pour l'étude des lésions tuberculeuses, et d'autre part le poumon droit pour l'étude des lésions de pneumonie lobulaire, comme nous avons trouvé entre les deux lésions des différences histologiques et bactériologiques qui rendent impossible tout rapprochement entre elles, nous croyons pouvoir conclure encore pour ce cas que la broncho-pneumonie doit être considérée comme une complication de la rougeole seule, et non pas comme une forme spéciale de tuberculose.

En somme, nous nions formellement que le bacille de la tuberculose ait déterminé la production des lésions pneumoniques que nous avons observées : Quant à son rôle de cause prédisposante, nous n'y croyons pas davantage, étant donnée la localisation des lésions tuberculeuses dans l'un des poumons, et la dissémination des lésions pneumoniques dans les deux poumons : l'indépendance anatomique des deux lésions peut être invoquée ici comme une preuve de leur indépendance étiologique.

L'observation VIII nous montre une broncho-pneumonie secondaire à une éruption de rougeole, mais survenant chez un enfant atteint de tuberculose miliaire généralisée et disséminée, présentant en outre un mal de Pott avec abcès par congestion, lésion imputable au bacille de la tuberculose, mais évidemment plus ancienne que les granulations miliaires constatées dans la plupart des organes thoraciques et abdominaux.

Or, dans ce cas, comment attribuer à l'action du bacille de Koch les lésions pneumoniques, alors que dans aucune de nos coupes nous n'avons observé de lésion comparable en quoi que ce soit aux lésions tuberculeuses. Ce sont les lésions habituelles de la broncho-pneumonie ; l'examen bactériologique y dénote la présence des agents pathogènes ordinaires de ces lésions, et de plus, l'absence du bacille de Koch : il n'y a donc aucune raison pour mettre sur le compte de la tuberculose une lésion anatomique qui n'en a pas l'aspect histologique. Il est beaucoup plus vraisemblable croyons-nous, de considérer cette broncho-pneumonie comme une complication de la rougeole, déterminée par ses agents microbiens habituels.

Si nous avons si longuement insisté sur l'origine probable de ces trois derniers cas de broncho-pneumonie, c'est que certains auteurs ont voulu attribuer au bacille de la tuberculose, non seulement la production de foyers pneumoniques autour des lésions tuberculeuses, mais même la production de

« maintes de ces broncho-pneumonies, simples d'aspect, dites *a frigore* ou rubéoliques. » (Landouzy et Queyrat) (1).

Nous avons donc voulu montrer à l'évidence qu'il ne s'agit nullement ici de broncho-pneumonies de nature tuberculeuse, et que si une cause prédisposante doit leur être cherchée, c'est dans la rougeole qu'on doit la voir. Quant à leur cause déterminante, c'est celle que nous retrouverons dans toutes les broncho-pneumonies, quelle que soit l'affection qui les a précédées, ce sont le pneumocoque lancéolé, le streptocoque, le pneumobacille de Friedlænder, tous organismes dont les rapports de causalité avec la broncho-pneumonie ont été démontrés, mais qui n'ont aucune relation directe avec l'affection (rougeole, scarlatine, diphthérie...) qui a précédé l'apparition de cette complication.

2° Broncho-pneumonie diphthérique. — Dans les trois cas de broncho-pneumonie diphthérique que nous avons étudiés, les résultats de l'examen bactériologique, variables en apparence, concordent en réalité à nous montrer que, dans ces cas encore, la broncho-pneumonie est due aux mêmes organismes, et que le bacille de Lœffler ne joue aucun rôle dans la détermination de ses lésions.

Nous avons en effet pu isoler :

Dans un cas (Obs. XIII), le streptococcus pyogenes associé aux staphylococcus pyogenes aureus et albus.

Dans un autre cas (Obs. XVI), le streptococcus à l'état de pureté.

Dans le troisième cas enfin (Obs. XIV) le streptococcus

(1) Landouzy et Queyrat. Note sur la tuberculose infantile, in *Gazette hebdomadaire de médecine et de chirurgie*, 1886, n° 6, p. 255 et n° 7, p. 272.

pyogenes associé au pneumocoque lancéolé et au bacillus diphtheriæ de Lœffler.

Ce qui, dans ces trois cas, doit attirer l'attention, c'est que nous n'avons retrouvé qu'une seule fois le bacille de Lœffler (Obs. XIV). Or, ce cas est précisément le seul où la présence des fausses membranes diphthériques ait été constatée dans toute la longueur de l'arbre aérien, l'exsudat fibrineux se poursuivant jusque dans les plus fines ramifications bronchiques. — Au contraire, dans les deux observations (Obs. XIII et XVI) où ce bacille n'a pu être mis en évidence, les fausses membranes ne dépassaient pas le larynx ; et dans ces deux cas, nous n'avons pu déceler que les agents habituels de la broncho-pneumonie, le pneumocoque lancéolé et le streptocoque.

La présence fréquente à l'état de pureté du streptocoque dans les broncho-pneumonies diphthéritiques, sa constante association au bacille de Lœffler dans les cas où celui-ci se rencontre, nous obligent à conclure que seul, le streptocoque est l'agent de la lésion du parenchyme pulmonaire, de la broncho-pneumonie proprement dite.

Lorsqu'on lui trouve associé le bacille de Lœffler, c'est que la lésion diphthérique s'est propagée jusqu'aux bronches intra-lobulaires, et dans ces cas la constatation d'exsudat fibrineux, c'est-à-dire de fausses membranes diphthériques, dans les plus fines ramifications bronchiques, explique la présence du bacille de Lœffler dans les noyaux de broncho-pneumonie.

Dans ces cas, en un mot, on se trouve en présence de deux lésions superposées, distinctes l'une de l'autre par leurs lésions et par leurs microbes : le bacille de Lœffler qui a déterminé l'exsudation fibrineuse diphthérique des bronchioles et le streptocoque pyogène qui a déterminé le processus histologique des lésions pneumoniques de l'alvéole.

Il nous est donc impossible pour ces raisons de considérer le bacille de Lœffler comme l'agent de la pneumonie lobulaire chez les diphthériques. Comme dans tous les autres cas, celle-ci doit être attribuée à son agent habituel : le streptocoque pyogène.

Reste à expliquer l'association du pneumocoque lancéolé au streptocoque, que nous avons constatée dans l'un de nos cas (Obs. XIV). Lequel du streptocoque et du pneumocoque est l'agent principal de la broncho-pneumonie, lequel des deux peut-on considérer comme n'étant intervenu que secondairement à la suite de l'autre? ou bien enfin leur invasion est-elle simultanée et leur action combinée? On comprendra que nous ne puissions trancher la question d'une façon formelle; et pourtant ne pourrait-on admettre l'invasion secondaire du pneumocoque dans les broncho-pneumonies dues au streptocoque, comme on admet généralement que celui-ci n'a envahi les foyers de pneumonie lobaire qu'à la suite du pneumocoque qui en est l'agent primordial et principal. La comparaison de ce fait avec d'autres analogues que nous avons pu observer, nous permettra de discuter cette hypothèse lorsque nous nous occuperons de la pathogénie des broncho-pneumonies.

3° Broncho-pneumonie Scarlatineuse. — Nous apportons dans notre XVe observation un cas de broncho-pneumonie scarlatineuse qu'on pourrait attribuer à la diphthérie, parce que le petit malade était en même temps atteint d'une angine diphthéroïde qui l'avait fait transférer du pavillon d'isolement de la scarlatine à celui de la diphthérie.

Nous croyons pourtant que, dans ce cas, la pneumonie lobulaire doit être mise sur le compte de la scarlatine et non sur celui de la diphthérie.

Quoique son angine offrît complètement l'aspect de l'angine diphthérique, on sait que toutes les angines du début de la scarlatine (1) sont, malgré l'identité de leur aspect avec l'angine diphthérique, dues à un microbe différent, à un streptocoque, ne sont en un mot que des angines diphthéroïdes, et que seul, l'examen bactériologique peut, dans ce cas, trancher le diagnostic.

Or, dans le fait que nous rapportons, l'angine était survenue au début de la scarlatine; si étendue qu'elle fût, puisqu'elle occupait tout le pharynx et l'arrière-bouche, la fausse membrane n'occupait que cette première portion du tube digestif, et son absence a été constatée avec soin dans les voies aériennes supérieures. Tout concorde donc à démontrer qu'il s'agissait vraisemblablement ici d'une angine pseudo-diphthérique du début de la scarlatine.

Si rare que soit la broncho-pneumonie scarlatineuse, les faits rapportés par Marie Raskin, Conil et Babes, mettent son existence hors de contestation. Or, comme ces auteurs, nous y avons retrouvé un streptocoque que nous identifions avec le streptocoque pyogène, et que nous considérons comme l'agent pathogène de la broncho-pneumonie scarlatineuse. — Quant au staphylocoque que nous lui avons trouvé associé, nous regardons son intervention comme secondaire à celle du streptocoque; et comme dans les autres cas où nous l'avons rencontré, toujours associé à l'un des agents patho-

(1) Wurtz et Bourges. Recherches bactériologiques sur l'angine pseudo-diphthérique de la scarlatine, (*in Arch. de Médec. expérimentale*, 1890, p. 341, n° 3).

gènes de la broncho-pneumonie, nous pensons, pour les mêmes raisons, que son action pathogène est nulle dans l'étiologie des lésions de la pneumonie lobulaire.

2o *Broncho-pneumonies primitives*

Les résultats de l'examen histologique concordent d'une façon si parfaite avec ceux des recherches bactériologiques, dans les cas de broncho-pneumonie primitive que nous avons observés, que nous en décrirons séparément deux formes anatomiques :

1o Une *forme pseudolobaire* dont nous avons observé trois cas chez l'enfant, et dans laquelle nous avons constamment trouvé le *pneumocoque lancéolé Talamon-Frænkel* à l'état de pureté.

2o Une *forme lobulaire disséminée* dont nous n'avons observé, chez l'adulte, qu'un seul cas où nous avons décelé le *streptocoque pyogène* à l'état de pureté.

1o Forme pseudo-lobaire — Trois de nos cas de broncho-pneumonie primitive, survenus tous trois chez l'enfant, ont tous affecté la forme anatomique dite pseudo-lobaire et révélé dans les foyers pneumoniques la présence, à l'état de pureté, du pneumocoque lancéolé de Talamon-Frænkel.

Il s'agissait bien dans ces trois cas de broncho-pneumonie primitive, car l'inflammation broncho-pulmonaire n'avait été précédée par aucune affection, communément réputée comme cause habituelle de broncho-pneumonie.

Pour l'un de ces trois cas (Obs. XI), on pouvait croire pendant la vie à l'existence de lésions tuberculeuses, et bien qu'il existât des signes stéthoscopiques indéniables de pneumonie, sans aucun signe de tuberculose, on ne pouvait se défendre, en se rappelant les antécédents du petit malade, d'une certaine méfiance. Le soupçon de tuberculose était en effet suffisamment justifié par les commémoratifs de bronchites fréquentes, répétées, pour lesquelles cet enfant avait été déjà soigné à plusieurs reprises dans le service même où il a fini par succomber. Mais l'examen attentif des coupes du poumon, et l'étude bactériologique de l'exsudat prélevé au niveau des lésions pulmonaires, ne put laisser aucun doute à ce sujet, et tout soupçon de tuberculose dut être écarté.

Or, les résultats de l'étude de ces trois cas concordent d'une façon frappante. Tous trois, en effet, se présentent sous l'aspect anatomique connu sous le nom de *forme pseudo-lobaire de la broncho-pneumonie* (Barier), de *broncho-pneumonie à forme lobaire* (Damaschino), d'*hépatisation généralisée* (Rilliet et Barthez), ou bien encore, de *broncho-pneumonie à noyaux confluents*. Et tous les auteurs qui ont décrit cette forme anatomique, l'ont comparée à la pneumonie franche, l'en ont rapprochée, en ont fait une sorte de forme de transition; d'aucuns l'ont même considérée comme la pneumonie franche de l'enfant : et les noms qu'on lui a donnés ne font qu'exprimer l'idée que s'en faisaient les auteurs qui l'ont étudiée.

D'autres ont voulu, en se plaçant surtout au point de vue clinique, différencier cette broncho-pneumonie pseudo-lobaire de la pneumonie franche de l'enfant, celle-ci, toujours primitive, toujours bénigne; celle-là, au contraire, presque toujours secondaire, et mortelle dans la majorité des cas.

Mais ce ne sont évidemment pas là des considérations qui puissent suffire à faire repousser l'identification de ces deux formes pneumoniques.

On sait, en effet, actuellement que si la pneumonie franche est habituellement primitive, elle peut aussi, à titre d'infection secondaire, compliquer nombre de maladies. Si d'autre part elle est d'ordinaire bénigne chez l'enfant, elle peut, dans certaines conditions tenant, soit au malade (affection grave antécédente, débilitation, etc.), soit au milieu où il se trouve (encombrement, épidémie, contagion...), soit enfin à l'agent pathogène (exaltation de virulence), acquérir une gravité plus grande. Et nous devons noter que les deux premières de ces conditions se trouvaient réalisées dans les observations que nous rapportons.

L'anatomie pathologique vient à son tour rapprocher la broncho-pneumonie pseudo-lobaire de la pneumonie, en montrant l'identité absolue des lésions : à savoir, le même aspect histologique, et surtout la même répartition topographique.

Enfin, *ce qui rapproche encore ces deux formes l'une de l'autre, c'est l'identité de leur agent pathogène.*

Nous croyons, en effet, formellement que l'agent pathogène unique de la pneumonie franche est le pneumocoque lanceolé de Talamon-Fraenkel ; c'est d'ailleurs l'opinion qui tend à prévaloir actuellement ; or, dans nos trois cas de broncho-pneumonie primitive pseudo-lobaire, nous avons trouvé ce même organisme à l'état de pureté.

Dans l'un de ces cas, il est vrai (Obs. XI), le pneumocoque n'a pas été retrouvé dans les foyers anciens qui se sont montrés absolument privés de germes vivants, mais seulement dans les foyers récents, et certes on ne peut opposer ce fait à l'opinion que nous venons d'émettre, car il est de notion banale que ce n'est pas dans les foyers anciens, au stade dit d'hépatisation grise qu'on doit rechercher le pneumocoque, mais bien dans les foyers récents, aux stades du début, d'engouement ou d'hépatisation rouge. Plus tard, leur rôle est terminé; leur action une fois produite, ils disparaissent, soit par le fait de la phagocytose, soit par suite de l'invasion d'autres organismes (streptocoques ou staphylocoques, par exemple) auxquels ils cèdent la place. Ce n'est pas là un fait exceptionnel en bactériologie, et chacun sait, par exemple, que ce n'est pas au milieu d'une plaque cutanée d'érysipèle, mais sur ses bords qu'il faut rechercher le streptocoque, et que c'est là seulement qu'on le trouvera d'habitude.

En résumé, ces trois cas sont absolument identiques à tous les points de vue, et doivent être comparés et rapprochés entre eux; étiologiquement ils sont *primitifs*, anatomiquement ils affectent la forme dite *pseudo-lobaire* de la broncho-pneumonie; enfin, l'examen bactériologique y décèle le *pneumocoque lancéolé* : on doit donc à tous égards les identifier l'un à l'autre et les rapprocher de la *pneumonie franche.*

Habituellement primitive comme celle-ci, comme elle, la broncho-pneumonie pseudo-lobaire occupe un vaste territoire pulmonaire, un lobe entier ou sa plus grande partie; enfin l'agent pathogène est le même et le pneumocoque lancéolé, cause constante de la pneumonie franche, primitive ou secondaire chez l'adulte, a déterminé chez l'enfant ces trois cas de broncho-pneumonie pseudo-lobaire primitive, les seuls que nous ayons observés.

Nous sommes d'ailleurs très loin de prétendre que cette forme bien définie aux points de vue anatomique et bactériologique, ne puisse être parfois secondaire, car nous voyons qu'une broncho-pneumonie (Obs. IV) identique, à ce double point de vue, aux trois cas que nous venons de rapporter, avait été contrairement à ceux-ci, manifestement secondaire à la rougeole.

Du reste, cela concorde absolument avec ce qu'on sait de la pneumonie lobaire franche à pneumocoques, car, si celle-ci est habituellement primitive, il n'en est pas moins vrai qu'on peut également l'observer à la suite de la fièvre typhoïde, de la grippe par exemple, qu'elle peut venir compliquer à titre d'infection secondaire.

2°) *Forme lobulaire disséminée.* A ces trois cas de broncho-pneumonie primitive à pneumocoques, ayant affecté la forme anatomique pseudo-lobaire, nous devons opposer la broncho-pneumonie primitive qui fait l'objet de notre XVIIe observation et qui, anatomiquement, se présentait sous la forme de *pneumonie lobulaire à foyers disséminés.* On ne peut trouver entre ce cas et le précédent qu'un seul point commun, c'est que dans ce cas encore la lésion pulmonaire était primitive. Chez le malade qui fait le sujet de cette observation, la broncho-pneumonie n'avait été précédée par aucune maladie antérieure; seuls, les commémoratifs qui ont appris que cette malade soignait son maître atteint d'un érysipèle de la face, ont permis, d'accord avec les recherches bactériologiques, de mettre l'affection pulmonaire sur le compte de l'infection érysipélateuse : il s'agit donc bien d'une broncho-pneumonie primitive à streptocoques, contractée par contagion directe, les conditions étiologiques qui avaient déterminé son éclosion permettant seules de lui donner l'épithète *d'érysipélateuse.*

L'éclosion d'emblée de cette broncho-pneumonie, sans qu'aucune autre affection ne l'ait précédée, permet seule, d'ailleurs, de comparer le fait aux précédents, car à tous égards il en diffère complètement : il s'agit en effet dans ce cas de la forme anatomique de broncho-pneumonie dite forme à noyaux disséminés ; et, d'autre part, l'examen bactériologique y décèle la présence à l'état de pureté du streptococcus erysipelatis ou pyogenes.

Ainsi donc, une broncho-pneumonie primitive peut être due au pneumocoque ou au streptocoque ; mais non pas indifféremment, croyons-nous : la constatation de la forme anatomique pseudo-lobaire devra en effet faire prévoir la présence du pneumocoque lancéolé ; s'il s'agit au contraire, de la forme lobulaire disséminée, la constatation du streptocoque dans l'exsudat alvéolaire sera la règle.

Mais si l'on peut ainsi distinguer deux types anatomiques déterminés chacun par un agent pathogène spécial, on ne peut, en aucune façon, faire intervenir l'apparition primitive ou secondaire de la broncho-pneumonie pour expliquer ces différences anatomiques et bactériologiques.

Nous avons, en effet, montré précédemment que si la broncho-pneumonie pseudo-lobaire à pneumocoques est généralement primitive, elle peut aussi, plus rarement, il est vrai, être secondaire : nous en avons montré un exemple dans notre IVe observation.

Nous pouvons de même, en renversant les termes de cette proposition, montrer que si la broncho-pneumonie lobulaire disséminée est généralement secondaire, elle peut aussi, quoique plus rarement, être primitive : notre observation XVII en est la preuve.

Quelle différence y a-t-il donc entre la broncho-pneumonie erysipélateuse primitive qui fait le sujet de cette observation, et les broncho-pneumonies à streptocoques secondaires à la rougeole, à la diphthérie, ou à d'autres affections encore? Certes la différence ne paraît pas tout d'abord facile à établir, et Lœffler lui-même, dans son mémoire sur la diphthérie, citant des observations de broncho-pneumonies diphthériques secondaires, à streptocoques, les compare à l'erysipèle et emploie même pour les caractériser l'expression « *d'érysipèle du poumon* ». — On ne peut, en effet, trouver entre les broncho-pneumonies à streptocoques, primitives et secondaires, que des différences minimes, ne reposant que sur les variations de quantité et de qualité de l'agent pathogène. Un même microbe, le streptocoque, que nous considérons comme étant le même dans tous les cas, peut produire les lésions de la broncho-pneumonie, qu'il envahisse le poumon primitivement, d'emblée, ou secondairement, à la suite d'une maladie infectieuse quelconque.

Seulement, dans le premier cas, on le trouve en plus grande abondance, beaucoup plus virulent, et par conséquent agissant plus rapidement, c'est-à-dire déterminant en moins de temps des lésions plus profondes, sinon plus étendues : c'est ainsi que dans notre Obs. XVII, il a déterminé en quarante-huit heures les lésions de l'hépatisation grise. — Tous ces cas de broncho-pneumonie pourraient, à la rigueur, porter le nom de broncho-pneumonie erysipélateuse, si nous ne réservions cette épithète aux cas auxquels l'étiologie nous autorise à l'appliquer.

Dans le second cas au contraire, lorsqu'il s'agit de broncho-pneumonie secondaire à streptocoque, on retrouve dans le foyers splénisés ou hépatisés, ce même organisme, mais en moins grande quantité, moins virulent, déterminant plus ou moins lentement des lésions moins profondes, moins accentuées.

Dans les broncho-pneumonies comme dans foule d'autres

maladies microbiennes, la détermination seule de l'agent pathogène ne suffit pas pour expliquer les différences anatomiques et cliniques: la quantité et la qualité du microbe, c'est-à-dire son abondance et sa virulence sont des facteurs qu'il faut faire intervenir dans une large mesure.

Peut-être qu'à leur tour, les conditions étiologiques dans lesquelles s'est développée la broncho-pneumonie, qui ont déterminé son apparition, ou même simplement favorisé son éclosion, pourraient rendre compte de l'abondance et surtout de la virulence de l'agent pathogène.

III

CONCLUSIONS

De l'étude d'ensemble des cas de broncho-pneumonie que nous avons observés, nous pouvons dégager les données suivantes :

I° *Si la broncho-pneumonie peut, dans des cas très rares être primitive, elle est presque constamment secondaire; elle survient, à titre de complication, à la suite d'affections variées, en particulier la rougeole et la diphthérie.*

II° *Lorsqu'elle est secondaire, elle est due, non pas à l'agent pathogène de l'affection dans le cours de laquelle elle survient, mais à un nombre assez restreint de microbes qui la déterminent dans tous les cas, quelle que soit l'affection qui l'a précédée.*

La preuve est impossible à faire lorsqu'il s'agit d'une maladie dont l'agent microbien est inconnu, la rougeole ou la scarlatine par exemple; elle est au contraire éclatante lorsqu'on s'adresse à une affection dont le microbe est connu : la diphthérie en particulier.

De là résulte qu'on ne saurait établir un rapport absolu et nécessaire entre une broncho-pneumonie, son agent pathogène, et la maladie initiale qu'elle vient compliquer.

Un court résumé de nos observations, basé sur les microbes que nous y avons décelés, le montre à l'évidence. En effet, dans les dix-sept cas que nous avons examinés complètement et rigoureusement, nous avons isolé :

a). — Le *Streptocoque* 12 fois. Parmi ces 12 cas, il s'est présenté :

1°) à l'état de pureté 6 fois (nous mettons à part l'Obs. IX où nous avons vu qu'il s'agissait d'un streptocoque d'une espèce toute spéciale) : ces 6 cas se répartissent au point de vue de l'étiologie, de la façon suivante :

La broncho-pneumonie n'avait été primitive qu'une seule fois (Obs. XVII de broncho-pneumonie primitive, érysipélateuse); dans tous les autres cas elle avait été secondaire soit à la rougeole (4 cas : Obs. I, II, VII, XII), soit à la diphthérie (1 seul cas : Obs. XVI).

2°) Associé à d'autres organismes, 5 fois :

1 fois au pneumocoque lancéolé, à la suite de la rougeole (Obs. III).

1 fois à ce même pneumocoque et au bacille de Lœffler, à la suite de la diphthérie (Obs. XIV).

2 fois aux staphylocoques pyogènes, à la suite de la diphthérie (Obs. XIII) et de la scarlatine (Obs. XV).

1 fois au pneumobacillus pneumoniæ de Friedlænder, à la suite de la rougeole (Obs. VIII).

b). — Le *Pneumocoque lancéolé* 4 fois à l'état de pureté :

dans ces 4 cas il s'agissait : de broncho-pneumonies pseudo-lobaires primitives dans 3 cas (Obs. V, X et XI), secondaire à la rougeole dans un seul cas (Obs. IV).

c.) Le *Pneumobacille de Friedlænder* 1 seule fois à l'état de pureté : dans un cas de broncho-pneumonie morbilleuse (Obs. VI).

III. — De notre étude enfin résulte ce fait important sur lequel nous devons plus particulièrement attirer l'attention : s'il n'y a aucune relation entre les agents pathogènes de la broncho-pneumonie, et les conditions dans lesquelles celle-ci s'est développée, en revanche, *il y a un rapport constant entre la forme anatomique de la lésion pulmonaire et l'espèce bactérienne qui l'a déterminée.*

a) En effet la forme anatomique depuis longtemps décrite sous le nom de *forme pseudo-lobaire* de la broncho-pneumonie, et qu'on a comparée au point de vue de sa répartition topographique à la pneumonie franche de l'adulte, *est constamment due au pneumocoque lancéolé de Talamon-Frænkel* qu'on y trouve généralement à l'état de pureté.

Elle semble donc par la répartition de ses lésions et la nature de son agent pathogène, constituer une forme de la pneumonie franche, spéciale à l'enfant.

Comme la pneumonie lobaire, elle peut être secondaire, mais dans la majorité des cas elle est primitive.

b) La forme anatomique de la broncho-pneumonie dite *lobulaire à foyers disséminés*, et qui constitue la pneumonie lobulaire proprement dite paraît constamment due au *streptocoque pyogène.* Cet organisme s'y trouve soit à l'état de pureté, soit associé à d'autres microbes tels que les staphylocoques pyogènes, le pneumocoque lancéolé, ou le pneumo-bacille de Friedlænder, ou bien encore aux agents de la maladie dans le cours de laquelle est survenue la broncho-pneumonie, tels que le bacille de la diphthérie.

La présence du pneumo-bacille de Friedlænder à l'état de pureté dans l'une de nos broncho-pneumonies pourrait le faire admettre comme agent pathogène possible de cette lésion, si cette observation n'était unique; aussi devons-nous faire les plus grandes réserves sur son rôle pneumonigène, et, en attendant de nouvelles observations, n'admettre que le streptocoque pyogène comme agent pathogène indiscutable de la broncho-pneumonie.

Le streptococcus pyogenes ou erysipelatis se trouve dans les foyers lobulaires de pneumonie à l'état de pureté lorsque sa pullulation est très active et sa virulence extrême; il paraît dans ces cas, préserver le parenchyme pulmonaire de l'invasion des saprophytes soit pendant la vie, soit longtemps même après la mort. La broncho-pneumonie est donc toujours grave, dans ces cas, et détermine le plus souvent la mort rapide par généralisation de l'infection.

Dans d'autres cas, plus fréquents, on trouve associés au streptococcus pyogenes des organismes tels que les staphylocoques pyogènes, le pneumocoque lancéolé et le pneumo-bacille de Friedlænder qui paraissent avoir envahi le parenchyme pulmonaire hépatisé, à la suite du streptocoque, agent premier de la lésion.

Plus fréquente chez l'enfant que chez l'adulte, cette forme, contrairement à la précédente, semble être beaucoup plus souvent secondaire que primitive.

En résumé, l'identité des lésions histologiques, élémentaires, dans tous les cas de broncho-pneumonie, n'empêche pas qu'elles affectent dans leur répartition topographique deux types distincts : le type pseudo-lobaire, et le type lobulaire franc. Nous rapprochons le premier de la pneumonie franche et nous l'attribuons comme celle-ci à l'action du pneumocoque lancéolé; nous considérons au contraire le second comme dû au streptocoque pyogène. Nous pensons même qu'il est peu de maladies bactériennes où, aussi nettement qu'ici, il soit possible d'établir un rapport précis entre la nature de l'agent pathogène, et celle de la lésion anatomique qu'il provoque.

CHAPITRE III

Pathogénie

Nous avons vu, en étudiant l'histoire des recherches bactériologiques faites avant les nôtres sur la nature et la provenance des agents pathogènes de la broncho-pneumonie, que généralement les poumons sains étaient dépourvus de microbes, pendant la vie, et même assez longtemps après la mort. Il est donc certain que les bactéries pathogènes qu'on trouve au sein des foyers d'hépatisation, même au moment de l'autopsie, c'est-à-dire, au moins vingt-quatre heures après la mort, sont la cause déterminante des lésions; on ne peut, en effet, attribuer leur présence à la putréfaction, puisqu'on ne les retrouve pas dans les parties saines qui entourent les noyaux hépatisés, et que d'ailleurs elles diffèrent d'une façon absolue des microbes de la putréfaction.

La présence fréquente, à l'état normal, de ces microbes dans les voies aériennes supérieures (fosses nasales) et dans la cavité bucco-pharyngienne chez les sujets sains, fit naître la théorie de l'auto-infection qui montra que l'accroissement de la virulence de ces microbes pathogènes dans certaines conditions données pouvait, par leur introduction dans le poumon, provoquer dans cet organe les lésions de la pneumonie ou de la broncho-pneumonie.

Et nous avons vu que si, dans les conditions normales, ces microbes n'exerçaient aucune action pathogène sur notre organisme, cela était dû non seulement à l'insuffisance habituelle de leur nombre et de leur virulence, mais encore aux moyens de défense mécaniques, chimiques et physiologiques que notre organisme sain opposait à leur invasion et à leur pullulation.

Nous devons donc maintenant rechercher quelles sont les causes qui favorisent la production des lésions de la pneumonie lobulaire lorsque les microbes pathogènes sont apportés dans le parenchyme pulmonaire, c'est-à-dire, en d'autres termes, quelles sont les causes déterminantes et les causes prédisposantes de la broncho-pneumonie, et quelles sont les voies que suivent les microbes pathogènes pour arriver jusqu'à l'alvéole pulmonaire, et y déterminer les lésions de la pneumonie lobulaire.

1° Causes déterminantes de l'infection. — La seule cause capable de déterminer, dans le parenchyme pulmonaire les lésions de la broncho-pneumonie, est l'apport dans les bronchioles et de là dans les alvéoles pulmonaires, de bactéries appartenant à des espèces bien déterminées : le *pneumocoque lancéolé* et le *streptocoque pyogène*.

Quant au pneumo-bacille de Friedlænder, nous avons vu précédemment pour quels motifs nous ne pouvions jusqu'à présent le considérer comme agent pathogène certain de la broncho-pneumonie.

Ces microbes pathogènes, amenés dans les poumons par l'air qui les y transporte à l'occasion des mouvements d'inspiration, proviennent soit du milieu dans lequel se trouve le malade au moment où se produit l'infection (*hétéro-infection, contagion*), soit de l'organisme lui-même, puisqu'on a démontré leur présence fréquente dans la bouche et les premières voies aériennes de sujets sains (*auto-infection*).

1°). Bien que l'air ne renferme habituellement pas de bactéries pathogènes, on ne peut nier que dans certaines conditions bien déterminées il ne puisse les tenir en suspension; c'est ainsi que C. Frænkel, Eiselsberg et Emmerich, Babès, en ont trouvé dans l'air des salles d'hôpital. Or, ces microbes ne proviennent évidemment pas de l'air expiré par les pneumoniques, MM. Straus et Wurtz ayant démontré d'une façon définitive l'asepsie presque absolue de l'air expiré.

Mais ces bactéries peuvent se trouver en suspension dans l'air à la suite de la dessiccation des crachats, du mucus bronchique ou nasal, d'exsudats erysipélateux de la face, etc.

C'est du reste de cette façon que l'on peut s'expliquer les cas indéniables de *contagion* de la broncho-pneumonie. On comprend dès lors l'importance considérable qu'on doit attribuer à ce mode de propagation de la broncho-pneumonie dans les hôpitaux d'enfants, plus particulièrement dans certaines salles d'isolement où jusqu'à ces derniers temps l'aération était défectueuse, où l'on ne pratiquait la désinfection de la literie et des objets ayant servi aux petits malades que d'une façon incomplète et tout à fait insuffisante.

Aussi la broncho-pneumonie était-elle endémique dans ces salles et la plupart des petits malades succombaient-ils à cette complication.

2°). Mais si nous donnons à la contagion le rôle prépondérant dans la détermination et la propagation de la broncho-pneumonie, il existe certains cas où l'on ne peut guère l'incriminer. C'est alors dans *l'auto-infection* qu'il faut en chercher les causes.

Ici encore c'est l'air surtout qui transporte l'agent infectieux c'est lui qui se chargeant de microbes à son passage à travers les fosses nasales et la cavité bucco-pharyngienne, les transporte dans les voies aériennes où ils vont se développer. Les mouvements de déglutition peuvent également transporter les bactéries dans les voies aériennes; enfin, même sans invoquer l'action de ces agents vecteurs des microbes, les voies aériennes sont assez librement ouvertes, pour que les bactéries pathogènes contenues dans les premières voies digestives et aériennes y pénètrent avec la plus grande facilité.

2° CAUSES PRÉDISPOSANTES. — Mais tout cela ne suffit pas à provoquer l'infection ; pour que cette dernière soit possible, il faut encore que les microbes ainsi transportés dans l'alvéole pulmonaire y trouvent un terrain favorable à leur pullulation, et que les moyens de protection du poumon, suffisants en tout autre cas, deviennent inefficaces à ce moment précis de l'invasion des microbes pathogènes.

C'est dans la quantité des microbes et dans leur qualité, c'est-à-dire dans leur degré de virulence, c'est également dans les conditions extérieures, et dans les conditions actuelles où se trouve l'individu, qu'il faut rechercher les *causes prédisposantes* de la broncho-pneumonie.

1° Celles de ces *causes prédisposantes qui tiennent au microbe lui-même*, relèvent de la quantité des microbes introduits dans le parenchyme pulmonaire et du degré de leur virulence.

Il faut en effet que ces bactéries se trouvent dans des conditions de quantité et de virulence suffisantes pour que leur action sur l'alvéole pulmonaire y détermine une réaction pathologique. Or, c'est surtout dans les conditions extérieures qu'il faut chercher la cause de cette pullulation anormale des microbes pathogènes et de l'exaltation de leur virulence.

M. Netter (1) a insisté à juste titre sur l'exaltation de la virulence des organismes pathogènes normalement contenus dans la salive des sujets sains, et particulièrement du pneumocoque, dans certaines saisons, dans certaines conditions d'encombrement, et c'est ce qui peut, en partie, nous rendre compte des épidémies de pneumonie et de broncho-pneumonie dans les salles des hôpitaux d'enfants, plus particulièrement dans les salles d'isolement de la rougeole et de diphthérie, comme nous avons pu l'observer nous-même, à l'hôpital des Enfants-Malades.

2° Enfin, certaines *conditions tenant au malade* lui-même semblent prédisposer à l'éclosion de la broncho-pneumonie, nous voulons parler de broncho-pneumonies secondaires à certaines maladies infectieuses, la rougeole, la diphthérie, l'érysipèle par exemple, et tant d'autres maladies encore dans le cours desquelles il ne nous a pas été donné d'observer personnellement cette complication.

Il semble en effet que ces différentes maladies, parmi lesquelles la rougeole occupe sans contredit le premier rang, créent dans l'organisme des conditions particulièrement favorables à l'infection broncho-pneumonique.

Peut-être, pour l'expliquer, doit-on invoquer localement des congestions pulmonaires simples, produites directement ou indirectement (par l'intermédiaire de centres nerveux), par l'agent d'ailleurs inconnu de l'infection primitive (rougeole, diphthérie. etc.). Peut-être également l'élévation de la température, les modifications des humeurs, des sécrétions

(1) Netter, *loc. cit.*

bronchiques dues à ce même agent de la maladie initiale, créent-elles aux bactéries pathogènes de la broncho-pneumonie un terrain favorable à leur développement et à l'exaltation de leur virulence.

En tous cas, sans nier l'efficacité des conditions de terrain qui favorisent l'éclosion de la broncho-pneumonie, nous n'hésitons pas à accorder le rôle prépondérant au microbe pathogène. Il est bien évident que certaines affections, en particulier la rougeole, se compliquent plus fréquemment que d'autres de broncho-pneumonie; et pourtant si cette complication est la régle dans nos hôpitaux d'enfants, elle est au contraire l'exception pour les petits malades soignés chez eux et placés dans de bonnes conditions d'hygiène. C'est là la principale raison qui nous fait accorder à la contagion le rôle prépondérant dans la propagation de la broncho-pneumonie, et qui dans la pathogénie de cette affection, nous engage à attribuer au microbe le rôle essentiel, et au terrain un rôle tout à fait accessoire.

3° Voies de propagation de l'infection pulmonaire. — Après tout ce que nous venons de dire sur la pathogénie de l'infection broncho-pneumonique, il est à peine besoin d'insister sur les voies par lesquelles elle se fait. — Il ressort évidemment de cet exposé que les *agents de la broncho-pneumonie se propagent dans tous les cas par les voies aériennes* par lesquelles ils se rendent directement à l'alvéole pulmonaire.

Nous n'en voulons pour preuve que la prédominance constante des lésions le long de l'arbre aérien, et d'autre part l'absence de lésions prédominantes sur les vaisseaux sanguins et lymphatiques.

Les premières divisions bronchiques, celles dans les parois desquelles on constate des noyaux cartilagineux, et que tapisse un épithélium à cils vibratiles, sont constamment sinon tout à fait saines, du moins très peu lésées ; on n'y observe qu'une légère congestion des capillaires sanguins, ce que peuvent expliquer les lésions profondes des rameaux situés en aval. Il semble que leur épithélium vibratile les protège plus efficacement contre l'invasion des microbes que ne peut le faire l'épithélium cylindrique des bronchioles sus-lobulaires.

Celles-ci sont en effet plus profondément lésées, leurs parois sont infiltrées de leucocytes. Les bronchioles intra-lobulaires enfin sont lésées au point que leur paroi est souvent réduite à un mince anneau fibro-élastique baigné au milieu d'un amas de leucocytes qui comble leur lumière et s'étend plus ou moins loin autour de leurs parois propres.

Les acini et les alvéoles qui dépendent des bronchioles si profondément altérées, ne présentent parfois que des lésions épithéliales; et quand on y constate des lésions d'hépatisations, on observe toujours une péribronchite très intense, d'autant plus étendue que l'hépatisation est plus avancée.

En un mot, les lésions bronchiques et péri-bronchiques sont toujours plus accentuées et plus étendues que celles des alvéoles qui en dépendent.

C'est donc par les bronchioles que les lésions ont débuté.

Quant aux lésions artérielles et lymphatiques, elles sont toujours beaucoup moins accusées.

On n'observe jamais d'endartérite, mais la péri-artérite de l'artériole pulmonaire satellite de la bronche lobulaire est constante. Or, il importe de noter que cette péri-artérite n'est pas uniformément disséminée sur toute la circonférence des parois de l'artère, mais qu'elle est toujours limitée au point de la circonférence du vaisseau qui confine à la paroi bronchique, ou que tout au moins elle y est manifestement prédominante : c'est donc une péri-artérite d'emprunt due à l'extension de la péribronchite. — C'est assez dire qu'on doit se garder d'invoquer toute inflammation des gaines lymphatiques péri-vasculaires pour expliquer cette péri-artérite.

Quant aux *lésions des lymphatiques*, elles sont tantôt nulles, tantôt au contraire extrêmement prononcées, ce qu'explique leur pathogénie; car ici, il ne s'agit plus d'une lésion de contiguité, d'une lésion d'emprunt.

Lorsque l'infection ne franchit pas l'alvéole, ce qui est de règle dans la plupart des broncho-pneumonies de l'enfant, les vaisseaux lymphatiques sont indemnes de toute lésion. — Quand, au contraire, l'infection se généralise, ce qui est la règle chez l'adulte, la lymphangite des vaisseaux inter-lobulaires et sous-pleuraux est extrêmement accentuée : c'est en effet par la voie lymphatique que l'infection lobulaire se généralise, par là quelle envahit l'organisme entier. — Aussi ne trouve-t-on de lymphangite évidente que dans les cas de longue durée, ou, plus souvent encore, dans les cas suraigus, c'est-à-dire lorsque l'infection a eu le temps de se généraliser, ou lorsque l'extrême pullulation des microbes et l'exaltation de leur virulence leur a permis de franchir les parois alvéolaires, et d'envahir l'organisme par la voie lymphatique.

En résumé, c'est donc bien en suivant les voies aériennes par continuité que la lésion pulmonaire se propage, puisque c'est constamment dans ces voies que les lésions prédominent.

C'est, en effet, toujours dans les voies aériennes qu'on trouve les microbes : on les trouve généralement en petite quantité au sein des lésions anciennes où les leucocytes sont accumulés, dans les bronchioles remplies de pus, par exemple, ou dans les alvéoles au stade d'hépatisation grise; on les retrouve surtout dans les lésions récentes à la périphérie des lésions de péribronchite; dans les alvéoles atteints de lésions catarrhales, dans la cavité de ces alvéoles, ou dans les grosses cellules épithéliales tuméfiées qui tapissent leurs parois, ou qui, après desquamation, remplissent leur cavité. Déjà moins nombreux dans les alvéoles arrivés au stade d'hépatisation rouge, on ne les trouve qu'en très petite quantité mêlés aux leucocytes qui s'y accumulent au stade d'hépatisation grise. Quant aux parois des alvéoles, les microbes ne s'y montrent que fort rares, et fort disséminés.

Jamais d'autre part nous n'avons constaté de microbes ni dans la lumière des vaisseaux sanguins, ni dans leur paroi. Nous n'en avons observé dans les lymphatiques que dans les cas extrêmement rapides ayant amené la mort par généralisation de l'infection: ils y étaient alors en nombre si considérable qu'ils formaient une véritable injection naturelle des lymphatiques fort élégante à l'examen des coupes. Dans la broncho-pneumonie comme dans toutes les affections à streptocoques, *c'est toujours par la voie lymphatique* que, parti de son foyer originel, ce microbe se propage à l'organisme; mais cette lymphangite n'est ni primordiale, ni même constante : *elle est secondaire et contingente.* Les données anatomiques et les résultats de l'examen bactériologique concordent donc ici à démontrer que dans tous les cas que nous avons observés, l'invasion des poumons par les microbes s'est faite par les voies aériennes, et qu'en aucun cas ni les vaisseaux sanguins, ni les lymphatiques ne peuvent être invoqués comme voies de propagation de l'infection au parenchyme pulmonaire.

Si, en effet, les bactéries avaient suivi la voie sanguine, on les retrouverait dans les vaisseaux, on devrait en outre observer de l'endartérite, ou de l'endo-périartérite uniformément disséminées sur toute la circonférence des parois artérielles et non point de la périartérite limitée constamment à l'endroit précis où nous l'avons notée.

Nous en dirons autant de la propagation des microbes par la voie lymphatique : or, ce n'est que dans les seuls cas où la mort est survenue par infection généralisée que nous avons noté de la lymphangite avec présence des streptocoques dans les lymphatiques, c'est-à-dire dans les seuls cas où la lymphangite était manifestement secondaire à la lésion de l'alvéole et marquait la généralisation à tout l'organisme de l'infection primitivement localisée au lobule.

4° Relations qui unissent les microbes aux lésions qu'ils déterminent. — Tout ce que nous venons de dire concernant les causes prédisposantes de la broncho-pneumonie et la propagation des microbes à l'alvéole en suivant les voies aériennes, s'applique également aux deux formes anatomiques de la broncho-pneumonie, à la forme lobulaire franche, et à la forme pseudo-lobaire.

Dans ces deux formes les lésions élémentaires, histologiques sont les mêmes, et il n'y a aucune différence entre un lobule de broncho-pneumonie franche et un lobule de broncho-pneumonie pseudo-lobaire, tous deux considérés naturellement, au même stade de l'évolution des lésions.

Seul, le mode différent de répartition des lésions, d'accord avec les données de l'examen bactériologique, nous a fait distinguer deux formes de la broncho-pneumonie dues vraisemblablement au mode différent suivant lequel se propagent leurs agents pathogènes respectifs dans la continuité des voies aériennes :

Une *forme lobulaire disséminée* qui constitue la broncho-pneumonie proprement dite, que nous attribuons au streptocoque pyogène.

Une *forme pseudo-lobaire*, qui est due au pneumocoque lancéolé.

1o) La *forme lobulaire disséminée*, comme l'indique son nom, procède par lobules; le streptocoque y pénètre pour ainsi dire au hasard, et dans une même région du poumon, envahit certains territoires lobulaires, respectant les lobules voisins, et cette interposition sur les coupes de lobules sains ou emphysémateux à des lobules plus ou moins profondément atteints par les lésions inflammatoires donne à cette forme ce cachet si spécial qui la caractérise.

2o) La *forme pseudo-lobaire*, contrairement à la précédente, procède sinon par lobes, du moins par blocs de lobules qui dans un même foyer sont tous atteints sans qu'on voie jamais s'interposer entre eux de lobules sains ou emphysémateux. Cette disposition des lésions éloigne donc cette forme de la précédente, et la rapproche au contraire de la pneumonie franche de l'adulte; aussi ne le considérons-nous que comme une forme de pneumonie spéciale à l'enfant.

Il existe bien dans ces cas de la bronchite, et, d'autre part, il est fréquent, sinon constant, de noter sur les coupes de légères différences dans le degré des lésions de lobules voisins. Mais on sait actuellement que ces caractères se retrouvent également dans la pneumonie franche, lobaire, de l'adulte, et on ne les considère plus aujourd'hui comme pouvant suffire à distinguer la pneumonie de la broncho-pneumonie.

Nous devons enfin insister sur les différences d'évolution de la broncho-pneumonie, suivant qu'on l'observe chez l'enfant ou chez l'adulte :

1° *Chez l'adulte,* on n'observe jamais la forme pseudo-lobaire que nous avons dit être une forme de pneumonie spéciale à l'enfant. La broncho-pneumonie qui, chez lui, affecte toujours la forme lobulaire, disséminée, détermine la mort, non par extension des lésions, car elle laisse toujours un champ qui suffit largement à l'hématose, mais par généralisation de l'infection.

Elle évolue, en effet, toujours rapidement, s'accompagne d'une forte élévation de la température et d'un état général grave. — La lymphangite pulmonaire, l'adénite des ganglions trachéo-bronchiques, l'hypertrophie de la rate, les lésions du foie sont des indices certains de la généralisation de l'infection. — Il est enfin de règle, dans ces cas, de constater la présence des microbes dans ces divers organes.

2° *Chez l'enfant,* qu'il s'agisse de la forme lobulaire ou de la forme pseudo-lobaire, que la lésion pulmonaire soit due au pneumocoque ou au streptocoque, la généralisation de l'infection est l'exception; aussi est-il rare d'en constater les signes anatomiques que nous venons de signaler, et de retrouver les microbes ailleurs que dans les foyers pneumoniques.

La clinique s'accorde d'ailleurs parfaitement avec ces faits, et on sait que la broncho-pneumonie de l'enfant évolue en général beaucoup plus lentement que chez l'adulte, ne s'accompagne presque jamais d'une forte élévation de la température, et que les symptômes généraux auxquels elle donne lieu sont plutôt des signes d'asphyxie que des symptômes d'infection.

C'est qu'en effet la broncho-pneumonie ne détermine pas la mort de l'enfant par généralisation de l'infection, ni même par l'extension des lésions inflammatoires essentielles de la broncho-pneumonie, mais par l'énorme étendue des lésions mécaniques accessoires, de l'emphysème et de l'atélectasie, lésions dont la formation est favorisée par l'étroitesse des conduits aériens et auxquelles la broncho-pneumonie doit toute sa gravité chez l'enfant. En d'autres termes, le pneumocoque et le streptocoque semblent être beaucoup moins redoutables pour l'enfant que pour l'adulte, et l'extrême gravité de leurs déterminations pulmonaires dans le jeune âge résulte bien plus des lésions mécaniques qui fatalement les accompagnent, que de l'infection elle-même : la broncho-pneumonie tue l'adulte par l'infection, l'enfant par asphyxie.

CHAPITRE IV

Prophylaxie

Cette recherche des causes bactériennes de la broncho-pneumonie n'aurait qu'un intérêt purement théorique, et serait presque futile si elle n'entraînait à sa suite des conséquences hygiéniques et prophylactiques de la plus haute importance.

Que nous importerait que la broncho-pneumonie résultât de l'action de tel ou tel microbe, si la détermination de son agent pathogène ne nous décelait sa nature même, qui seule peut nous indiquer la voie que nous devons suivre pour arriver à l'éviter.

Toute cette étude en effet, nous montre que si la broncho-pneumonie est parfois primitive, elle est, dans la grande majorité des cas, secondaire; elle nous enseigne de plus que quelle que soit son origine, qu'elle soit primitive ou secondaire, et dans ce dernier cas quelle que soit la maladie qui l'a précédée, son agent pathogène est invariable dans sa nature et dans son espèce, sinon dans sa dose et dans sa virulence.

Et c'est déjà là une conquête précieuse pour l'étude de la prophylaxie, car elle la rend possible et nous permet de ne pas désespérer des résultats de l'application rigoureuse des lois de l'antisepsie.

Si, en effet, l'unité étiologique des broncho-pneumonies n'existait pas, si chacune d'elles reconnaissait pour cause l'agent pathogène de la maladie qui l'a précédée, si les microbes de la diphthérie, de la rougeole, de la coqueluche, ceux en un mot de toute affection que la broncho-pneumonie vient souvent compliquer, pouvaient par leur localisation dans le poumon déterminer la complication pulmonaire, quels moyens dès lors pourrions-nous mettre en œuvre pour empêcher la broncho-pneumonie de se produire, pour nous opposer à ce que le microbe ne porte son action sur le poumon?

Au lieu d'une telle étiologie qui ne nous laisserait aucun espoir dans les moyens prophylactiques, la broncho-pneumonie ne reconnaît pour cause qu'un seul microbe, toujours identique, qui n'est autre que le streptocoque pyogène, et qui, au même titre que le pneumocoque lancéolé, agent pathogène de la pneumonie et de la forme pseudo-lobaire de la broncho-pneumonie, se trouve normalement dans la salive d'un grand nombre de sujets sains.

Cette notion déjà fort importante nous conduit naturellement à considérer la pneumonie lobulaire comme la conséquence fréquente d'une auto-infection. Les recherches des bactériologistes nous ont en effet appris que dans de certaines conditions d'encombrement, en certaines saisons, ces agents pathogènes, parasites habituels de la cavité bucco-pharyngienne et des fosses nasales des sujets sains, acquiéraient une virulence inaccoutumée.

Nous avons ainsi appris à connaître les causes adjuvantes de l'auto-infection, les conditions qui en favorisent l'éclosion; de là est née la pratique de l'antisepsie des cavités où se trouvent ces bactéries pathogènes, destinée à supprimer l'une des causes de l'infection pneumonique. — Ces notions nous donnent également la raison de l'inefficacité et même des dangers de l'isolement, tel qu'on le pratique dans bon nombre de nos hôpitaux, et qui consiste dans l'entassement en un espace toujours trop étroit d'un grand nombre de malades prédisposés par leur état antérieur à contracter la broncho-pneumonie.

D'autre part, l'expérience nous a démontré que si l'auto-infection est un des modes de détermination de la broncho-pneumonie, la contagion est une cause non moins puissante de sa propagation; les crachats desséchés, les objets nécessaires au repas ou les objets de literie souillés par la salive ou le mucus nasal, constituant des agents fréquents et efficaces de dissémination du contage pneumonique.

Tout cela nous conduit en somme à considérer la broncho-pneumonie comme une maladie infectieuse *épidémique* et *contagieuse*, et nous savons que pour éviter la dissémination de telles infections, l'hygiène nous offre deux moyens : l'isolement et l'antisepsie.

Nous nous proposons donc de démontrer ici la nature épidémique et contagieuse de la broncho-pneumonie, et de rechercher si par l'isolement collectif tel qu'on le pratique dans les hôpitaux de Paris, et plus spécialement dans les hôpitaux d'enfants, on peut parer à sa propagation, — ou si la pratique moins coûteuse et plus simple de l'antisepsie ne peut donner de meilleurs résultats.

1° *La broncho-pneumonie est épidémique.* — C'est un fait d'observation constant que la broncho-pneumonie est plus fréquente et surtout plus grave dans les saisons froides et humides, qu'elle acquiert dans les hôpitaux et particulièrement dans les salles d'isolement où les malades sont souvent accumulés dans des proportions excessives, un degré de fréquence et un caractère de gravité qu'elle n'atteint jamais chez des malades semblables placés dans de tout autres conditions d'hygiène.

On sait, par exemple, que même tout encombrement mis à part, la broncho-pneumonie est plus fréquente et plus grave dans certaines épidémies de fièvre typhoïde que dans d'autres, où au contraire, elle complique rarement cette dernière infection.

Il en est de même pour la grippe, et dans la dernière épidémie (1889-1890), cette complication, rare au début de l'épidémie, devint presque la règle vers son déclin, sans que bien souvent on put invoquer la contagion comme cause déterminante.

Or, pour expliquer ces faits, nous admettons volontiers avec M. Netter (1) que l'encombrement, les influences météorologiques peuvent exalter la virulence des microbes normalement contenus dans notre organisme, et déterminer ainsi une sorte spéciale d'épidémie.

Nous nous trouvons là en présence d'une nouvelle sorte d'épidémie, ou plutôt d'une explication nouvelle donnée à certaines épidémies.

Des conditions extérieures telles que les influences météoriques, l'encombrement peuvent d'une façon jusqu'à présent indéterminée, exalter la virulence de microbes normalement contenus en notre organisme, et devenir ainsi la cause d'auto-infections frappant, suivant le mode épidémique, une masse d'individus en un temps donné.

La cause première de ces auto-infections, nous la connaissons, et nous savons qu'on retrouve dans une foule de régions de notre organisme, sur la peau, dans la bouche et le pha-

(1) Netter. *Comptes rendus de la Soc. médic. des hôpitaux de Paris*, 1889, p. 330. Séance du 12 juillet 1889.

rynx, dans les voies aériennes supérieures, etc..., les micro-organismes que nous avons mis en évidence dans les broncho-pneumonies que nous avons étudiées.

La broncho-pneumonie peut donc être épidémique, et nous admettons fort bien avec M. Netter que d'habitude nous sommes suffisamment protégés contre les organismes pathogènes qui sont nos hôtes presque constants, par l'acidité du suc gastrique, par la direction des sinus, des trompes peu favorables aux migrations microbiennes et par l'épithélium des muqueuses. Mais si nous avons là des moyens de protection habituellement suffisants, il se peut que les traumatismes, le froid, les troubles vaso-moteurs, venant à détruire l'intégrité des muqueuses, ouvrent la voie aux microbes et déterminent l'infection à laquelle nous prédispose continuellement la présence presque constante de ces microbes dans notre organisme.

Ainsi peuvent agir la rougeole, la diphthérie, la fièvre typhoïde qui, en outre, préparent l'organisme et le rendent plus apte à recevoir de nouveaux hôtes : le terrain est préparé, la semence y est jetée; l'infection est dès lors constituée.

Enfin, nous admettons parfaitement encore avec M. Netter qu'à certaines époques, ces microbes puissent devenir plus virulents. Il en a lui-même donné la preuve en montrant que les oscillations de la virulence du pneumocoque normalement contenu dans la salive, correspondent aux oscillations de la fréquence des pneumonies : ainsi s'expliquent les influences saisonnières.

Mais lorsque M. Netter attribue à l'auto-infection épidémique ou non épidémique le rôle principal, et même le seul rôle dans la propagation de la broncho-pneumonie;

lorsqu'il lui refuse presque la propagation par contagion directe, opposant l'évidence de la contagion de la pneumonie à l'extrême rareté de la contagion de la broncho-pneumonie, — sur ce point, nous ne sommes plus d'accord avec M. Netter, et nous pensons que la broncho-pneumonie est contagieuse.

2° *La broncho-pneumonie est contagieuse.* — Sans citer à l'appui de la nature contagieuse de la broncho-pneumonie, les nombreux exemples qui en ont été rapportés, nous citerons seulement ceux que nous avons nous-mêmes observés.

A l'hôpital des Enfants-Malades, pendant notre année d'internat, nous avons, à plusieurs reprises, observé le fait suivant : au pavillon Trousseau (pavillon d'isolement de la diphthérie), on n'observait pas de complications pulmonaires, lorsqu'on fut obligé d'y admettre des enfants sortant de la salle Guersant (salle d'isolement de la rougeole) avec des complications diphthériques, et de plus avec de la broncho-pneumomie. Ces enfants étaient isolés dans de petites salles attenant à la grande salle commune des diphthériques et séparées de cette dernière par une simple cloison vitrée; le personnel des infirmières était commun à toutes ces salles, aussi bien d'ailleurs que la literie, et les objets nécessaires aux repas (couverts, timbales...), c'est donc assez dire combien cet isolement était insuffisant. Or, à dater du jour où les petits morbilleux arrivaient au pavillon Trousseau, la broncho-pneumonie devenait une complication presque constante chez les petits diphthériques en traitement, et accroissait la mortalité déjà si considérable dans ces salles par le fait même de la diphthérie, surtout chez les enfants qui avaient subi l'opération de la trachéotomie.

Si l'on en veut un autre exemple, nous citerons le suivant que nous avons pu observer en 1889, pendant notre année d'internat à l'hôpital de la Pitié dans le service de M. le Professeur Brouardel : dans les premiers jours de décembre, la salle Serres fut envahie par des grippés, dont quelques-uns atteints de broncho-pneumonie secondaire. Il y avait alors dans la salle sept typhoïdiques en convalescence : sur ces sept malades, cinq moururent de broncho-pneumonie dans les quelques jours qui suivirent. — Un autre malade, admis sur ces entrefaites dans la salle Serres, avec une fièvre typhoïde au 8e jour, sans pneumonie le jour de son entrée, succomba 6 jours après à une broncho-pneumonie constatée à l'autopsie. Il convient en outre d'ajouter que ce dernier malade avait été couché dans un lit occupé quelques jours auparavant par un malade qui avait succombé à une broncho-pneumonie grippale.

La broncho-pneumonie paraît donc bien être contagieuse, et en cela, nous sommes d'accord avec Sorel (1), Guersant, L. Bard (2), et M. le professeur Grancher (3). Rilliet et Barthez qui doutaient de la contagion de cette complication de la rougeole en rapportent pourtant des exemples frappants tels que des épidémies survenant dans une famille, d'autres éclatant à la suite de l'admission d'une broncho-pneumonie dans une salle de morbilleux où cette complication était inconnue jusqu'à ce moment. La broncho-pneumonie paraît donc bien être contagieuse.

(1) Sorel. Relation d'une épidémie de Rougeole in *Normandie médicale*, juin 1888.

(2) L. Bard. Des caractères anatomo-pathologiques des lésions de cause microbienne in *Arch. de physiol. norm. et pathol.* n° 2 de février 1887.

(3) Grancher. In *Journal de Médecine et de chirurgie pratiques*, 1885 art. 13037.

Et de plus, les exemples que nous avons rapportés et qu'on peut observer à loisir, surtout dans les hôpitaux d'enfants, nous montrent qu'une broncho-pneumonie consécutive à une affection déterminée (rougeole, grippe par exemple) peut déterminer, par contagion, l'apparition d'une broncho-pneumonie chez des malades atteints d'affections toutes différentes (diphthérie, fièvre typhoïde....)

Ces faits concordent d'ailleurs parfaitement avec notre opinion sur la nature de la broncho-pneumonie, et montrent une fois de plus que cette maladie, parasitaire, infectieuse, n'a rien de commun au point de vue bactériologique avec l'affection primitive qu'elle complique, qu'elle ne survient à la suite de certaines maladies générales infectieuses, qu'à titre d'infection locale secondaire, surajoutée.

De tout ce qui précède, nous pouvons donc conclure que *la broncho-pneumonie qu'elle soit primitive ou secondaire, et quelle que soit la maladie qui l'a précédée, est épidémique et contagieuse* :

1° *Épidémique*, parce qu'elle peut atteindre en un temps donné une grande quantité d'individus placés dans les mêmes conditions; l'encombrement, les conditions défectueuses de l'isolement, les influences saisonnières, certaines conditions météoriques pouvant accroître la virulence des germes et déterminer une auto-infection chez des sujets prédisposés par une affection antérieure (Netter).

2° — *Contagieuse*, parce qu'elle peut se communiquer d'un malade à un autre; une maladie infectieuse générale primitive préparant le terrain et le rendant favorable au développement de cette infection secondaire.

Et cette contagion, nous ne pensons pas qu'elle s'opère directement par l'air, les expériences bien connues de MM. Straus et Wurtz ayant démontré définitivement l'asepsie de l'air expiré. Nous croyons qu'elle se fait, soit par le contact direct d'objets souillés par les crachats ou le mucus nasal des malades, soit par l'intermédiaire de l'atmosphère souillée elle-même par ces mêmes objets. La contagion peut donc être *directe* ou *indirecte*, suivant que le transport du contage s'opère *immédiatement* par les objets souillés eux-mêmes, ou *médiatement* par l'intermédiaire de l'air souillé par ces objets.

Connaissant la nature de la broncho-pneumonie, sachant qu'elle est épidémique et contagieuse, nous pouvons et nous devons nous efforcer de la combattre.

Nous nous proposons donc d'étudier comparativement ici deux moyens de prophylaxie connus et aujourd'hui mis en œuvre pour nous défendre contre l'éclosion et la propagation des maladies infectieuses, l'*isolement* et l'*antisepsie.*

Le premier de ces moyens est depuis déjà longtemps mis en pratique; il a fait ses preuves, et nous verrons que malheureusement il ne nous a pas donné tout ce qu'on en attendait.

L'autre, l'*antisepsie*, depuis longtemps appliquée en chirurgie, n'est que d'hier appliquée à la médecine; on ne peut donc demander à l'*antisepsie médicale* ce qu'elle n'a pas encore eu le temps de donner, mais nous verrons ce que théoriquement on en doit attendre, et l'espérance qu'on est en droit de fonder sur l'application rigoureuse et stricte de ses principes.

ISOLEMENT ET ANTISEPSIE

1° Isolement. — L'isolement a pour but d'éviter la dissémination d'une maladie contagieuse en rassemblant dans un même endroit tous les malades atteints de cette affection, et en évitant tout contact entre ces malades et ceux qui sont susceptibles de contracter l'affection dont ils sont atteints.

Or, pour réaliser l'isolement des contagieux, on a employé divers moyens, tous plus ou moins défectueux d'ailleurs :

1° Tantôt on a, dans un hôpital, affecté une salle quelconque au traitement d'une maladie contagieuse : telle est à l'hôpital des Enfants-Malades, la salle Guersant, destinée à recevoir les morbilleux, et que dessert un escalier qui lui est commun avec d'autres salles de médecine.

2° Tantôt on a construit dans les cours assez vastes des hôpitaux d'enfants, des baraques ou pavillons d'isolement complètement séparés des salles communes et éloignés le plus possible de ces dernières : tels sont les pavillons d'isolement de la diphthérie, de la scarlatine à l'hôpital des Enfants-Malades, de la diphthérie et de la rougeole à l'hôpital Trousseau.

3° Tantôt enfin, on a construit, le plus loin possible de toute habitation, des hôpitaux destinés à recevoir tous les malades atteints d'une même affection contagieuse : tel est l'hôpital d'Aubervilliers situé hors Paris, loin de toute habitation, et où sont conduits tous les varioleux dès que leur affection est reconnue.

Cet isolement paraît en ce moment être en faveur près des hygiénistes, car, à la suite d'un rapport de M. le Dr Chautemps, le conseil municipal de Paris a décidé, dans la séance du 17 juin 1887, la création d'hôpitaux d'isolement pour la rougeole à Ivry, et pour la diphthérie à Bicêtre; et, en outre, la création de pavillons d'isolement pour ces mêmes affections, dans les hôpitaux d'enfants actuellement existants, pour les malades qui ne sont pas transportables et pour les douteux.

Or, la pratique de l'isolement telle qu'elle se fait, telle que nous venons de l'exposer est absolument insuffisante, dans ses deux premiers modes tout au moins; car, si les salles ou les pavillons d'isolement suppriment les contacts directs, ils ne suppriment pas les contacts médiats, ceux qui se font par l'intermédiaire du personnel médical, et par l'intermédiaire des infirmiers.

Quant au troisième mode d'isolement, s'il est à peu près efficace pour la variole, il ne pourra jamais l'être pour la rougeole ni pour la diphthérie, puisqu'on est obligé de le combiner avec l'un des deux premiers modes pour les malades non transportables et pour les douteux. — Il en offre dès lors tous les inconvénients que nous venons de signaler.

Et d'ailleurs les résultats de l'isolement dans nos hôpitaux d'enfants ne font que confirmer ce que nous disons relativement à son insuffisance, puisque depuis la création des salles ou des pavillons d'isolement, le nombre des cas intérieurs n'a que peu ou pas diminué.

Nous n'avons pas à en rechercher ici les causes, cela sortirait de notre sujet. Mais il nous importe de rechercher et de savoir si l'isolement, tel qu'on le pratique, diminue la mortalité, c'est-à-dire diminue les infections secondaires, causes presque constantes de la mort dans la scarlatine et surtout dans la rougeole.

Nous prendrons cette dernière affection comme exemple,

car si la diphthérie tue le plus souvent par elle seu.e, la rougeole ne tue que rarement par elle-même, les morbilleux meurent presque tous de broncho-pneumonie. Et l'on sait l'extrême bénignité de la rougeole, en ville, où la broncho-pneumonie la complique rarement, en comparaison de son extrême gravité dans les hôpitaux d'enfants, où la broncho-pneumonie emporte plus du tiers des petits malades.

Or, voici, en comparaison de la morbidité, le tableau de la mortalité par rougeole à l'hôpital des Enfants-Malades où les morbilleux sont isolés depuis la fin de 1885 :

1876........	38,46 %	1883........	27,05
1877........	37,36	1884........	43
1878.... ...	33,52	1885........	33
1879........	20,58	1886........	48
1880........	27,13	1887........	40
1881........	37,72	1888........	42
1882........	34,38		

De là, ressort donc clairement que l'isolement n'a pas diminué la gravité de la rougeole, dont la mortalité s'est, au contraire, élevée depuis l'ouverture de la salle d'isolement à l'hôpital des Enfants-Malades.

Aussi comprend-on que dès 1870, M. Hervieux ait attribué à l'isolement une influence funeste sur la marche des maladies contagieuses, en général, et que M. Collin ait admis cette influence pernicieuse au moins pour la rougeole.

De même, M. Oyon (1) compare dans sa thèse les chiffres moyens de mortalité par rougeole chez les enfants de deux à quinze ans, de 1867 à 1871, à l'hospice des Enfants-Assistés,

(1) Oyon. *Recherches sur les causes de la gravité de la rougeole à l'hospice des Enfants-Assistés*. Thèse. Paris, 1873.

où les morbilleux étaient isolés, et à l'hôpital Sainte-Eugénie où ces malades étaient disséminés dans les salles communes. Or, ces moyennes étaient de 42,59 o/o à l'hospice des Enfants-Assistés, et de 19,47 o/o à l'hôpital Sainte-Eugénie. M. Oyon en concluait donc à l'influence mauvaise de l'isolement et préconisait la dissémination des morbilleux dans les salles communes.

De tout ce qui précède, on peut conclure, avec M. le professeur Grancher (1), que « *l'isolement, c'est-à-dire, l'accumulation sur un même point de la maladie, multiplie les infections secondaires ou complications de cette maladie* », et que loin d'en atténuer la gravité, il en accroît la mortalité.

C'est d'ailleurs également l'avis de M. le Dr Ollivier dont on connaît la haute compétence en matière d'hygiène prophylactique.

Nous avons vu précédemment comment M. Netter (2) explique cette influence funeste de l'isolement auquel il attribue en partie l'exaltation de la virulence des microbes existant normalement dans l'organisme, et qui favoriserait ainsi une sorte d'épidémie, d'auto-infection épidémique.

Pour obvier à ces graves inconvénients de l'isolement, pour rendre cette pratique efficace, pour arriver en un mot non seulement à éviter la dissémination de la maladie, mais encore pour en atténuer la gravité, on a proposé bien des moyens.

M. Gontier (3) conclut de son étude sur la nature de la

(1) Grancher. Isolement et antisepsie à l'hôpital des Enfants-Malades, *Revue d'Hygiène et de police sanitaire*, 1889. p. 204 et Essai d'antisepsie médicale, *eod. loc.* 1890, p. 495.

(2) Netter, *loc. cit.*

(3) Gontier. *Nature et prophylaxie de la broncho-pneumonie des rubéoliques*. Thèse de Lyon, 1888.

broncho-pneumonie morbilleuse que c'est une infection secondaire, surajoutée. Il prouve par de nombreux exemples que l'isolement collectif, loin d'en diminuer la fréquence, l'exagère au contraire et accroît la mortalité; c'est ainsi qu'il oppose la mortalité des hôpitaux parisiens à la mortalité dans les hôpitaux de Nancy où, de 1883 à 1888, la rougeole n'a causé que 2,3 décès p. 100; il attribue avec raison, croyons-nous, cette faible mortalité à ce que les salles de Nancy ne contiennent que deux ou trois lits. M. Gontier trouve donc que l'isolement individuel serait l'idéal, s'il n'était impossible à réaliser dans les hôpitaux. Et, en terminant, il en arrive à cette étrange conclusion de proposer, outre la désinfection de tous les objets ayant servi au malade, l'isolement des morbilleux atteints de broncho-pneumonie.

Or, il est bien évident que, non seulement, cette singulière proposition compliquerait énormément la question de l'isolement dans les hôpitaux, mais encore qu'elle n'atteindrait nullement le but qu'on se propose.

On devrait en effet annexer à chaque pavillon d'isolement des principales maladies infectieuses, telles que la rougeole, la diphthérie, la scarlatine, la coqueluche, etc..., des petits pavillons isolés pour chacune des infections secondaires ou complications, contagieuses, à microbe pathogène spécial, de chacune de ces affections primitives. C'est là, on le voit, une proposition qu'il est impossible de réaliser dans la pratique, et dont l'application d'ailleurs, n'empêcherait pas la contagion de se faire, si l'on n'y joignait la désinfection rigoureuse et complète : c'est du reste ce que reconnaît M. Gontier.

Mais alors, ne pourrait-on pas supprimer cette multiplicité par trop coûteuse des pavillons d'isolement, et se contenter d'isoler le principales maladies contagieuses dans des pavillons spéciaux où, de plus, l'antisepsie serait rigoureusement appliquée?

C'est précisément vers ce but que les hygiénistes ont, dans ces derniers temps, dirigé leurs efforts, et M. Sevestre (1) a récemment montré les heureux résultats qu'il avait retirés de l'association de l'antisepie à l'isolement, à l'hospice des Enfants-Assistés.

Il a montré qu'à l'hospice des Enfants-Assistés, depuis l'ouverture (janvier 1886) de pavillons nouveaux pour la rougeole et la diphthérie, l'isolement n'avait ni empêché la propagation, ni diminué la gravité de cette maladie.

Mais dès que, à partir du début du deuxième semestre de 1888, on pratiqua dans ces salles d'isolement une antisepsie rigoureuse, la mortalité baissa, la rougeole perdit progressivement de sa gravité, comme le démontrent les chiffres suivants donnés par M. Sevestre; la mortalité moyenne, par rougeole, en comparaison avec la morbidité fut en effet :

en 1882..........	45 %		
1883..........	47		
1884..........	57		
1885..........	46		
1886..........	42		
1887..........	42,5	1er semestre	46
		2e —	39
1888..........	27	1er semestre	31,5
		2e —	22,6

M. Sevestre fait même observer qu'en ne comptant dans sa

(1) SEVESTRE. L'Hospice des Enfants-Assistés en 1888, in *Bull. de la Soc. Médic. des Hopit. de Paris* T. VI. 3e Série, 1889 p. 45.

statistique que les enfants au dessus de deux ans, pour pouvoir établir la comparaison avec les autres hôpitaux d'enfants, la mortalité pour le deuxième semestre de 1888 ne fut que de 10,25 o/o. Elle ne fut même que de 5 o/o si l'on ne tient pas compte de quatre cas de diphthérie ayant compliqué la rougeole.

Nous maintiendrons la première moyenne de 22,6 o/o donnée par M. Sevestre, pour rendre la comparaison possible avec les moyennes des années précédentes, et d'autre part parce qu'on admet fréquemment dans les hôpitaux d'enfants des petits malades âgés de moins de deux ans. Enfin, les décès par diphthérie secondaire doivent être comptés, celle-ci nous intéressant à titre d'infection secondaire.

Pour arriver à ce résultat, M. Sevestre fit simplement désinfecter, au moyen de l'étuve à vapeur sous pression de MM. Geneste et Herscher, tous les objets de literie, la lingerie, et les vêtements qui se trouvaient dans l'hôpital.

Il se préoccupa également de la propreté individuelle, et fit prendre à tous ses petits malades un bain par semaine.

De son intéressante étude, M. Sevestre conclut que l'isolement est un moyen hygiénique et prophylactique insuffisant; pour empêcher la dissémination des germes infectieux il faut y ajouter des lazarets de suspects; pour abaisser la mortalité, c'est-à-dire faire disparaître les infections secondaires, il faut lui adjoindre l'antisepsie.

Dans cette communication, M. Sevestre montre donc bien qu'à l'inverse de ses prédécesseurs, on ne doit plus songer seulement à préserver de la contagion les personnes qui entourent les contagieux; il faut encore chercher à préserver ces derniers des auto-infections dont l'éclosion est évidemment favorisée par les conditions hygiéniques défectueuses; l'*antisepsie est le complément nécessaire et indispensable de l'isolement.*

Cette tendance s'accentua d'ailleurs dans la discussion qui s'éleva à la Société médicale des hôpitaux de Paris, à la suite de la communication de M. Sevestre (1).

M. Richard (2) considérant que « la mortalité de la rougeole est due à peu près en entier à une infection secondaire, la broncho-pneumonie qui est elle-même une maladie spécifique, virulente, contagieuse et grave au même titre que la rougeole ou la scarlatine et qui réclame les mêmes mesures prophylactiques », demande l'isolement individuel et cellulaire. Mais, reculant devant les difficultés de la pratique, M. Richard adopte avec la majorité des membres de la Société médicale des hôpitaux, les conclusions formulées par M. Comby (3), rapporteur de la commission.

Ce rapport conclut au remplacement des grandes salles, dans la construction des pavillons d'isolement, par des petites salles de six à huit lits au plus, avec salles de rechange. En outre, ce rapport réclame la désinfection par la vapeur sous pression de tous les objets de literie, vêtements, etc., la suppression des rideaux, et l'annexion aux pavillons, de vestiaires indépendants des salles, avec lavabos, blouses pour les élèves, etc.

Isolement le plus strict possible et antisepsie rigoureuse. telle est donc en dernière analyse la formule à laquelle aboutissent les conclusions du rapport adopté par la Société médicale des hôpitaux de Paris.

(1) *Bulletins de la Société médicale des hôpitaux de Paris :* Séances de février à juillet 1890.

(2) Richard, *ibid.*, p. 319.

(3) Comby, *ibid.*, p. 319.

2° Antisepsie. — Son *but*, nous venons de le dire, est de s'opposer à la contagion, à la dissémination des infections, quelle qu'en soit l'origine.

Ses *moyens*, magistralement étudiés et décrits par M. le Professeur Grancher (1) qui les a mis en pratique, à l'hôpital des Enfants-Malades, sont les suivants :

1°) *Réduire au minimum les contacts dangereux :* c'est-à-dire éviter le transport du contage par le malade lui-même ou par l'intermédiaire des personnes qui le soignent ou des objets qui lui servent.

Pour éviter le premier de ces deux modes de contagion, la contagion directe, M. le Professeur Grancher a fait séparer chaque lit par un grillage métallique de 1m20 de hauteur, dont la longueur dépasse celle du lit; ces grillages qui séparent la salle en autant de box contenant chacun un lit, ont l'avantage de ne pas séquestrer les malades, de les laisser voir leurs voisins, et d'empêcher chaque malade de communiquer aux autres la maladie contagieuse dont il est atteint.

La contagion médiate, celle qui se fait par les objets servant habituellement au malade, ou par les personnes qui le soignent a été évitée de la façon suivante :

Chaque malade a son couvert et tous les objets nécessaires au repas contenus dans un panier en fil de fer galvanisé ; dès qu'il s'en est servi, le panier avec tout ce qu'il contient est plongé dans l'eau bouillante pendant une demi-heure.

De plus, tout le personnel attaché au service, aussi bien le personnel médical que les garde-malades est muni de sarraux de toile qui sont nettoyés et désinfectés chaque jour.

(1) Grancher. *loc. cit.*

Il est rigoureusement recommandé à tout le personnel du service de se laver les mains dans des solutions de sublimé ou de Thymol à 1 p. 1000 après tout contact suspect, et il est interdit de pénétrer d'un box dans l'autre sans prendre les mêmes précautions.

2° *Supprimer autant que possible la souillure de l'atmosphère;* on atteindra ce but en couchant les malades dans des chambres bien aérées, bien ventilées, sans aucune tenture. — Les murs peints à l'huile, le sol fait en carrelages, en mosaïques ou à leur défaut en parquet dont les joints seront bouchés au mastic, seront fréquemment lavés au sublimé. — Les lits, dépourvus de rideaux seront en fer creux, légers, solides et facilement démontables, de façon à être désinfectés à l'étuve à vapeur sous pression quand un malade y aura séjourné, et avant qu'un autre y soit couché.

Les objets de literie seront souvent changés et désinfectés à l'étuve à vapeur.

Les matières fécales, vomissements, crachats, urines seront désinfectés par l'addition des solutions de sulfate de cuivre, de chlorure de zinc, de chlorure de chaux, ou d'acide sulfurique à 50 p. 1000.

Enfin, les crachoirs et les bassins en faïence seront lavés et désinfectés avec les mêmes solutions.

M. Grancher, qui avait surtout en vue la prophylaxie des maladies infectieuses transmises par contagion directe ou indirecte, s'est, on le voit, presque uniquement préoccupé de préserver l'individu indemne contre ses voisins atteints de maladies contagieuses.

Il faut de plus *préserver le malade contre lui-même,* c'est-à-dire contre les auto-infections possibles. A l'antisepsie du milieu, il faut donc joindre l'antisepsie individuelle.

On devra, pour atteindre ce but, ordonner des bains fréquents, ou tout au moins laver les organes le plus exposés à être souillés (anus, organes génitaux) avec des solutions antiseptiques, et de plus, pratiquer l'antisepsie de la cavité bucco-pharyngienne au moyen de gargarismes ou, chez les enfants, de lavages fréquents à l'eau saturée d'acide borique.

C'est ainsi que, dans une communication récente à la Société d'hygiène, MM. Hutinel et Deschamps (1) ont montré que pendant tout le temps qu'ils ont été chargés du service du pavillon d'isolement des scarlatineux à l'hôpital des Enfants-Malades, du 1er janvier au 1er avril 1890, ils avaient évité toute infection secondaire, toute complication, et n'avaient pas perdu un seul de leurs malades. Ils avaient pour cela fait des lavages fréquents de la bouche avec l'eau boriquée à 3 p. 100, des badigeonnages de la cavité bucco-pharyngienne avec des tampons d'ouate imbibés de glycérine boriquée, et mettaient dans les narines quelques gouttes d'huile de vaseline boriquée.

En résumé, bien que l'antisepsie médicale soit pratiquée depuis fort peu de temps, et dans de très rares services, on peut prévoir par les quelques résultats qu'elle a jusqu'à présent pu donner, quelles seront les conséquences de son application rigoureuse. Elle ne manquera sûrement pas, en tous cas, de donner de meilleurs résultats que l'isolement, dont l'insuffisance est reconnue.

De toute cette discussion, nous tirerons donc les conclusions suivantes :

1° *La broncho-pneumonie, qu'elle soit primitive ou secon*

(1) Hutinel et Deschamps. — Antisepsie médicale et scarlatine au pavillon d'isolement de l'hôpital des Enfants-Malades in *Rev. d'Hyg. et de Police sanitaire*, 1890, p. 600, n° 7.

daire, et, dans ce dernier cas, quelle que soit l'affection qui l'a précédée, est contagieuse et épidémique.

2° On ne peut s'opposer à son éclosion et à sa dissémination qu'en isolant les malades qui en sont atteints, et de plus en prenant toutes les précautions antiseptiques nécessaires pour éviter le transport du contage par les objets souillés.

L'antisepsie est donc le complément nécessaire de l'isolement qui, sans celle-ci, ne pourra jamais être qu'inefficace et même dangereux.

CHAPITRE V

Conclusions

I. — La broncho-pneumonie est l'inflammation aiguë spécifique des bronches et des lobules qui en dépendent.

II. — Son début constant par la *bronchite capillaire* explique la répartition strictement lobulaire des lésions du parenchyme qui résultent de l'extension de la bronchiolite aux lobules qui en dépendent.

Le caractère essentiel de la bronchite est de siéger uniquement sur les petites bronches sus et extra-lobulaires.

Les *lésions du parenchyme* sont caractérisées par :

1°) L'irrégularité de la dissémination des lésions inflammatoires qui envahissent isolément les lobules.

2°) Le défaut de simultanéité de leur évolution dans un même poumon, et la présence constante des lobules simplement splénisés à côté d'autres hépatisés ou même abcédés.

— Ces lésions, d'après leur *répartion topographique*, affectent deux types distincts :

1°) Un *type lobulaire* qui constitue la *broncho-pneumonie franche*, et auquel seul doit s'appliquer la description anatomique qui précède.

2°) Un *type pseudo-lobaire* qu'on doit complètement séparer de la broncho-pneumonie pour le rapprocher de la pneumonie franche. — Bien que ces lésions n'évoluent pas simultanément dans les divers lobules, leur disposition massive sans interposition de lobules sains entre les parties lésées suffit à permettre ce rapprochement et à séparer complètement ce type de la broncho-pneumonie.

On doit donc le considérer comme une *forme de pneumonie franche spéciale à l'enfant*, comme un *type pseudo-lobulaire de la pneumonie*.

III. — La bactériologie, d'accord avec l'anatomie pathologique, nous démontre l'origine différente de ces deux types :

1°) Le *type lobulaire* dû à l'action du *streptocoque pyogène*.

2°) Le *type pseudo-lobaire* dû, comme la pneumonie franche, à l'action du *Pneumocoque lancéolé de Talamon-Frænkel*.

IV. — Nous n'insisterons pas sur le *type pseudo-lobaire* qui n'est, en réalité, qu'une forme de pneumonie franche spéciale à l'enfant, et qui, comme la pneumonie de l'adulte, est plus souvent primitif que secondaire.

Contrairement à ce type, le *type lobulaire franc* qui seul constitue la véritable broncho-pneumonie, est plus souvent secondaire que primitif.

Il survient alors, à titre de complication, à la suite d'affections variées, la rougeole, la diphthérie principalement, ce qui explique sa fréquence plus grande chez l'enfant que chez l'adulte.

Sa gravité presque égale, quel que soit l'âge auquel elle survient, doit être attribuée en général :

1°) *Chez l'adulte*, à la généralisation rapide de l'infection pulmonaire.

2°) *Chez l'enfant*, à la présence constante de lésions mécaniques, accessoires, fort étendues, l'atélectasie et l'emphysème qui rétrécissent énormément le champ de l'hématose et déterminent la mort par asphyxie.

V. — La *broncho-pneumonie* est *contagieuse*, *épidémique* et *endémique* dans les hôpitaux d'enfants, et spécialement dans les salles d'isolement des maladies qui s'en compliquent d'habitude (rougeole et diphthérie).

L'isolement de ces affections, tel qu'il est actuellement pratiqué, favorise par conséquent la propagation de la broncho-pneumonie et même en accroît la gravité.

On doit donc, pour sa prophylaxie, recourir à l'isolement des maladies infectieuses qui se compliquent fréquemment de broncho-pneumonie, et pratiquer l'antisepsie rigoureuse des salles d'isolement, des objets qui servent au malade, et du malade lui-même.

TROISIÈME PARTIE

PIÈCES JUSTIFICATIVES

CHAPITRE PREMIER

Technique

Lorsqu'on se propose de rechercher l'agent pathogène d'une lésion bien déterminée dans une série de cas analogues le plus nombreux possible, il faut évidemment, pour que les résultats obtenus puissent être comparables, suivre une méthode générale et invariable.

Dans tous nos cas nous avons donc usé des mêmes procédés, suivi la même méthode ; aussi, au lieu de répéter à propos de chacune de nos observations, la technique que nous avons employée dans chacun de nos procédés d'investigation, préférons-nous donner, avant d'entrer dans le détail des observations, un exposé général de la méthode que nous avons suivie, et la description des procédés techniques que nous avons employés.

On ne saurait trop, dans un semblable travail, accumuler les preuves, et l'on ne peut, en réalité, tenir aucun compte des résultats obtenus par nombre d'auteurs qui se contentent, comme preuves, de celles que fournissent la coloration des frottis de lamelles et des coupes. — Il y a en effet, dans ces procédés histochimiques, trop de causes d'erreur, trop de difficultés d'interprétation, pour qu'on puisse considérer comme pathogènes tels microbes, qu'ils ont vus dans les frottis de lamelles et dans les coupes, et dont ils ont décrit la morphologie, surtout lorsqu'on sait combien la technique des colorations est difficile et délicate. On se rend alors compte de la valeur des résultats obtenus par de tels moyens d'investigation, et l'on doit douter des affirmations basées sur de semblables constatations.

Il est donc indispensable pour arriver à saisir au milieu des espèces bactériennes multiples qu'on trouve généralement dans les poumons après la mort, celle qui doit être considérée comme pathogène, pour comprendre le processus des lésions observées, de multiplier les examens microscopiques sur les lamelles et sur les coupes, et surtout de multiplier les cultures sur tubes et sur plaques et avec les divers milieux nutritifs généralement employés, gélose, gélatine et bouillon.

Nous venons d'insister suffisamment sur les difficultés de la coloration des coupes pour que l'on comprenne le peu de valeur que nous lui attribuons.

Nous avons toujours attaché une importance beaucoup plus grande à l'examen des cultures, aussi les avons-nous multipliées à dessein. Nous avons forcément changé quelque peu notre méthode suivant les cas, et on comprendra pourquoi, dans les recherches sur la broncho-pneumonie diphthérique, nous avons ajouté l'ensemencement de tubes de sérum aux cultures sur gélose, gélatine et bouillon que nous avions seules pratiquées dans la généralité des cas.

Quant aux inoculations que nous avons faites, nous ne les considérons pas comme des preuves expérimentales, mais simplement comme des *inoculations de contrôle :* C'est ainsi que dans chaque cas nous avons inoculé des parcelles d'exsudat pneumonique à des souris blanches, dans le seul but de rechercher le pneumo-bacille de Friedlænder, ou surtout le pneumocoque lancéolé : les colonies que ce dernier donne sur les plaques de gélose sont en effet si petites, si délicates, si translucides, qu'elles peuvent parfois échapper à un examen même minutieux des plaques, surtout quand elles se trouvent mêlées à d'autres organismes également présents dans les foyers pneumoniques, et souvent en outre à des impuretés provenant de l'air.

De même, si dans quelques cas, peu nombreux d'ailleurs, nous avons inoculé sous la peau de l'oreille des lapins, des cultures pures du streptocoque isolé dans les foyers pneumoniques, c'était uniquement pour nous rendre compte de la nature de cet organisme, et voir si les résultats de son inoculation au lapin permettaient de l'identifier au streptocoque pyogène, ou tout au moins de l'en rapprocher, conclusion que n'autorisaient pas l'examen morphologique de ces cultures.

Ce sont donc là de simples inoculations de contrôle, et non pas de l'expérimentation vraie : nous réservons, comme nous l'avons déjà dit, pour un mémoire ultérieur, cette preuve dont le but est de provoquer chez l'animal une maladie analogue ou comparable à la maladie humaine, par le transport dans ses poumons des organismes isolés dans les foyers de broncho-pneumonie chez l'homme, et de comparer les résultats expérimentaux à l'observation anatomo-clinique.

Cela posé, nous allons entrer dans le détail de la méthode générale que nous avons suivie, et des procédés techniques que nous avons employés : leur extrême importance devra faire pardonner l'aridité de cette description.

1° Recherches cliniques

Presque toutes nos observations ont trait à de jeunes enfants, soignés pour la plupart à l'hôpital des Enfants-Malades, dans les services de MM. Descroizilles, Jules Simon et Hutinel; quelques-unes viennent du service de M. le Dr Ferrand à l'hôpital Laennec.

Nous n'avons mis, à propos de chaque cas particulier, que peu de clinique, la symptomatologie étant suffisamment connue pour que nous n'ayons pas besoin d'insister sur ce point.

Nous nous sommes contenté de donner pour chaque cas, les antécédents pathologiques du malade, de noter la nature de la maladie qui avait précédé la broncho-pneumonie, la date de cette maladie à laquelle était survenue la complication pulmonaire, et enfin à quelle époque de la broncho-pneumonie la mort était survenue.

Nous n'avons pas recueilli chez le vivant l'exsudat broncho-pulmonaire au moyen de ponctions capillaires, n'ayant pu disposer des malades comme nous l'aurions voulu; cela d'ailleurs n'a qu'un intérêt minime, car nos résultats concordent d'une façon frappante avec ceux des auteurs dont les recherches antérieures aux nôtres, avaient été faites sur le vivant; et nous avons trouvé les agents pathogènes purs pourqu'on ne puisse guère invoquer la putréfaction comme cause de leur présence.

Enfin, l'examen des crachats, outre la minime importance qu'on doit lui accorder à cause de la quantité des bactéries de la salive qui se mêlent aux microbes contenus dans l'expectoration bronchique, est impossible dans la plupart des cas qui nous occupent, l'enfant ne crachant pas.

2° Etude anatomique. — Autopsie

L'autopsie a toujours été faite le plus tôt possible après la mort; mais nous avons été malheureusement forcé de nous soumettre aux règlements en vigueur et nous n'avons que fort exceptionnellement pu faire l'autopsie avant les vingt-quatre heures légales.

Cela n'a que peu d'importance d'ailleurs, si l'on tient compte des résultats que nous avons obtenus, de la pureté relative de nos cultures, et de la concordance de nos résultats avec ceux des auteurs qui ont pu faire leurs autopsies presque immédiatement après la mort.

Dans un cas (Obs. IX), nous avons trouvé un streptocoque que nous attribuons à la putréfaction, à cause de la date tardive de l'autopsie, des signes manifestes de décomposition cadavérique avancée, — Or nous avons d'ailleurs suffisamment caractérisé ce coccus en chaînettes pourqu'on ne puisse en aucune façon le confondre avec les organismes pathogènes connus. —

Nous nous sommes uniquement attaché dans nos autopsies, à la description des poumons, tout en constatant l'état des autres organes, et ne notant dans ces derniers que ce qui nous paraissait digne de remarque.

L'autopsie étant faite, et les deux poumons examinés, comme toujours les lésions étaient bilatérales, nous pratiquions des coupes dans celui des deux poumons que nous destinions aux recherches anatomo-pathologiques ; l'autre poumon était conservé entièrement intact, enveloppé dans une feuille de papier buvard imbibée d'une solution de sublimé à 1 p. 1000, puis dans du taffetas gommé et transporté ainsi au laboratoire pour les recherches bactériologiques.

Conservation des pièces. — Dès que l'autopsie était faite, les pièces découpées en petits cubes étaient plongées dans divers liquides durcissants.

1°. — Les pièces qui devaient servir à l'étude des lésions histologiques étaient suspendues pendant quatre à six jours dans une solution aqueuse de bichromate de potasse à 2, 5 °/₀, qui était renouvelée chaque jour. — Au bout de ce temps, et sans lavage préalable dans l'eau, la pièce était plongée pendant 24 heures dans de l'alcool éthylique faible, c'est-à-dire ayant déjà servi à durcir d'autres pièces ; enfin, on la mettait dans de l'alcool éthylique rectifié à 36°, qu'on renouvelait tous les jours, pendant 2 à 3 jours consécutifs

Les pièces ainsi traitées avaient acquis une consistance suffisante, pour qu'on pût les couper sans aucune inclusion préalable.

Quelques pièces étaient également mises, sans avoir passé par le bichromate de potasse, pendant vingt-quatre heures, dans l'alcool faible, puis ensuite dans l'alcool rectifié.

Nous préférons le premier de ces deux procédés, qui offre sur le second, l'avantage de mieux fixer les éléments et surtout de conserver le sang.

2° Les pièces qui devaient servir aux colorations des microbes étaient traitées d'une façon différente, les procédés de durcissement que nous venons de décrire ayant l'inconvénient capital d'empêcher absolument la coloration des microbes, comme nous avons pu le constater à plusieurs reprises.

Ces pièces étaient donc coupées en cubes très petits, d'un centimètre environ, et plongées dans l'alcool absolu, qu'on changeait quotidiennement pendant deux ou trois jours consécutifs. Elles étaient dès lors propres à être coupées et colorées par les procédés habituels.

Nous avons eu soin, tant pour l'étude histologique que pour les colorations bactériologiques, de prendre les morceaux de poumon réservés à ces coupes dans les portions hépatisées ou splénisées, et dans les zones d'atélectasie.

Coupes et Colorations histologiques. — Les fragments de poumon, après durcissement, étaient collés sur des petits cubes de liège et coupés avec le microtome de Luër, sans aucune inclusion préalable.

Quel que soit en effet le procédé d'inclusion qu'on emploie, parafine ou collodion, il a le désavantage de déformer les éléments, ou tout au moins de prendre un temps considérable.

D'autant mieux que, quoiqu'on en dise, le poumon même se coupe très facilement et très finement, sans inclusion préalable dans le collodion ou la gomme, pourvu que le durcissement soit surveillé et pratiqué en suivant la technique que nous avons indiquée.

Les coupes ainsi faites étaient colorées par divers procédés :

1°) — *Picro-carmin de Ranvier :* montage dans la glycérine.

2°) — *Éosine et hématoxyline :*

La coupe, après avoir séjourné pendant vingt-quatre heures dans une solution faible d'éosine (1), était ensuite plongée pendant vingt-quatre heures :

Soit dans le carmin aluné de Grenacher ;

Soit dans une solution faible d'hématoxyline à la dose de deux gouttes de la solution de Weigert, pour dix centimètres cubes d'eau.

Les coupes ainsi colorées étaient deshydratées, éclaircies et montées dans le baume du Canada.

3°) — *Carmin boraté de Grenacher*, pendant vingt-quatre heures ; lavage à l'eau, puis montage au baume du Canada.

4°) — *Solution de safranine*, à la dose d'une goutte de solution alcoolique saturée, pour dix centimètres cubes d'eau, pendant une demi-heure, lavage à l'eau, puis montage au baume.

Parmi ces divers procédés de coloration, nous préférons beaucoup le second, qui a sur les autres, l'avantage de colorer le sang, les noyaux et le protoplasma cellullaire, surtout dans les coupes qui ont subi l'action du bichromate de potasse.

III. *Recherches bactériologiques.*

La détermination des espèces microbiennes capables par leur présence et leur pullulation dans les poumons, d'y déterminer les lésions de la broncho-pneumonie, étant le but principal de nos recherches, nous nous sommes spécialement attaché à l'étude bactériologique des broncho-pneumonies que nous avons observées.

Nous avons accumulé les preuves à l'appui de nos assertions, et dans chaque cas nous avons examiné au microscope, après dessiccation et coloration, l'exsudat pulmonaire prélevé avec pureté au niveau des points malades ; cet exsudat nous a encore servi à ensemencer directement des tubes de milieux nutritifs solides et liquides, des plaques de gélose ; nous avons enfin recherché en les colorant, les microorganismes dans les coupes des tissus malades.

Voici d'ailleurs le détail de la technique que nous avons suivie : Immédiatement après l'autopsie, un poumon entier, enveloppé avec

(1) Cette solution était obtenue en mettant dans dix centimètres cubes d'eau distillée, deux gouttes de la solution suivante :

Alcool rectifié	30 gr.
Eau distillée	60 gr.
Éosine soluble à l'alcool	1 gr.

toutes les précautions que nous avons indiquées plus haut, était transporté au laboratoire.

Là, après avoir brûlé la surface avec une lamelle de platine, au point précis où nous voulions rechercher les microbes, on faisait une coupe à l'aide d'un couteau de platine porté au rouge.

1° Cultures. — La coupe faite, on prélevait à l'aide d'un fil de platine des parcelles d'exsudat pulmonaire qui étaient ensemencées, d'une part, directement sur des tubes de gélose, de bouillon et de gélatine, et d'autre part sur deux plaques de gélose.

Ces plaques confectionnées à l'aide des boîtes de Petri, étaient ensemencées en stries après solidification de la gélose. Les tubes et les plaques de gélose et les tubes de bouillon étaient placés à l'étuve à 38°; les tubes de gélatine à l'étuve à 20°.

Les cultures par ensemencement direct sur des tubes servaient à nous montrer si un microbe se trouvait à l'état de pureté; et nous avons pu dans plusieurs cas obtenir d'emblée, par ensemencement direct, des cultures pures de microbes pathogènes même peu résistants (tels que le pneumocoque), et qui auraient sûrement été détruits par d'autres organismes s'il s'en était trouvé.

Nous avons employé pour la confection des plaques, les boîtes dites de *Petri*, qui ont sur les plaques ordinaires l'avantage de prémunir assez efficacement les cultures contre les impuretés de l'air. Nous avons préféré à tout autre l'ensemencement en stries qui, tout en permettant aux colonies de s'isoler suffisamment les unes des autres, supprime en outre une cause d'erreur, puisqu'on ne tient compte dans l'examen des colonies que de celles qui se sont développées le long des stries.

Ces différentes colonies une fois développées étaient examinées, isolées par réensemencement dans des tubes; les cultures ainsi obtenues étaient inoculées aux animaux.

Enfin, dans le but de déceler à coup sûr la présence du pneumocoque lancéolé ou du pneumobacille de Friedlænder, nous avons, dans chaque cas, injecté aux souris quelques gouttes de l'exsudat pulmonaire. A l'aide de la seringue de M. le professeur Straus, stérilisée pendant vingt minutes dans l'eau bouillante, avant et après chaque expérience, nous prélevions donc chaque fois dans la coupe faite au moyen du couteau de platine, deux gouttes environ de l'exsudat pulmonaire que nous inoculions sous la peau de la base de la queue d'une souris blanche. Si celle-ci mourait, le sang du cœur était examiné au microscope, puis ensemencé sur divers milieux nutritifs, contrôlés à leur tour.

Ce procédé nous a souvent permis de déceler le pneumocoque de Talamon-Frænkel, dans tel cas où il avait passé inaperçu sur les plaques ou dans les tubes.

2° COLORATION DE LAMELLES. — Dans chaque cas, nous avons prélevé, avec les mêmes précautions que pour les ensemencements, des parcelles d'exsudat du poumon, et du pus des bronches que nous étalions sur des lamelles. Celles-ci, après dessiccation à l'air, étaient colorées, puis examinées au microscope.

Nous avons employé pour ces colorations les différents procédés suivants :

1° *Solution aqueuse saturée de violet de gentiane*, lavage à l'eau.

2° *Solution de Ziehl* (1 gr. de fuchsine dans 100 gr. de solution phéniquée à 5 %) : nous y laissons les lamelles deux minutes pour les microbes ordinaires, puis nous décolorons très légèrement avec l'acide acétique à 1 %. Nous les y laissons un quart d'heure pour le bacille de la tuberculose, et nous décolorons avec l'acide sulfurique en solution aqueuse au quart.

3°). — *Solution hydro-alcoolique de violet de gentiane* ou de *bleu de méthylène* : 10 gouttes de la solution alcoolique saturée dans 5 cmc. d'eau; au bout de 10 minutes, décoloration légère dans l'acide acétique à 1 p. 100 (1).

4°). — *Méthode de Lœffler* : séjour de la lamelle pendant 1/4 d'heure à 1/2 heure dans la solution suivante :

Eau	200
Potasse caustique	0,02
Solut. alcool. sat. de bleu de méthylène.......	60 cmc.

puis décoloration légère dans l'acide acétique à 1 p. 100.

5°). — Pour les pneumocoques et les streptocoques, on employait la *méthode de Gram* : les lamelles étaient déposées pendant 10 minutes dans la solution d'Ehrlich, puis pendant 1 à 3 minutes dans la solution de Lugol; enfin, décolorées à l'alcool absolu, et montées au baume du Canada.

(1) Ce procédé est particulièrement recommandable pour les cas où l'on veut colorer le pneumocoque lancéolé, dont il met bien la capsule en évidence.

6°). — Là où nous supposions la présence du bacille de la tuberculose, nous avons employé le procédé suivant, qui le colore en rouge, et colore tous les autres en bleu. Pendant 10 minutes, la lamelle était plongée dans la solution d'Ehrlich à la fuchsine; puis, après lavage à l'eau, on la laissait 2 à 3 minutes dans la solution de Frænkel :

Acide nitrique pur................	20
Eau distillée......................	30
Alcool rectifié......	50
Bleu de méthylène.......	qs. pour saturer,

elle était ensuite montée après lavage à l'eau et dessiccation.

3° Coloration des coupes. — Toutes nos coupes ont été traitées de la façon suivante : elles séjournaient pendant 24 heures dans le carmin boraté de Grenacher; puis, après les avoir rapidement passées dans l'eau, on les colorait soit par le procédé de Lœffler, soit par la méthode de Gram : nous avons presque toujours employé cette dernière, réservant la méthode de Loeffler pour les cas où nous avions à rechercher le bacille de la diphthérie, ou bien quelque autre microbe ne prenant pas le Gram, le pneumo-bacille de Friedlænder par exemple.

Les coupes ainsi colorées étaient, après décoloration, déshydratées, éclaircies au xylol et montées au baume du Canada.

Si nous nous sommes si longuement étendu sur la méthode générale que nous avons suivie, et sur les procédés que nous avons employés, c'est que, nous l'avons dit, dans ce genre de recherches, la technique est de première importance. Cette description, si longue et si fastidieuse qu'elle soit, évite la critique et permet le contrôle des résultats obtenus : c'est en quelque sorte une pièce justificative.

Beaucoup d'auteurs n'ont pas décrit la technique qu'ils ont suivie, et c'est là une raison de douter de certains résultats surprenants qu'ils ont obtenus, et de critiquer certaines affirmations qu'ils avancent.

D'autres qui l'ont complètement décrite se mettent à l'abri de ces reproches, tout en prêtant parfois à la critique lorsque les résultats obtenus ne sont pas justifiés par la rigueur des procédés employés.

CHAPITRE II

Observation I

Sau..., Edmond, 4 ans et demi. Salle Guersant, numéro 15 (Pavillon de la Rougeole, hôpital des Enfants-Malades, service de M. Descroizille). — Entré le 2 mars avec une éruption de rougeole. Symptômes de broncho-pneumonie le 15 mars.

Décès le 20 mars 1890. Autopsie le 22 mars à dix heures du matin, trente-huit heures après la mort.

Pas de décomposition cadavérique.

Autopsie. — *Poumons* : noyaux de broncho-pneumonie disséminés, confluents, affectant dans les deux lobes inférieurs, la forme pseudo-lobaire. La plèvre, au niveau des noyaux broncho-pneumoniques, et sur toute son étendue au niveau des lobes inférieurs est plissée, dépolie, chagrinée; aucun exsudat ne la recouvre.

La séparation des lobules pulmonaires à la surface des poumons est accusée par des lignes polyédriques vascularisées. — *Atélectasie* dans les parties antérieures des deux poumons, surtout vers les bords antérieurs.

A la coupe, les noyaux de broncho-pneumonie sont rouge foncé, lie de vin, la surface de la coupe est très légèrement granuleuse.

Pas de dilatation bronchique; la pression fait sourdre des gouttelettes de pus à l'orifice des bronchioles; un peu de mucus, beaucoup de sang.

Foie : Mou, très lobulé, séparation des lobules par des fissures portales très accusées.

Rein : Congestion, surtout de la substance pyramidale.

Étude histologique. — Les coupes étudiées à un faible grossissement présentent l'aspect suivant :

Zones plus foncées en couleur, irrégulièrement arrondies ou polyédriques, disséminées au milieu de parties plus pâles.

Un grossissement plus fort fait reconnaître dans ces zones très colorées une bronchiole légèrement dilatée, gorgée de pus : son épithélium est détruit; seule sa paroi élastique et conjonctive subsiste sous forme d'un mince anneau circulaire qui est comme perdu au milieu des noyaux embryonnaires qui obstruent en partie la lumière de la bronche, et s'étend plus ou moins autour de ses parois.

Près de la bronchiole, une artériole dont les parois sont souvent épaissies, infiltrées de noyaux embryonnaires; ces cellules embryonnaires entourent l'artériole d'un cercle tantôt complet, tantôt incomplet ou plus épais dans le point de sa circonférence qui confine à la bronchiole. Il n'y a que de la périartérite, mais pas d'endartérite.

Le manchon de cellules embryonnaires qui entoure la bronchiole et qui probablement par propagation a gagné le pourtour de l'artériole, s'étend plus ou moins loin, sans respecter les alvéoles avoisinants compris dans cette infiltration leucocytique péribronchique, et dont toute structure a disparu.

Près de cette zone d'infiltration bronchique et péribronchique se trouve une série d'alvéoles déformés, ovalaires ou presque complètement aplatis, en forme de croissants, constituant avec les alvéoles voisins semblablement déformés, une série de croissants concentriques autour d'un des points des bords d'une bronchiole, toujours en un point opposé à celui que côtoie l'artériole; les parois de ces alvéoles sont généralement aplaties, formées de noyaux embryonnaires, leurs cavités remplies d'un amas de leucocytes, de cellules épithéliales grosses, globuleuses ou polyédriques, dont le protoplasma est granuleux, mal coloré, et le noyau unique souvent aussi mal coloré.

Dans l'intervalle de ces zones de suppuration, bronchique et péribronchique, les alvéoles ne sont pas déformés : ils sont irrégulièrement arrondis ou polyédriques. Leurs parois sont extrêmement congestionnées, et, de plus, épaissies par tuméfaction de leurs cellules épithéliales qui deviennent énormes, arrondies ou polyédriques, pendant que leur protoplasma est trouble, granuleux, mal coloré, et leur noyau relativement peu volumineux et très vivement coloré. Quelques leucocytes infiltrés entre ces cellules contribuent à l'accroissement de l'épaisseur des parois alvéolaires.

A l'intérieur de ces alvéoles : noyaux embryonnaires, grosses cellules épithéliales desquamées, globules sanguins, et quelques filaments de fibrine.

Dans d'autres points, on voit des groupes d'alvéoles dont les vaisseaux pariétaux sont plus congestionnés et dont la cavité est remplie de globules rouges entremêlés de quelques leucocytes et de quelques cellules épithéliales desquamées.

Dans d'autres groupes alvéolaires, l'infiltration leucocytique dans les parois et dans la cavité, prédomine.

En somme, outre les zones de suppuration bronchique et péri-bronchique, le parenchyme pulmonaire est atteint de lésions à divers degrés, allant depuis la simple alvéolite desquamative, catarrhale, jusqu'à l'hépatisation rouge et grise. Ces dernières lésions se massent en plaques disséminées, en général pourtant voisines des points d'infiltration péribronchique.

La *plèvre* est épaissie, les parties sous-pleurales infiltrées de noyaux embryonnaires; les vaisseaux y sont nombreux, dilatés, gorgés de sang.

Etude bactériologique. — COLORATION DE LAMELLES. — Traités par : méthode d'Ehrlich, de Gram, Sol. de Ziehl (avec décolorat. par l'acide sulfurique à 1/4).

Microcoques isolés ou en diplocoques, dépourvus de capsule, et quelques streptocoques, également sans capsule. Pas de bacilles tuberculeux. Ces frottis ont été faits, les uns, avec le mucus exsudé des noyaux de broncho-pneumonie, les autres, avec le pus qui sourd des bronchioles.

CULTURES. — Faites avec les mêmes parties (pus et mucus) sur trois tubes de gélose placés à l'étuve à 38°. Sur ces trois tubes se développent en vingt-quatre heures des colonies de streptocoques. Leur croissance est rapide, les colonies se montrent en gros grains blancs le long de la strie, assez disséminées autour de celle-ci. Les chaînettes sont longues de 4 à 6 microcoques en moyenne, grosses, sinueuses. Ces cultures faites par ensemencement direct de tubes de gélose avec l'exsudat du poumon et le pus des petites bronches, ont été pures.

Deux plaques de gélose ensemencées en stries avec le même exsudat pulmonaire, ont également montré sur le trajet de ces stries, les mêmes colonies arrondies, petites, légèrement saillantes, brillantes, réfringentes. Leur accroissement commença au bout de trente-six heures environ, et s'arrêta trois jours après l'ensemencement. Ces colonies ont été repiquées sur divers milieux :

1° *Gélose* : ensemencement en stries : les colonies ont le même aspect que sur les plaques : elles sont peu nombreuses, peu confluentes.

2° *Gélatine* : croissance beaucoup plus tardive et plus lente : le développement ne commence guère qu'au bout de quarante-huit heures et paraît s'arrêter au bout de cinq à six jours. Colonies arrondies, granuleuses, blanchâtres, bien limitées sur le trajet du trait de piqûre. La gélatine n'est pas liquéfiée.

3° *Bouillon* : au bout de trente-six heures environ, le bouillon, resté d'ailleurs parfaitement limpide dans sa masse, laisse déposer au fond du tube un dépôt blanc, granuleux, sous forme de fines granulations arrondies, que l'agitation du tube laisse en suspension dans le bouillon.

L'examen microscopique des colonies développées dans ces divers milieux nutritifs, solides et liquides, montre qu'il s'agit bien ici d'un streptocoque, c'est-à-dire d'un coccus en *chaînettes* : ce coccus arrondi, petit, s'associe à d'autres coccus semblables pour former des chaînettes longues, sinueuses, enlacées de dix à vingt coccus chacune, dans le bouillon ; sur gélose, les chaînettes ne comprennent guère que quatre à six coccus. Ces coccus sont tantôt équidistants l'un de l'autre, tantôt associés deux par deux, l'association de ces diplocoques formant à son tour des chaînettes plus ou moins longues. Ces chaînettes se colorent bien par les réactifs vulgaires, et de plus prennent bien le Gram.

Inoculations. — Une souris blanche inoculée, le 22 mars, sous la peau, à la base de la queue, avec deux gouttes de l'exsudat pulmonaire, survit à l'inoculation, sans jamais présenter aucune manifestation pathologique.

Remarques. — La broncho-pneumonie dont il s'agit dans cette observation s'est développée au quinzième jour environ d'une rougeole ; la mort est survenue au cinquième jour.

Anatomiquement, les noyaux disséminés ou confluents sont au stade d'engouement ou d'hépatisation rouge ou grise ; les bronchioles et leur périphérie commencent à s'infiltrer de pus ; les abcès péribronchiques à se former. La plèvre est épaissie et congestionnée au niveau des noyaux de broncho-pneumonie.

Au point de vue *bactériologique : streptocoque* à l'état de pureté, rappelant par ses caractères morphologiques et biologiques le streptocoque de l'érysipèle ou de la suppuration.

Observation II

Bét.. , trois ans et demi. Salle Guersant, n° 10. (Hôp. des Enfants-Malades. Pavillon de la Rougeole. Service de M. Descroizilles.) Entré le 5 mars avec une éruption de rougeole. Symptômes de broncho-pneumonie, le 12 mars.

Mort le 22 mars 1890, à 2 heures du soir. Autopsie, le 24 mars, à 11 heures, 45 heures après la mort.

Autopsie. — Pas de décomposition cadavérique.

Poumons : Tout le lobe inférieur du *poumon droit* est hépatisé : à sa surface, la plèvre, sans aucun exsudat fibrineux, est finement plissée, dépolie, comme chagrinée. Les lobules sont nettement séparés les uns des autres, par des tractus rouges vascularisés. Les lobules sont rouges, par places violacés, lie-de-vin ; çà et là, quelques grains jaunes. Cette masse hépatisée a une consistance ferme et plonge dans l'eau. A la *coupe,* la surface de cette portion hépatisée est parsemée de bronchioles dilatées, entourées d'une auréole blanche. Peu de mucosités, peu de sang, mais çà et là, la pression fait sourdre du pus, des bronchioles dilatées.

Atélectasie dans les portions antérieures et supérieures des deux poumons.

Des noyaux de broncho-pneumonie, en tout semblables aux précédents, mais isolés, disséminés, se retrouvent dans les autres parties du même poumon.

Pas de tubercules apparents.

Dans les autres parties de ce même poumon droit, vers les parties supérieures, surtout, ainsi que dans le lobe moyen, interposé aux nodules de broncho-pneumonie, se voit de l'emphysème. Plèvre saine à ce niveau.

Dans le poumon gauche, mêmes noyaux de broncho-pneumonie, plus disséminés, plus discrets, moins nombreux. Au sommet, petite cavernule cloisonnée, du volume d'une noisette, ne contenant rien, à parois lisses; au hile de ce poumon, se trouve un ganglion caséeux, gros comme un pois.

Foie : Mou, très gras ; pas de séparation des lobules par une accusation plus nette des fissures portales.

Reins. — Très légèrement congestionnés.

Examen histologique. — En général, les lésions semblent être ici plus avancées que dans l'obs. N° I.

En beaucoup de points, les parois des bronches sont complètement détruites : à la place de la bronche se trouve alors un espace vide, assez large, bordé directement par un amas de cellules embryonnaires : cet espace vide correspond très vraisemblablement à du pus enlevé par le rasoir.

Dans d'autres points, la paroi fibro-élastique de la bronchiole persiste seule sans épithélium, sur toute sa circonférence ou sur quelques points seulement; elle est presque toujours englobée dans un amas de noyaux embryonnaires, occupant la lumière de la bronche, infiltrant sa tunique fibro-élastique et s'étendant plus ou moins loin autour de cette dernière.

Les artérioles voisines des bronchioles sont généralement gorgées de sang ; leur tunique externe est épaissie, infiltrée de noyaux, les gaines lymphatiques en sont elles-mêmes remplies. L'endartère est saine.

Cette infiltration embryonnaire péribronchique s'étend assez loin autour de la bronche, pour englober dans sa masse des alvéoles voisins, dont toute structure est d'ailleurs méconnaissable.

Sur un point de la bronchiole, généralement du côté opposé à l'artère, se trouve un nodule d'hépatisation où les alvéoles déformés, aplatis, gorgés de noyaux embryonnaires, entourent en croisant, le côté de la bronche auquel ils sont contigus.

Dans le reste du parenchyme pulmonaire, les alvéoles ont des parois très épaissies, avec quelques fibrilles de tissu conjonctif, bordé de grosses cellules nucléées, généralement allongées parallèlement à la paroi alvéolaire. La cavité de l'alvéole est vide, ou parfois on y trouve quelques grosses cellules à noyau mal coloré, unique, et du pigment sanguin.

Par places, on trouve encore des nodules d'hépatisation grise, constitués par des alvéoles à parois souvent amincies, formées uniquement de noyaux embryonnaires; la cavité de ces alvéoles est distendue et gorgée de ces noyaux au milieu desquels se voient quelques rares cellules épithéliales desquamées. Ces nodules sont d'ailleurs indépendants de toute lésion bronchique, la coupe ne montrant dans leur voisinage aucune trace de bronchiole lésée.

Enfin, en deux ou trois points de nos coupes, on voit de véritables points hémorrhagiques où l'accumulation des globules rouges attire seule la vue. L'un de ces points, situé immédiatement sous la plèvre, a une forme triangulaire, comme un infarctus. L'artériole qui s'y rend est précisément coupée longitudinalement : on la voit gorgée de sang, sans trace d'endartérite d'ailleurs, mais entourée d'un manchon complet, régulier, et assez épais, de noyaux embryonnaires infiltrant ses tuniques les plus externes, et s'étendant assez loin à sa périphérie.

En aucun point on ne voit de solution de continuité dans les parois de cette artériole. La zone hémorrhagique à laquelle se rend cette artériole est constituée par des alvéoles dont la paroi est amincie, l'épithélium aplati, et la cavité distendue par les globules rouges qui s'y sont accumulés.

Autour de ces foyers hémorrhagiques, on ne voit que des lésions de pneumonie desquamative.

Étude bactériologique. — Coloration de lamelles. — Faites les unes avec le mucus au niveau des noyaux de broncho-pneumonie, les autres avec le pus qui sourd des bronchioles, prélevé avec pureté dans le parenchyme pulmonaire immédiatement après l'autopsie.

Pas de bacilles tuberculeux, coccus arrondis, isolés ou en chaînettes très courtes de quatre à six coccus au plus, quelques-unes en diplocoques.

Cultures. — Faites le 24 mars, les unes avec le mucus et d'autres avec du pus, ensemencés sur trois tubes de gélose et trois plaques de gélose.

1°) Sur les *tubes de gélose* se développent en vingt-quatre heures sur la surface inclinée de la gélose, bien limitées au trajet du trait de culture, des colonies arrondies, blanc-grisâtre, réfringentes, peu saillantes, très peu nombreuses, espacées les unes des autres, dont le développement s'arrête vers le quatrième ou cinquième jour.

2°) Sur les *plaques de gélose* semées en stries, se développent, le long de la strie, les mêmes colonies que sur les tubes de gélose.

L'examen de ces colonies les montre formées par des coccus très ténus, arrondis, souvent isolés, parfois associés en courtes chaînettes de quatre coccus au plus. Ces colonies sont d'ailleurs réensemencées sur divers milieux nutritifs.

1°) *Tubes de gélose.* — Colonies identiques à celles obtenues par l'ensemencement direct.

2°) *Tubes de gélatine.* — Colonies en grains arrondis, granuleux, blanchâtres, développées au bout de quarante-huit heures le long du trait de piqûre. Ne liquéfient pas la gélatine.

3°) *Tubes de bouillon.* — Le bouillon reste parfaitement limpide. Au fond du tube dépôt granuleux, formé de colonies en grains arrondis, blanc grisâtre, que l'agitation laisse en suspension dans le liquide.

Toutes ces colonies, examinées au microscope, se montrent exclusivement constituées par un coccus arrondi, très ténu, disposé en chaînettes de quatre à six coccus sur gélose, d'un nombre beaucoup plus considérable dans le bouillon. Les coccus de ces chaînettes sont d'habitude rapprochés deux à deux, constituant ainsi des chaînettes de diplocoques.

Ce streptocoque se montre donc par ses cultures et sa morphologie, identique au streptococcus erysipelatis ou pyogenes.

Inoculations. — Une souris blanche, adulte, inoculée le 24 mars, sous la peau de la base de la queue, avec deux gouttes de l'exsudat pulmonaire prélevé avec pureté au niveau des noyaux de broncho-pneumonie, survit à cette inoculation, sans jamais présenter aucun phénomène pathologique.

Remarques. — Le malade qui fait l'objet de cette observation a succombé en dix jours à une broncho-pneumonie survenue sept jours environ après une éruption de rougeole ; c'est donc une broncho-pneumonie assez précoce, mais à évolution lente.

L'*Anatomie pathologique* nous montre en effet des lésions de date ancienne, *en foyers très confluents* dans le poumon droit ; à gauche, elle se montrait en foyers plus disséminés, plus récents. — La dilatation bronchique était très prononcée, il y avait quelques grains jaunes : autant de preuves de l'ancienneté des lésions fournies par l'autopsie.

Les *preuves histologiques* déposent d'ailleurs dans ce sens : des points en suppuration sont disséminés partout, nombreux, confluents pour ainsi dire, et les coupes abondent en abcès péribronchiques. — En outre, nous avons noté, là où l'inflammation n'a pas abouti à la suppuration, dans l'intervalle des abcès et des nodules péribronchiques, là, en un mot où le pneumonie épithéliale n'avait pas abouti à la suppuration de l'alvéole, nous avons noté, disons-nous, des lésions de réparation.

Et nous considérons comme telles, l'épaississement des parois alvéolaires par du tissu conjonctif bordé de cellules grosses, nucléées, ovalaires, à extrémités légèrement effilées, et dont le grand axe est parallèle à la paroi conjonctive de l'alvéole.

Nous considérons ces lésions comme des lésions de réparation, et nous les distinguons des lésions de pneumonie catarrhale, ou d'engouement, c'est-à-dire des lésions du début, par la présence du tissu conjonctif jeune qui manque dans la paroi de l'alvéole au début du processus inflammatoire, et d'autre part, par la forme de l'épithélium qui borde cette paroi conjonctive, épithélium à cellules grosses, tuméfiées, ovalaires, qui paraissent dérivées de l'épithélium à cellules grosses, polyédriques, presque cubiques qui limitent la cavité de l'alvéole atteint d'*alvéolite catarrhale*, et constituer la transition de cet épithélium à grosses cellules cubiques vers l'épithélium plat normal : ce sont des *lésions de réparation*.

La constatation bactériologique de la présence, à l'état de pureté, d'un *streptocoque* dans ces foyers de suppuration, concorde encore avec les données étiologiques et anatomiques, d'autant plus que ce streptocoque se montre identique par ses caractères morphologiques et ses propriétés biologiques avec le streptococcus pyogenes ou erysipelatis.

Ce n'est pas que nous voulions voir dans ce fait un exemple de suppuration à streptocoques secondairement greffés sur un autre microbe pathogène, car nous croyons que, tout aussi bien que le pneumocoque, il peut ou non produire par lui-même la suppuration, suivant la date de la lésion, et probablement suivant le degré de la virulence du microbe.

Observation III

Chab... Charles, 27 mois. Salle Guersant, n° 15. (Pavillon de la rougeole. Hôp. des Enfants-Malades). Entré le 21 mars 1890, avec une éruption de rougeole. — Signes de broncho-pneumonie le 23,

— Décès le 27 mars 1890, à 8 h. du matin. Autopsie le 28 mars 1890 à 10 h. du matin, 26 h. après la mort.

Autopsie. — Pas de décomposition cadavérique. Corps bien conservé.

Poumon gauche : Au sommet du poumon gauche se trouve une masse dure, compacte, grisâtre, plongeant dans l'eau ; cette masse, qui occupe tout le sommet du poumon gauche, est parsemée de petites masses grises réfringentes ; le reste offre l'aspect caractéristique de la pneumonie caséeuse. Cette masse tuberculeuse n'est entourée par aucune zone offrant les caractères de la broncho-pneumonie.

Ce n'est qu'à la partie supérieure du lobe inférieur, fort loin par conséquent du foyer tuberculeux et sans aucune relation de continuité avec ce dernier, qu'on trouve un foyer de broncho-pneumonie vraie, dont les noyaux sont disséminés, espacés, discrets, à peine au stade d'hépatisation rouge.

A ce niveau, le tissu est rouge violacé, lie de vin, les fragments plongent dans l'eau. A la coupe, beaucoup de sang s'écoule, à l'orifice des bronches sourdent des gouttelettes de pus. Il n'y a d'ailleurs pas de dilatation bronchique, ni de grains jaunes. A la surface de la coupe on ne voit non plus ni abcès péribronchique, ni même de nodule péribronchique. Il y a de l'atélectasie à la face antérieure et sur les bords antérieurs. Lésions d'emphysème disséminées dans les autres parties du poumon, peu prononcées d'ailleurs. Ganglions caséeux au niveau du hile.

Poumon droit : Quelques rares noyaux disséminés, au début du stade d'hépatisation rouge. Autour de ces noyaux, lésions de pneumonie catarrhale.

Foie : Foie gras, sans lobulation nette.

Reins : Paraissent sains.

Etude histologique. — Les poumons présentent deux ordres de lésions : des lésions tuberculeuses et des lésions de broncho-pneumonie. Nous les étudierons séparément, car, sur les coupes, on les retrouve absolument séparées l'une de l'autre.

1° *Lésions tuberculeuses.* — Nous les retrouvons sous deux formes différentes : l'infiltration tuberculeuse ou la granulation tuberculeuse, et le nodule tuberculeux péribronchique.

a). Le sommet du poumon gauche présente ces deux types de

lésions tuberculeuses. Tout le parenchyme pulmonaire de cette région est en effet transformé en une masse presque homogène de noyaux embryonnaires, au milieu desquels il est absolument impossible de reconnaître la topographie du poumon. Au sein de cette masse de noyaux embryonnaires se trouvent disséminées de nombreuses cellules géantes, des vaisseaux nombreux, dilatés, gorgés de sang.

En quelques points, la lésion présente l'aspect caractéristique de la granulation tuberculeuse : les tubercules s'y montrent en effet sous la forme de petits nodules très régulièrement arrondis, constitués, du centre à la périphérie, par la succession habituelle des zones de cellules embryonnaires et de cellules épithélioïdes; au sein de cette masse, une ou deux cellules géantes ; à sa périphérie, des vaisseaux dilatés, gorgés de sang entourant le tubercule d'un cercle vasculaire complet ; parfois, un vaisseau oblitéré forme le centre de la granulation tuberculeuse.

Il est important de noter que les vaisseaux sont tous atteints, non seulement de périartérite, mais encore et surtout d'endartérite avec prolifération énorme des noyaux de la tunique interne ; quelques-uns de ces vaisseaux parmi les plus petits, sont même complètement oblitérés et transformés en une masse fibreuse. Comme nous l'avons noté plus haut, ces vaisseaux oblitérés forment souvent le centre d'une granulation tuberculeuse.

b) — A côté des lésions tuberculeuses que nous venons d'étudier et qui affectent la forme d'infiltration tuberculeuse diffuse ou la forme de granulations tuberculeuses, lésions qui se confondent dans leur siège et infiltrent de grandes étendues du parenchyme pulmonaire, — à côté de ces lésions, disons-nous, s'en trouvent d'autres, qui, au lieu d'être étendues, disséminées, offrent au contraire une localisation nette, précise et caractéristique : ce sont les *nodules tuberculeux péribronchiques*.

On les trouve surtout dans le poumon gauche, près du sommet infiltré ; mais ils ne se confondent pas avec les masses tuberculeuses diffuses que nous y avons étudiées. Dans leur intervalle le parenchyme pulmonaire est sain.

Ces nodules tuberculeux péribronchiques ont une forme polygonale, allongée, irrégulière ; les bords sont déchiquetés, découpés, irréguliers. Ces espaces d'étendue variable comprennent une bronche et son artériole.

Les parois de la bronchiole sont absolument saines; toutes les tuniques en sont normales; sa lumière contient parfois quelques débris épithéliaux. — L'artériole au contraire est toujours malade, ses parois sont épaissies, infiltrées de noyaux embryonnaires; la périartérite et l'endartérite se combinent pour épaissir ses parois et rétrécir sa cavité, sans jamais l'oblitérer complètement. —La masse qui réunit ces deux organes et s'étend plus ou moins loin autour d'eux pour constituer le nodule péribronchique, est constituée par des vaisseaux capillaires extrêmement nombreux, dilatés, gorgés de sang, dont les parois sont épaissies, et par des noyaux embryonnaires disséminés ou tendant à affecter par place la forme de granulations tuberculeuses. Çà et là sont disséminées des cellules géantes.

2° *Lésions de broncho-pneumonie.* Elles sont disséminées en noyaux d'étendue variable, sans aucun rapport de localisation avec les nodules péribronchiques.

Ces noyaux sont constitués par des alvéoles dont les parois sont épaissies, bordées de grosses cellules à protoplasma granuleux, avec un gros noyau ; la cavité de ces alvéoles est remplie de débris épithéliaux desquamés sans noyaux ou avec un noyau mal coloré, et de filaments de fibrine.

En d'autres points ces lésions de pneumonie catarrhale, desquamative, font place aux lésions de l'hépatisation rouge : la cavité de l'alvéole est remplie de globules rouges entremêlés de quelques rares cellules épithéliales desquamées, et de quelques noyaux embryonnaires.

Étude bactériologique. — Coloration de lamelles. — La coloration, par les diverses méthodes appropriées, de l'exsudat pulmonaire étalé sur des lamelles, puis desséché, y dénote quelques rares pneumocoques, peu de streptocoques, — pas de bacilles de la tuberculose (huit lamelles examinées). Le bacille de la tuberculose ne se trouve qu'au niveau des foyers de pneumonie caséeuse, et en ces points, se trouve à l'exclusion de tout autre microorganisme.

Cultures. — L'exsudat pulmonaire recueilli directement, avec pureté, après l'autopsie, est ensemencé directement sur des tubes de gélose, gélatine et bouillon, — et, d'autre part, sert à ensemencer deux plaques de gélose.

1°) — Les cultures faites par ensemencement direct des tubes avec l'exsudat pulmonaire sont impures, — sur gélose et dans le bouillon, du moins.

a) *Sur gélose*, la culture ne commence guère à se développer qu'au bout de trente-six heures ; elle se montre sous forme de colonies petites, arrondies, grisâtres, brillantes, réfringentes, assez peu nombreuses, disséminées à la surface inclinée de la gélose.

Au microscope, cette culture se montre constituée par des *coccus en chaînettes* assez courtes, peu sinueuses, ressemblant absolument au streptococcus pyogenes ; et par des diplocoques lancéolés, dépourvus de capsule, offrant l'aspect des pneumocoques de Talamon-Frænkel.

b) — *Le bouillon* est légèrement troublé. Au fond du tube, dépôt granuleux, blanchâtre. — Le microscope y décèle les mêmes organismes que sur la gélose ; mais les chaînettes y sont plus longues, plus sinueuses, les coccus qui les constituent sont plus volumineux.

Dans le bouillon, comme sur la gélose, les streptocoques sont beaucoup plus abondants que les pneumocoques.

c) — *Sur gélatine*, les streptocoques, seuls, se sont développés à l'exclusion de tout autre microorganisme : ils s'y montrent en colonies blanc-grisâtre, granuleuses, arrondies, peu abondantes, le long du trait de piqûre ; la gélatine n'est pas liquéfiée.

2°) Sur les deux *plaques de gélose* ensemencées en stries, se développent le long du trait de culture, des colonies abondantes de coccus en chaînettes que le repiquage sur tubes de gélose et de bouillon montre identiques au streptococcus pyogenes.

Aucune des colonies examinées ne se montre constituée par des organismes présentant les caractères morphologiques du pneumocoque.

Inoculations. Une souris blanche, adulte, est inoculée le 28 mars sous la peau, à la base de la queue, avec trois à quatre gouttes de l'exsudat pneumonique prélevé avec pureté au niveau des noyaux de broncho-pneumonie : cet exsudat est constitué par du sang mêlé de goutelettes de pus qui sourdent à l'orifice des bronchioles, à la surface de la coupe.

Cette souris meurt le 1er avril à deux heures après midi. Son autopsie est faite immédiatement après sa mort : le foie est gros, la rate énorme; pas de lésions pulmonaires appréciables. Le sang du cœur prélevé avec pureté est semé sur des tubes de gélose et de bouillon.

Le lendemain, 2 avril, l'examen des cultures faites la veille avec le sang du cœur de la souris, et placées à l'étude à 38°, montrent le développement caractéristique du *pneumocoque de Talamon-Frænkel*: ces cultures prélevées avec pureté et étalées sur des lamelles, montrent qu'on a bien affaire ici au pneumocoque.

En effet, l'examen microscopique du sang de la souris y décèle la présence, à l'état de pureté, d'un diplocoque lancéolé entouré d'une capsule très nette.

Sur *gélose*, cet organisme se développe, en 36 heures environ, sous forme de colonies arrondies, extrêmement petites, légèrement saillantes, très brillantes, très réfringentes, fort peu abondantes.

Le *bouillon* est uniformément troublé, avec un léger dépôt blanchâtre, peu épais au fond des tubes.

L'examen de ces cultures au microscope montre qu'elles sont constituées uniquement par ce même diplocoque lancéolé, trouvé dans le sang, avec cette seule différence que, dans les cultures, les réactifs colorants n'y décèlent aucune capsule.

Remarques. — Il s'agit dans cette observation d'une broncho-pneumonie rubéolique *précoce* et *rapide*, puisqu'elle est survenue environ trois jours après l'éruption, et a entraîné la mort en quatre jours.

Anatomiquement. Les poumons présentaient des lésions tuberculeuses et des lésions de broncho-pneumonie au début, sans aucune relation de contiguité entre elles.

Nous n'insisterons pas sur les formes d'infiltration diffuse ou de granulations qu'affecte l'infection bacillaire tuberculeuse. — Nous ne voulons appeler l'attention que sur la forme d'infiltration localisée autour de la bronchiole et de l'artériole, constituant ainsi un nodule péribronchique tuberculeux. — Ce nodule formé par l'infiltration tuberculeuse autour de la bronche et surtout autour de l'artériole, se distingue très facilement du nodule péribronchique pneumonique par la dissémination dans sa masse de cellules géantes, par la présence fréquente mais inconstante de granulations vraies, par l'intégrité des parois bronchiques, par la vascularisation très intense, et par les lésions constantes et extrêmement prononcées de périartérite et d'endartérite. Ce sont là autant de caractères dont la haute valeur n'échappe pas, car ils rendent impossible toute confusion avec le nodule péribronchique dû à l'extension des lésions de bronchite, dans les foyers de broncho-pneumonie.

Enfin, nous devons faire remarquer l'indépendance absolue de ces lésions tuberculeuses et des lésions de broncho-pneumonie. Absolument différentes dans leur siège, sans jamais se mêler entre elles, elles diffèrent également dans l'expression histologique des lésions qui les constituent : leur confusion est donc impossible. Il est également impossible de leur attribuer une origine bactérienne commune.

Les colorations de l'exsudat pulmonaire frais étalé sur des lamelles ne nous ont en effet décelé de bacilles tuberculeux que dans les régions histologiquement reconnues tuberculeuses. — Dans les foyers de broncho-pneumonie,ces bacilles étaient absents, et de plus, nous avons noté la présence de *pneumocoques* et de *streptocoques* que nous avons retrouvés par les cultures et par les inoculations.

Il s'agit donc bien de deux lésions tout à fait différentes, et n'offrant entre elles aucun rapport.

Observation IV

Ram... Adèle, 7 mois. — Salle Guersant, n° 7. Pavillon de la rougeole. Hôpital des Enfants-Malades. Service de M. Descroizilles. Entrée le 20 mars avec une éruption de rougeole. Symptômes de broncho-pneumonie le 28 mars. Décès le 30 mars 1890, à 10 h. du soir.

Autopsie le 1er avril, 11 h. matin, 37 h. après la mort.

Autopsie. — Pas de décomposition cadavérique.

Poumons : un noyau de broncho-pneumonie gros comme une noix se trouve à la partie moyenne du poumon gauche, vers son bord postérieur, en plein parenchyme pulmonaire. Ce noyau est au début du stade d'hépatisation grise ; sa coupe est granuleuse ; du sang et beaucoup de pus s'en écoulent. Vers la base de ce même poumon, noyaux d'engouement peu nombreux, également confluents. Ce noyau de pneumonie siège donc en plein parenchyme pulmonaire ; la plèvre est partout saine ; à la surface du poumon ne se voient que quelques points atélectasiés. Rien dans le poumon droit. Nulle trace de tuberculose nulle part.

Foie : gras, très lobulé.

Reins : paraissent sains.

Étude histologique. — Les lésions paraissent être ici plus disséminées, plus uniformes que dans les autres cas examinés jusqu'ici. C'est ainsi que les coupes ne présentent pas cette intensité des lésions bronchiques et péribronchiques tranchant sur le peu d'intensité des lésions du parenchyme, comme nous l'avons noté dans les autres observations.

Quoique cette disposition nodulaire frappe évidemment moins la vue que dans les autres faits, les lésions des bronches n'en sont pas moins évidentes.

C'est ainsi qu'on voit constamment la bronchiole et son artère entourées d'une zone concentrique de noyaux embryonnaires.

Cette infiltration leucocytique a évidemment débuté par la bronche, car elle entoure celle-ci d'un anneau épais et régulier; autour de l'artère ce n'est qu'une infiltration d'emprunt, venue par propagation de la péribronchite, car c'est au point où elle est contiguë à la bronche que la paroi artérielle est le plus épaissie et le plus infiltrée. La bronchiole a souvent conservé son épithélium intact, soit dans toute son étendue, soit seulement en partie; et, dans ce dernier cas, l'épithélium paraît avoir été enlevé artificiellement, par le rasoir. Mais, même quand l'épithélium est conservé, la paroi conjonctive commence à être dissociée par l'infiltration de noyaux embryonnaires.

Dans ces cas où la bronchite et la péribronchite sont au stade de début, on voit toujours des lésions inflammatoires catarrhales et desquamatives de l'épithélium bronchique : à leur base, à leur partie qui adhère à la paroi propre, on voit une quantité anormale de noyaux s'infiltrant entre les bases de ces cellules.

Au sein de l'infiltration embryonnaire péribronchique, la congestion est intense, les vaisseaux sont dilatés, gorgés de sang.

Le vaisseau sanguin qui accompagne la bronchiole est atteint de péri-artériolite évidente : ses parois sont épaissies par l'infiltration embryonnaire, les vasa vasorum sont très dilatés. L'intensité de ces lésions de périartérite est en rapport avec celle des lésions péribronchiques.

Les alvéoles qui avoisinent et entourent la bronchiole et son artère ont un épithélium tuméfié, arrondi, nucléé; la cavité est remplie de ces grosses cellules desquamées, à noyau mal coloré; c'est à peine si l'on y voit de rares globules rouges; mais peu ou pas de leucocytes. On y trouve aussi des filaments de fibrine.

Ces lésions qui, comme on le voit, ne constituent pas le nodule péribronchique des auteurs, en paraissent être le début : elles offrent une foule de degrés dans leur intensité, depuis la simple inflammatiou épithéliale catarrhale, jusqu'à l'infiltration embryonnaire, quelquefois même la destruction plus ou moins complète des parois, l'accumulation de pus dans la cavité de la bronchiole, et l'infiltration péri-bronchique, sans jamais aller jusqu'à constituer un nodule péri-bronchique parfait.

Les lésions des alvéoles sont variables, à des degrés divers; elles sont en général d'autant plus avancées que les lésions de la bronche voisine le sont davantage : ce sont donc là des lésions absolument connexes, et qui marchent de pair.

Tantôt ces lésions alvéolaires sont de simples lésions épithéliales : épaississement des parois par congestion et dilatation de leurs vaisseaux, et par tuméfaction de l'épithélium, dont le protoplasma devient finement granuleux, mal colorable, avec un noyau fortement coloré.

Tantôt à ces lésions catarrhales initiales se joignent des lésions desquamatives : dans la cavité de l'alvéole s'accumulent des cellules épithéliales desquamées dont le noyau se colore assez mal.

Tantôt l'alvéole est rempli de sang : globules rouges ou pigment sanguin, quelques globules blancs, et des filaments de fibrine.

Tantôt enfin, l'alvéole est rempli d'un amas de leucocytes qui distend ses parois et les aplatit.

Dans tous ces cas, quel que soit le degré des lésions, ce qui domine, c'est l'infiltration généralisée de toutes les cloisons alvéolaires par des noyaux embryonnaires.

Ces lésions semblent bien offrir entre elles des rapports de succession : en effet, en quelques points où les noyaux de bronchopneumonie affectent une forme triangulaire, on voit en général les lésions les plus avancées occuper le centre ; les lésions catarrhales, desquamatives se trouvant au contraire à la périphérie.

Étude bactériologique. — COLORATION DE LAMELLES. — L'exsudat (sang et pus) prélevé avec pureté au niveau d'un noyau de broncho-pneumonie étalé sur des lamelles, puis coloré, après dessiccation, dénote, à l'examen microscopique, la présence exclusive de rares pneumocoques, sous forme de diplocoques ou de chaînettes, entourés d'une capsule peu colorée, ou même simplement d'un halo incolore. Pas de bacilles de la tuberculose.

Cultures. — L'exsudat pulmonaire sert à ensemencer directement des tubes de gélose, de gélatine et de bouillon, et deux plaques de gélose.

Les tubes de gélatine, placés à l'étuve à 20° sont restés constamment stériles.

Sur les tubes de gélose et de bouillon ensemencés directement, ainsi que sur les plaques de gélose se sont développées à l'état de pureté, des colonies du pneumocoque de Talamon-Frænkel.

Dès le lendemain de l'ensemencement apparaissaient en effet à la surface de la gélose (tubes inclinés et plaques), de très petites colonies arrondies, ponctiformes, légèrement saillantes, incolores, brillantes et réfringentes, très peu nombreuses, et très espacées les unes des autres. Le lendemain, ces colonies cessaient de s'accroître, et trois jours après l'ensemencement, les cultures étaient mortes.

Les tubes de bouillon, le lendemain même de leur ensemencement, étaient très légèrement et uniformément troublés; et la culture ne conserva pas sa vitalité plus de cinq jours.

L'examen de ces diverses cultures au microscope, montre qu'il s'agissait bien pour toutes, de cultures pures du pneumocoque lancéolé de Talamon-Frænkel, se présentant tantôt sous forme de diplocoques, tantôt sous forme de chaînettes constituées par un nombre pair de coccus lancéolés, jamais sinueuses comme celles de streptococus pyogenes.

Ces organismes, diplocoque ou chaînettes, étaient toujours, même dans les cultures, entourés d'un halo incolore. Ils offraient les réactions colorantes connues du pneumocoque et prenaient le Gram.

Inoculations. — Une souris blanche adulte est inoculée le 1er avril sous la peau, à la base de la queue, avec deux gouttes environ de l'exsudat prélevé avec pureté au niveau des noyaux de broncho-pneumonie.

Cette souris meurt dans la journée du 4 avril. Son autopsie est faite immédiatement, la rate est grosse, les poumons sont sains.

Dans le sang du cœur on retrouve à l'état de pureté le pneumocoque de Talamon-Frænkel en diplocoques lancéolés entourés d'une capsule très nette.

L'identité de ce pneumocoque est constatée à l'aide des colorations du sang du cœur de la souris étalé puis desséché sur des lamelles. — En outre, les cultures de ce sang sur gélose et dans le bouillon offrent tous les caractères des cultures du pneumocoque, et se montrent identiques à celles que nous avions obtenues par l'ensemencement de l'exsudat pulmonaire.

Remarques. — Cette broncho-pneumonie consécutive à la rougeole, survenue environ huit jours après l'éruption, a entraîné en deux jours environ la mort du petit malade.

Anatomiquement, elle affecte la forme pseudolobaire; on ne trouve qu'un seul foyer d'hépatisation, ressemblant absolument, à la coupe, à un foyer de pneumonie lobaire franche.

L'étude histologique des lésions les rapproche encore des lésions de la pneumonie franche et montre bien que ce sont des lésions récentes : Elles sont en effet plus disséminées, plus uniformes que dans la broncho-pneumonie vraie; il n'y a pas de nodules péribronchiques.

Nous voyons dans ce cas une nouvelle preuve de la marche des lésions qui semblent bien ici suivre les voies aériennes, les envahir de proche en proche; les lésions du parenchyme étant commandées par celles de la bronche, et les lésions des alvéoles les plus voisins du conduit bronchique étant constamment plus avancées dans leur évolution que celles des alvéoles plus éloignés.

L'importance de cette observation réside dans la distribution pseudo-lobaire des lésions, coïncidant avec la présence à l'état de pureté du pneumocoque de Talamon-Frænkel dans les foyers hépatisés.

Observation V

Prad... Louise, 7 mois. Entrée le 10 avril 1890, au lit n° 4 de la Crèche (Hôpital des Enfants-Malades, service de M. Descroizilles). Admise pour une broncho-pneumonie dont elle souffrait depuis quelques jours, et qu'aucune maladie antérieure (rougeole ou coqueluche) n'avait précédée, elle meurt le 14 avril, à 9 heures du matin. — Autopsie le 15 avril, à 10 heures du matin, 25 heures après la mort.

Autopsie. — Pas de décomposition cadavérique.

Cœur : sain, hydro-péricarde (40 grammes de liquide limpide, citrin, non floconneux). Le péricarde est poli, non congestionné.

Poumons : pas d'épanchement pleural.

Dans les deux poumons, surtout dans le droit, on trouve des noyaux de broncho-pneumonie. Ils occupent de préférence les lobes inférieurs et les bords postérieurs. Ils affectent la forme disséminée dans le poumon gauche; la forme pseudo-lobaire (lobe inférieur) dans le poumon droit. A leur niveau, et en ces points seuls, la plèvre est épaissie, parcheminée, dépolie, congestionnée.— Exsudat fibrineux interlobaire à droite, accolant les deux lobes inférieurs entre eux.

La surface du poumon présente des parties hépatisées dont la couleur varie, du rouge plus ou moins sombre au rouge lie de vin, parsemé quelquefois (lobe inférieur droit) de points noirâtres, ecchymotiques, gros comme des têtes d'épingle.— Ces parties hépatisées sont dures, plongent au fond du vase. A la périphérie de ces zones d'hépatisation, le tissu moins dense, d'un rouge moins sombre, est simplement engoué. Une grande partie du parenchyme indemne de lésions inflammatoires et surtout les sommets sont très fortement emphysémateux.

A la coupe, peu de liquide s'écoule, un peu de sang, pas de pus. Pas de dilatation bronchique.

Foie : gros, gras, non lobulé ; mou.

Reins : volume normal, très lobulés. Pas de congestion.

Aucun tubercule dans aucun organe.

Les *ganglions trachéo-bronchiques* sont un peu tuméfiés ; mais aucun d'eux n'est en dégénérescence caséeuse ; aucun n'offre l'apparence de lésions tuberculeuses, même peu avancées.

Étude histologique. — Examinée à un très faible grossissement (obj. a* et ocul. 1 de Zeiss), la coupe se montre parsemée de points plus foncés correspondant à des foyers constitués par une bronchiole, son artère, et, autour d'eux, une zone d'infiltration embryonnaire et d'alvéoles gorgés de leucocytes, les entourant plus ou moins complètement.

Ces alvéoles hépatisés sont donc groupés en foyers irrégulièrement arrondis, tantôt ayant une bronchiole et son artère comme centre, tantôt situés sur un des côtés de la bronchiole, toujours du côté opposé à l'artère; — tantôt enfin n'ayant aucun rapport de contiguïté avec une bronchiole. — Ces variétés de situation des foyers d'hépatisation par rapport aux bronchioles, tiennent, croyons-nous, à l'orientation variable des coupes, et nous paraissent par conséquent être dues à un simple artifice de coupe.

Dans l'intervalle de ces foyers d'hépatisation, la coupe n'offre d'anormal que l'épaississement des cloisons des alvéoles dont la cavité d'ailleurs est libre.

Voici le détail de ces lésions examinées à un grossissement plus considérable.

a). — *Bronches* et *artères*. Les bronchioles ont parfois leur épithélium intact, leur cavité libre, et dans ce cas, on ne trouve naturellement d'infiltration embryonnaire ni dans les parois de la bronchiole, ni à sa périphérie. Dans d'autres points qui sont les plus nombreux, la paroi bronchique est presque totalement détruite; on ne voit persister qu'un mince anneau fibro-élastique noyé au milieu d'un amas de noyaux embryonnaires qui remplit plus ou moins complètement la lumière de la bronche, et s'étend plus ou moins loin autour du vestige de sa paroi propre, envahissant partout également sa périphérie; le nodule péri-bronchique commence à se former.

Les lésions de l'artériole sont en raison directe de celles de la bronchiole qu'elle accompagne; celle-ci est-elle saine, l'artère l'est également; celle-ci est-elle au contraire lésée comme nous venons de l'indiquer, on observe toujours de la périartérite qui constamment se montre plus intense dans le point des parois artérielles qui confine à la bronchiole; ce qui montre bien que la périartérite est consécutive à la péribronchite. Il n'y a jamais d'endartérite.

b). — *Alvéoles*. Offrent divers degrés de lésions :

Tantôt, avoisinant une bronchiole très malade, on les distingue à peine, contenus dans la masse de noyaux embryonnaires qui infiltrent le pourtour de la bronche, et qui a détruit toute topographie. Les alvéoles qui, sans être compris dans cette masse, sont sur le point d'être envahis, sont alors déformés, allongés, aplatis, leur cavité est gorgée de leucocytes.

Tantôt, tout en entourant une bronche malade, les alvéoles ne sont pas envahis par l'infiltration péribronchique. Leurs parois sont alors simplement épaissies par suite de la tuméfaction de leurs cellules épithéliales et de la diapédèse des leucocytes, sans d'ailleurs qu'il y ait trace de tissu conjonctif. L'épaississement des cloisons alvéolaires est du reste en raison inverse de l'abondance de l'exsudat qui emplit leur cavité, la surabondance de ce dernier pouvant par simple pression aplatir les cloisons. L'intérieur des alvéoles est donc généralement rempli par un exsudat que constituent des cellules épithéliales desquamées, à protoplasma très granuleux et à noyau mal coloré, des globules rouges, des globules blancs et quelques filaments de fibrine. En aucun point on ne voit de leucocytes purs accumulés dans les alvéoles; il n'y a pas encore, en un mot, de suppuration nette des alvéoles.

Enfin, on voit par places des groupes plus ou moins arrondis d'alvéoles dont les parois sont amincies par distension, et dont la cavité est gorgée de globules rouges mélangés seulement à de rares leucocytes : ces points hémorrhagiques sont assez nombreux dans nos diverses coupes. Il paraît s'être fait dans ce cas une véritable hémorrhagie dans une bronchiole, le sang s'étant alors épanché dans le lobule que commande cette bronchiole.

Autour des foyers hépatisés et des foyers hémorrhagiques, dans l'intervalle qui les sépare, les cloisons des alvéoles sont épaissies, leur épithélium tuméfié; quelques noyaux embryonnaires s'insinuent entre ces cellules épithéliales; — la cavité de ces alvéoles est libre, ou partiellement remplie de débris épithéliaux, de cellules épithéliales desquamées : ce sont là de simples lésions d'engouement ou de splénisation.

La *plèvre* est notablement épaissie, infiltrée de noyaux embryonnaires et de filaments de fibrine; les vaisseaux gorgés de sang y forment de riches arborisations.

Etude bactériologique. — COLORATION DE LAMELLES. — Présence unique de diplocoques lancéolés de Talamon-Frænkel : deux coccus allongés, lancéolés, rapprochés, entourés d'un halo léger, incolore, ou parfois d'une véritable capsule. - Aucun n'affecte la forme en chaînettes. — Pas de streptocoques. — Pas de bacilles de la tuberculose.

CULTURES. — Deux tubes de bouillon et deux de gélose ensemencés directement avec l'exsudat pulmonaire prélevé purement au niveau d'un noyau de broncho-pneumonie, donnent les cultures pures caractéristiques du pneumocoque de Talamon-Frænkel. Ces mêmes cultures se retrouvent également à l'état de pureté sur deux plaques de gélose faites le même jour (15 avril), de la même façon.

Deux séries de réensemencements de ces cultures faites les jours suivants, de deux en deux jours, donnent toujours le même pneumocoque à l'état de pureté.

INOCULATION. — Une souris blanche, adulte, est inoculée sous la peau à la base de la queue, avec deux gouttes de l'exsudat prélevées avec pureté au niveau des noyaux de broncho-pneumonie. — Cette souris inoculée le 15 avril, à trois heures après midi, meurt dans la nuit du 18 au 19. Son autopsie faite le 19 avril, à 2 heures après midi, ne montre aucune lésion nette des organes, sauf la tuméfaction de la rate. — Son sang prélevé avec pureté est étalé sur des lamelles, et d'autre part, ensemencé sur des tubes de gélose et de bouillon placés à l'étuve à 38°.

L'examen des lamelles colorées par les méthodes d'Ehrlich et de Gram montre qu'il s'agit bien ici du pneumocoque de Talamon à l'état de pureté : deux coccus allongés, lancéolés, rapprochés par leurs extrémités, entourés d'une capsule peu colorée. D'autre part, les deux tubes de gélose et les deux tubes de bouillon ensemencés directement avec le sang du cœur de la souris, donnent des cultures pures de ce même pneumocoque.

REMARQUES. — Cette broncho-pneumonie qui paraît être bien primitive, qu'aucune autre maladie n'a précédée, a duré quatre jours au moins.

Anatomiquement, on voit les deux foyers d'hépatisation, nombreux et étendus, affecter la forme pseudo-lobaire. Plus anciens dans le poumon droit, les foyers sont plus récents à gauche. La plèvre est très enflammée, là seulement où elle recouvre les noyaux d'hépatisation.

L'étude des coupes au microscope montre qu'il s'agit de lésions assez récentes, mais pourtant plus avancées que dans l'observation IV.

La bronchite et la péribronchite sont plus prononcées, plus étendues, et le nodule péribronchique commence à se former. — Les lésions de splénisation sont extrêmement étendues. Les foyers d'hépatisation sont limités au pourtour des bronches les plus malades.

Enfin, ce qu'il convient de noter spécialement dans ce cas, c'est la présence de points hémorrhagiques. Les globules rouges accumulés dans les alvéoles qu'ils distendent, en des points bien limités, semblent provenir d'une hémorrhagie qui se serait faite dans une bronchiole, le sang se répandant de là dans les alvéoles qui dépendent de cette bronche. — Nous n'avons pas trouvé, dans nos coupes, de point où cette ulcération de l'artériole péribronchique soit évidente; mais nous avons au moins trouvé en certains points des coupes de l'observation VI, coïncidant avec ces hémorrhagies intra-alvéolaires, des hémorrhagies dans l'épaisseur de la paroi de l'artériole; nous n'avons pas, il est vrai, pu voir d'ulcération de la paroi interne de l'artériole, ce qui serait, croyons-nous, un hasard de coupe ; mais nous avons pu noter l'accumulation de noyaux embryonnaires au niveau de ces points hémorrhagiques dans les parois de l'artériole. Nous pensons donc pouvoir émettre sur la pathogénie de ces hémorrhagies l'opinion qu'elles sont dues à l'ulcération limitée des parois des artérioles par les progrès de l'infiltration embryonnaire venue de la bronchiole voisine; cette ulcération de cause extérieure a pour résultat l'hémorrhagie dans la bronchiole, et la présence de foyers hémorrhagiques dans les coupes.

Au point de vue *bactériologique*, nous n'avons à noter ici que la présence à l'état de pureté du pneumocoque de Talamon-Frænkel; et nous ferons remarquer que dans les trois observations de broncho-pneumonie primitive pseudo-lobaire que nous rapportons (Obs. V, X et XI), nous avons toujours constaté cet organisme à l'état de pureté.

Observation VI

Arn..., Marie-Louise, âgée de 22 mois. Entrée le 24 mars 1890, à la Crèche de l'hôpital Laennec (service de M. le Dr Ferrand), avec la coqueluche. Le 9 avril survient une éruption de rougeole.

Le 13 avril, on constate l'apparition de foyers de broncho-pneumonie à la base des deux poumons. Elle meurt le 15 avril à neuf heures du matin. Autopsie le 16 avril à dix heures du matin, vingt-cinq heures après la mort.

Autopsie. — Pas de décomposition cadavérique.

Poumons : Noyaux de broncho-pneumonie au stade d'engouement, aux bases et aux bords postérieurs des deux poumons. Ces foyers sont plus nombreux à droite.

La plèvre est lisse, non épaissie; aucune trace de pleurésie.

Tous les noyaux de broncho-pneumonie sont au stade d'engouement; ils ont une couleur rouge, peu foncée; leur consistance est peu ferme; ils surnagent. A la coupe, s'écoule beaucoup de sang; pas de pus; pas de dilatation bronchique.

Entre les nodules engoués, et dans les parties supérieures des poumons, emphysème assez considérable. Peu d'atélectasie sur les faces externes des poumons.

Foie : gros, consistance normale; congestion énorme.

Reins : très congestionnés.

Aucune trace de lésion tuberculeuse, dans aucun organe.

Etude histologique. — Ce qui frappe à un premier examen des coupes, c'est la congestion intense et la présence de nombreux foyers hémorrhagiques à l'intérieur des alvéoles; d'autre part, on ne constate nulle part de nodules péribronchiques véritables.

Les lésions des *bronches* sont très différentes suivant qu'on examine les grosses ou les petites.

Les grosses bronches, en effet, celles dont les parois contiennent des noyaux de cartilage, sont presque saines : leur épithélium est en place; à peine, entre les cellules cylindriques constate-t-on quelques leucocytes écartant leurs bases; la paroi elle-même est très légèrement infiltrée de ces leucocytes. Les vaisseaux de la paroi sont dilatés, congestionnés.

Avec ce peu d'intensité des lésions des grosses bronches, contraste l'intensité des lésions des bronches de petit calibre : leur épithélium a disparu; leur tunique conjonctivo-élastique qui seule subsiste, forme un cercle arrondi, noyé dans un amas de noyaux embryonnaires qui entourent cette tunique d'une zone irrégulière et plus ou moins épaisse, et comblent plus ou moins complètement la lumière de la bronchiole.

Les *artères* sont en général peu atteintes; leurs parois sont un peu épaissies par de la périartérite assez légère; il n'y a pas d'endartérite.

Les plus grosses des artérioles ont leurs vasa vasorum très dilatés et gorgés de sang; en quelques points, il y a de véritables hémorrhagies dans l'épaisseur de ces parois : on voit alors en ces points des amas de globules rouges mal limités, écartant les feuillets de la tunique conjonctivo-élastique, épanchés dans l'épaisseur de cette paroi. Ces hémorrhagies paraissent se faire par ulcération de la paroi artérielle de dehors en dedans; on s'en rend compte si l'on remarque, en certains points très limités de la circonférence de l'artère, des amas de leucocytes infiltrant la paroi artérielle en ces points, et arrivant presque au contact du sang contenu dans le vaisseau. — Ces foyers d'infiltration leucocytiques intra-pariétaux correspondent à des foyers analogues entourant ces points de la circonférence de l'artériole, et qui ne sont que l'extension de la péribronchite de la bronchiole voisine. Nous n'avons pas, à vrai dire, saisi sur nos coupes, d'ulcération complète des parois vasculaires, mais c'est là un pur hasard de coupe qui, certainement, pourra se rencontrer dans des examens multipliés de coupes analogues.

Les lésions de *parenchyme pulmonaire* sont remarquables par leur diffusion : les parois alvéolaires sont tapissées par des cellules épithéliales très volumineuses, nucléées; leurs vaisseaux sont gorgés de sang ; leur cavité est remplie d'énormes cellules rondes dont le noyau n'existe plus ou tout au moins se colore mal, et qui sont des cellules épithéliales desquamées ; ces débris épithéliaux sont entremêlés de filaments de fibrine, de leucocytes, et de pigment sanguin qui prédomine là où les artères sont le plus lésées.

Ces lésions de splénisation et d'hépatisation occupent, sur diverses coupes, un espace de forme triangulaire dont la base est contiguë à la plèvre elle-même très épaissie et congestionnée. Dans le reste de la coupe on observe des lésions d'emphysème : les alvéoles sont extrêmement distendus et dilatés ; leurs parois sont dilatées ; elles sont amincies au point de ne plus être constituées que par un mince tractus élastique à la surface duquel tout épithélium a disparu.

Étude bactériologique.—Coloration de lamelles.—L'examen au microscope de l'exsudat pulmonaire frais étalé sur des lamelles et coloré après dessiccation, y dénote la présence de *diplocoques* constitués par deux coccus assez gros, arrondis, entourés d'une capsule unique rendue très visible par la décoloration, avec l'eau additionnée de 1 °/₀ d'acide acétique, de la lamelle colorée par le violet de gentiane en solution aqueuse saturée.

Cultures. — Deux tubes de gélose, deux tubes de bouillon et deux plaques de gélose ont été ensemencés avec l'exsudat pulmonaire frais.

Sur les *plaques de gélose* se sont développées en vingt-quatre heures des colonies petites, arrondies, blanc-jaunâtre, saillantes, fort nombreuses, et à l'état de pureté, le long de la strie d'ensemencement.

Le *bouillon*, au bout du même temps, s'est troublé, avec un dépôt blanc-jaunâtre, épais, granuleux au fond du tube. — Au-dessus de la surface du liquide, sur les parois du tube, se dépose une pellicule mince, jaunâtre, adhérente. — Cette culture se montre uniquement constituée par des bacilles courts, gros, mobiles sur eux-mêmes.

Sur gélose, la culture également pure de ce même organisme a une couleur blanc-jaunâtre, porcelanée, brillante, un aspect laiteux ; elle se développe abondamment le long du trait de culture.

Cette culture repiquée en piqûre, dans un tube de *gélatine*, offre, le long du trait de piqûre, l'aspect caractéristique de la culture du pneumocoque de Friedlænder : strie de couleur blanc-jaunâtre, composée de granulations d'autant moins grosses qu'elles sont plus profondément situées, assez limitées sur le trajet de la piqûre. A la surface de la gélatine se développe au bout de huit jours une saillie arrondie, volumineuse, brillante, porcelanée, jaune d'ivoire. C'est donc bien la culture en *clou* caractéristique du pneumocoque de Friedlænder. La gélatine n'est pas liquéfiée.

L'inoculation à une souris blanche, de deux gouttes d'exsudat pulmonaire frais, sous la peau, a été négative.

Mais l'inoculation à une autre souris, de cinq à six gouttes d'une culture pure, a déterminé sa mort en cinq jours, et dans le sang du cœur se retrouve le même diplocoque encapsulé.

Les *lésions histologiques* sont bien des lésions récentes : bronchiolite intense, sans formation de nodules péribronchiques. *Alvéolite catarrhale* ou *splénisation*, ou *pneumonie catarrhale, desquamative* avec foyers hémorrhagiques et ulcérations des artérioles. Par places, lésions d'hépatisation rouge avec accumulation de pigment sanguin dans les cavités alvéolaires ; les leucocytes s'y mêlent en quantité relativement faible : la suppuration déjà évidente dans les bronchioles, n'a pas encore gagné les alvéoles.

Dans ces foyers s'est retrouvé, à l'état de pureté, le *Pneumocoque de Friedlænder* que nous avons suffisamment caractérisé aux points de vue morphologique et biologique.

Observation VII

Mant... Auguste, 8 ans et demi. — Entré le 11 avril avec une éruption de rougeole. Salle Guersant, n° 2 (Pavillon de la rougeole. Hôpital des Enfants-Malades. Service de M. Hutinel). Broncho-pneumonie le 17 avril. Décès le 21 avril. Autopsie le 23 avril, 36 heures après le décès.

Autopsie. — Pas de décomposition cadavérique.

Poumons : foyers de broncho-pneumonie disséminés dans les deux poumons, plus nombreux dans le poumon droit. Les parties hépatisées ont une couleur rouge foncé, variant de teinte suivant les lobules considérés ; les espaces interlobulaires sont très marqués, rouge noirâtre. Par places, grains jaunes. Pleurésie sèche au niveau des points hépatisés : plèvre rugueuse, dépolie, finement plissée. Exsudat fibrineux entre les lobes inférieur et moyen du poumon droit. L'hépatisation occupe surtout les bases et les bords postérieurs des poumons. Le reste non hépatisé du poumon est fortement emphysémateux.

A la *coupe* : pas de dilatation bronchique, pas de vacuoles. Il s'écoule du sang, du mucus spumeux, et par places du pus qui sort des bronchioles, à la pression. Les lobules hépatisés sont saillants, durs, rouge foncé. Quelques parcelles plongent, d'autres simplement splénisées surnagent.

Aucune trace de tubercules en aucun point.

Les *reins* sont légèrement congestionnés.

Le *foie* est gros, gras, non lobulé, pas congestionné.

Étude histologique. — Ce qui domine, dans les coupes, c'est la congestion intense, et la présence de foyers lobulaires d'hémorrhagie.

Les *bronches* sont d'autant plus profondément lésées que leur calibre est moins considérable. C'est ainsi que les grosses bronches sont peu lésées : leur épithélium est intact, sinon en tous ses points, du moins dans presque tous, et d'ailleurs on ne trouve infiltrés entre les cellules cylindriques, surtout à leur base, que de rares leucocytes. Ces leucocytes infiltrent également très légèrement les parois propres, surtout dans leurs parties les plus superficielles. Les vaisseaux de ces parois sont fortement congestionnés, dilatés. La cavité de ces grosses bronches est libre.

Les bronches moyennes sont déjà un peu plus lésées; leurs parois sont plus enflammées, et leur lumière est pleine de pus ; et pourtant leur épithélium subsiste parfois encore.

Quant aux bronchioles, elles sont très malades : leur paroi, représentée sur la coupe par un cercle arrondi, est presque totalement détruite, et baigne dans un amas de leucocytes qui obture sa lumière, et s'infiltre plus ou moins loin autour d'elle.

Il n'y a pas, à proprement parler, de nodule péribronchique.

Les *artères* qui accompagnent les bronches d'un certain calibre (celles de 3e ou 4e ordre) sont saines ; celles des bronchioles sont d'autant plus lésées que leur bronche l'est davantage : ce sont des lésions de périartérite toujours plus prononcées dans le point qui confine à la bronche.

On ne voit en aucun point d'ulcération des parois artérielles.

Les lésions de parenchyme sont plus avancées dans les points où les lésions bronchioliques sont elles-mêmes plus intenses. — Les alvéoles malades entourent alors la bronchiole plus ou moins complètement, souvent en forme de croissant.

Les alvéoles les plus proches des bronches sont alors aplatis, remplis de moules fibrineux avec du pigment sanguin, des cellules épithéliales desquamées, et quelques leucocytes. Par places même, les alvéoles sont uniquement remplis de leucocytes. — Ces lésions ne ressemblent pas au nodule péribronchique vrai; il ne s'agit pas là d'une altération péribronchique ayant envahi par contiguité les alvéoles voisins, car il n'y a pas entre les lésions bronchiques, péribronchiques et alvéolaires, cette continuité qu'on constate dans les véritables nodules péribronchiques. — Les parois des alvéoles ainsi atteints ont en effet un épithelium gros, nucléé, saillant dans la cavité; ce qui ne se voit pas dans les alvéoles des nodules péribronchiques.

On voit, outre ces lésions, de nombreux *foyers hémorrhagiques* toujours voisins d'une bronchiole très malade et d'une artère atteinte de périartérite très intense; ils sont surtout nombreux sous la plèvre.

Le sang épanché dans la cavité des alvéoles est alors presque pur, et les alvéoles qu'il remplit ont une paroi distendue, dont l'épithelium est aplati.

Il s'agit donc bien là d'hémorrhagies rapides en masse, se faisant dans des alvéoles primitivement atteints de lésions catarrhales desquamatives : la pureté du sang épanché, la distension des parois alvéolaires, l'aplatissement de leur épithélium, et enfin la limitation très nette des foyers, en font foi.

Étude bactériologique.— Coloration de lamelles.— Quelques *diplocoques* à coccus arrondis, ténus, rapprochés l'un de l'autre, et de très rares *chaînettes* de coccus arrondis, fins, également distants les uns des autres. Aucun de ces organismes n'est entouré d'une capsule.

Cultures. L'exsudat prélevé au niveau des foyers de bronchopneumonie sert à ensemencer directement de gélatine, de gélose et de bouillon, et à confectionner deux plaques de gélose.

1° *Cultures directes sur tubes* : partout se sont développées des cultures pures d'un *coccus en chaînettes*, rappelant par ses caractères morphologiques le streptococcus pyogenes.

Dans le bouillon, en vingt-quatre heures se développe une culture sous forme de dépôt granuleux au fond du tube, sans troubler le bouillon.

Sur agar, au bout de trente-six heures, apparaît le long de la strie un pointillé fin, brillant, réfringent.

Sur gélatine, le long du trait de piqûre, petites granulations blanches, très espacées, ne liquéfiant pas la gélatine, dont le développement commencé seulement au bout de quarante-huit heures, s'arrête au bout du deuxième jour après le début de la croissance.

L'examen de toutes ces cultures y dénote la présence à l'état de pureté, de chaînettes de coccus équidistants les uns des autres, arrondis, très fins; ces chaînettes sont longues, sinueuses dans le bouillon, courtes, légèrement incurvées dans la gélose, les coccus qui les composent sont moins volumineux dans les cultures sur gélose que dans le bouillon.

Sur les plaques de gélose, ensemencées par stries, se sont également développées ces mêmes chaînettes, dont les colonies sont entremêlées de quelques rares impuretés venant de l'air, et qui, d'ailleurs, ne siègent pas sur le trajet des stries de culture.

L'*inoculation* à une souris blanche, de parcelles d'exsudat pulmonaire frais, est constamment restée sans résultat.

REMARQUES. Broncho-pneumonie récente, survenue au sixième jour environ, d'une éruption de rougeole et suivie de mort, quatre jours après son début.

Les lésions histologiques sont récentes, disséminées, la pneumonie épithéliale prédomine; les lésions d'hépatisation sont rares. — Les lésions des petites bronches sont seules très accentuées, surtout en comparaison des lésions des grosses bronches qui sont presque saines. — Les foyers hémorrhagiques sont nombreux, aussi ne peut-on voir dans la présence de ceux-ci dans certaines broncho-pneumonies, un caractère spécial à leur origine diphthérique, comme le voudrait Thaon : les exemples en sont d'ailleurs assez nombreux dans les cas que nous avons étudiés, pour que ce caractère invoqué par Thaon pour les broncho-pneumonies diphthériques, perde beaucoup de sa valeur.

Enfin, un streptocoque analogue, par sa culture et sa morphologie, au streptococcus pyogenes, a été trouvé dans les foyers splénisés à l'état de pureté, ce qui tend à prouver que sa présence n'est pas due, comme le voudraient certains auteurs, à une infection secondaire : les foyers pneumoniques sont trop récents, d'autre part, pour qu'on puisse invoquer cette origine.

Observation VIII

Lanc... Adrienne, 22 mois. — Admise depuis quelque temps, en chirurgie, pour un mal de Pott dorsal. Elle y contracte la rougeole; transportée au pavillon de la rougeole (Salle Guersant, n° 32, Hôpital des Enfants-Malades, Service de M. Hutinel), elle y meurt le 27 avril à huit heures du matin, six jours après son admission dans ce pavillon, et deux jours après le début d'une broncho-pneumonie constatée cliniquement. Autopsie le 28 avril, à dix heures du matin, vingt-six heures après la mort.

Autopsie. — Pas de décomposition cadavérique. — Déviation scoliotique des dernières vertèbres dorsales. Pas d'abcès par congestion à l'extérieur.

A l'intérieur de la cavité thoracique, à la base, près du diaphragme, abcès par congestion, allongé, ovoïde, gros comme un œuf de poule.

Poumons infiltrés de tubercules gris; pas de caséification; pas de cavernes. Pas de pleurésie en aucun point de la surface des plèvres.

Noyaux de la broncho-pneumonie disséminés dans les deux poumons ; à la surface, ces noyaux ont une couleur rouge peu foncée; les interstices inter-lobulaires sont normalement accentués : pas d'ecchymoses sous-pleurales. A la coupe pas de pus, peu de sang ; ces noyaux sont plutôt de l'atélectasie que de la splénisation ou de l'hépatisation. Les noyaux pneumoniques sont peu nombreux, surtout situés aux bases et aux bords postérieurs. Leur coupe est lisse, non granuleuse. — Les tubercules gris sont uniformément répartis dans le poumon ; ils ne se trouvent pas de préférence dans les noyaux de broncho-pneumonie.

Foie gros, parsemé de tubercules miliaires.

Reins. Rien à l'examen microscopique. Pas de tubercules.

Tuberculose miliaire généralisée du péritoine et de la rate.

Étude histologique. — Les coupes portant au niveau des foyers de broncho-pneumonie, et uniquement en ces points, ne montrent pas de tubercules, mais uniquement des lésions pneumoniques. Ces lésions sont assez limitées sous la plèvre où on les voit affecter nettement sur les coupes une forme triangulaire dont la base correspond à la plèvre ; les altérations qui s'y décèlent sont assez uniformes ; il n'y a pas de nodule péribronchique.

Les lésions des *bronches* sont de beaucoup les plus accentuées ; elles priment celles du parenchyme, et attirent l'attention à un premier examen des coupes. — Les grosses bronches sont, il est vrai, peu lésées : elles ont en partie gardé leur épithélium ; leur lumière est libre, et leur paroi très légèrement infiltrée de leucocytes.

Les petites bronches, au contraire, bien que conservant souvent, en partie tout au moins, leur épithélium cylindrique, ont une paroi régulièrement arrondie en cercle ; autour d'elles, une infiltration leucocytique s'étend plus ou moins loin ; souvent même, l'épithélium manque, la paroi est alors réduite à un cercle fibro-élastique très mince, comme baignée au milieu d'un amas de leucocytes qui remplit la lumière de la bronche, et s'étend assez loin autour d'elle sans toutefois englober les alvéoles voisins pour former des nodules péribronchiques.

Les *Artérioles* qui accompagnent les bronches sont atteintes de périartérite assez prononcée ; il n'y a pas d'endartérite.

Les lésions du parenchyme sont remarquables par leur presque uniformité : ce sont des lésions récentes d'*alvéolite épithéliale*, catarrhale ; les parois des alvéoles sont congestionnées ; les capillaires y sont gorgés de sang ; les cellules qui les tapissent sont énormes, arrondies, pourvues d'un noyau qui se colore bien ; la cavité de l'alvéole est remplie par un moule de fibrine et de pigment sanguin parsemé de nombreuses cellules épithéliales desquamées.

Par places, on voit des amas d'alvéoles remplis de leucocytes qui distendent sa cavité ; ce sont de vraies lésions d'hépatisation grise ; on les retrouve surtout sous la plèvre, sans prédominance de localisation autour des bronchioles.

En aucun point on ne voit de foyer hémorrhagique.

Autour de ces foyers de splénisation ou d'hépatisation se trouvent des lésions extrêmement prononcées d'emphysème : les alvéoles y sont extrêmement distendus, leur paroi très amincie, souvent dépourvue de son épithélium. Par places, on voit un groupe d'alvéoles, un acinus dont les alvéoles sont remplis de leucocytes formant ainsi de petits abcès, de véritables grains jaunes.

La plèvre n'offre aucune lésion prononcée, à part une légère congestion avec épaississement peu notable.

Etude bactériologique. — Coloration de lamelles. — Les divers procédés employés montrent, outre l'absence de bacilles de Koch, deux sortes de microbes :

a — Des *chaînettes* courtes, droites, non sinueuses, de 3 à 5 coccus arrondis, ou ovoïdes à grand axe perpendiculaire à celui de la chaînette, paraissant donc aplatis par pression réciproque, dépourvues de capsule.

b — Des *diplocoques* avec capsule peu colorée, à gros grains ronds, assez rapprochés l'un de l'autre. Ceux-ci, de beaucoup plus nombreux que les précédents, sont extrêmement nombreux dans les préparations.

Cultures. — Quatres tubes (2 de gélose et 2 de bouillon) sont ensemencés directement avec l'exsudat du poumon frais. Cet exsudat sert en outre à ensemencer deux plaques de gélose. Le tout est placé à l'étuve à 38°.

a — *Tubes de bouillon.* Le bouillon n'est pas troublé; il reste limpide, mais tient en suspension une quantité de petits grumeaux, semblables à des grains de sable très ténus, déposant par le repos au fond du tube, tenus en suspension quand on l'agite. La croissance de ces colonies, qui commence au bout de 24 à 36 heures, s'arrête vers le 3e jour.

b. *Tubes de gélose.* — La croissance commence et s'arrête dans le même temps que dans le bouillon, un peu plus lente pourtant que dans ce dernier milieu.

Culture en strie : le long de la strie, pointillé fin dont les points sont d'autant plus fins qu'ils sont plus haut situés; en bas du tube, ils sont plus gros et entourés d'une auréole blanchâtre. La culture est plus riche que celle du streptococcus erysipelatis; les grains en sont plus gros, plus nombreux et plus confluents.

Plaques de gélose. — Inoculation par stries en quadrillé sur de la gélose solidifiée dans deux boîtes de Petri. Au bout de 36 heures, le long des stries, pointillé gros, formant des taches blanches dans la profondeur, bien limitées sur le trajet de la strie.

Dans toutes ces cultures diverses, on ne retrouve qu'un microcoque en chaînettes. Les chaînettes, composées de coccus assez gros, aplatis transversalement au grand axe de la chaînette, par pression réciproque, ou bien arrondis et plus espacés, sont plus longues dans le bouillon que sur la gélose, plus sinueuses aussi. Elles sont plus courtes, plus droites sur la gélose, les coccus sont plus petits et plus arrondis. — Pas de capsule autour de ces streptocoques.

Inoculations. — A). Une souris blanche adulte est inoculée le 28 avril, à la base de la queue, avec 2 à 3 gouttes de l'exsudat pulmonaire prélevé avec pureté au niveau des points hépatisés. Elle meurt le 5 mai, sept jours après l'inoculation. A son autopsie, aucune lésion microscopique visible.

Le sang de cette souris, examiné à l'état frais et coloré par le violet de gentiane, ne montre que des diplocoques en tout semblables à ceux trouvés sur les frottis de lamelles faits avec l'exsudat pulmonaire frais, — Pas de streptocoque.

Ce sang, ensemencé sur gélose et sur bouillon, donne, au bout de 24 heures (tubes) :

a. *sur gélose* : culture blanc-jaunâtre uniforme, peu épaisse, le long de la strie; bulles de gaz dans la profondeur de la gélose.

b. *sur bouillon* : trouble uniforme, non granuleux; nuageux par l'agitation. Dépôt blanc-jaunâtre, épais, crémeux au fond du tube, par le repos.

L'examen de ces cultures au microscope, après coloration (Gentiane), montre :

a. *Culture sur tube de gélose;* impure; montre :

1°) quelques rares *streptocoques* à chaînettes longues, sinueuses, sans capsule, dont les grains gros sont généralement aplatis par pression réciproque, transversalement au grand axe de la chaînette;

2°) des *bacilles* courts, bien colorés, mobiles sur eux-mêmes; quelques-uns plus longs, mieux colorés à leurs extrémités arrondies qu'à leur centre souvent étranglé : ce sont des bacilles de Friedlænder.

b. *Culture sur bouillon* montre différentes formes qui paraissent être celles variées du pneumobacille de Friedlænder dans les cultures : des bacilles longs et minces, presque filamenteux, et des bacilles plus courts, presque des coccus; quelques-uns même en diplocoques, mais dont les grains allongés sont presque des bacilles.

B). — Une deuxième souris blanche (B) est inoculée le 7 mai avec 1/4 de centimètre cube du bouillon de culture, ensemencé le 5 mai avec le sang du cœur de la souris A.

Cette souris B meurt le 15 mai, huit jours après l'inoculation.

L'examen de son sang y montre des diplocoques de Friedlænder arrondis, encapsulés, à l'état de pureté.

Ce sang est ensemencé :

a — *sur gélatine* en piqûre : il s'y développe des colonies blanches, granuleuses, irrégulièrement arrondies, le long du trait de piqûre, bien limitées sur son trajet, d'autant plus nombreuses et plus confluentes qu'on s'approche plus de la surface de la gélatine, où elles forment une ligne blanche, presque uniforme, plus large que dans la profondeur. A la surface de la gélatine s'est développé un champignon blanc, arrondi, peu saillant, acuminé, brillant, éburné. Cette culture s'est développée en vingt-quatre heures à 20°, et a atteint son maximum de croissance en cinq à six jours, sans liquéfier la gélatine.

Examinée au microscope, elle montre nettement le bacille de Friedlænder.

b — *sur gélose* en strie : culture pure du bacille de Friedlænder.

Remarques. — Il s'agit en somme ici d'une broncho-pneumonie rubéolique récente, datant d'environ deux jours.

En effet, l'examen histologique y dénote des lésions de bronchiolite et de péribronchiolite assez avancées, mais les lésions du parenchyme sont seulement au stade d'engouement, de splénisation, à peine sous la plèvre trouve-t-on quelques foyers hépatisés. Quant aux points où du pus s'est amassé dans des alvéoles emphysémateux, il s'agit là d'une lésion purement passive : l'absence de lésion inflammatoire des parois alvéolaires en fait foi ; peut-être le pus des bronchioles malades est-il tombé dans ces *acini* préalablement distendus par l'emphysème ; ce n'est là qu'une hypothèse, mais elle est vraisemblable, et a déjà été invoquée pour expliquer la formation des vacuoles dans la broncho-pneumonie.

Nous avons retrouvé dans nos recherches bactériologiques deux organismes : Un *streptocoque* et le *pneumo-bacille de Friedlænder ;* ces deux seuls organismes se sont retrouvés dans nos cultures directes ; et le pneumo-bacille de Friedlænder a seul été retrouvé dans le sang de la souris. Cela d'ailleurs n'a rien de surprenant, et c'est ce qui se passe constamment lorsqu'on se trouve en présence de la réunion de ces deux organismes.

Cette réunion de ces deux organismes est elle-même aussi fréquente, et a été notée par presque tous les auteurs qui se sont occupés de la question.

Le pneumo-bacille de Friedlænder est suffisamment caractérisé par ses cultures et son action sur la souris. Quant au streptocoque, malgré sa culture fort riche sur gélose, nous croyons devoir l'identifier au streptococcus pyogenes, tant à cause de sa morphologie, qu'à cause de l'aspect général des cultures, et des résultats de l'inoculation d'une culture pure et récente sous la peau de l'oreille d'un lapin, où elle a déterminé la rougeur *caractéristique qui suit* d'habitude cette expérience.

Observation IX

Gaug... Lucie, 2 ans et demi. Entrée le 3 mai 1890 au Pavillon Trousseau (diphthérie) à l'Hôpital des Enfants-Malades. (Service de M. J. Simon), lit n° 13. Elle venait du pavillon de la rougeole.

A son entrée au pavillon de la diphthérie, elle n'avait que de la broncho-pneumonie, mais aucune trace appréciable de diphthérie. Le 14 mai 1890, à 1 heure et demie après midi, onze jours après son entrée à la diphthérie, elle meurt de la broncho-pneumonie constatée dès le premier jour. Autopsie le 16 mai à onze du matin, quarante-six heures après la mort.

Autopsie. — Le corps est mal conservé (quarante-six heures après le décès, par un temps chaud) ; il n'y a plus de rigidité cadavérique.

Poumon gauche : Pas d'épanchement pleural, ni d'adhérences de la plèvre.

Broncho-pneumonie dont les foyers disséminés occupant les bords antérieurs (très peu de noyaux), postérieurs et surtout inférieurs, sur le côté externe, remontant assez haut sur la face extérieure, convexe du poumon.

Au niveau de ces foyers, la plèvre est dépolie, parcheminée, — recouverte d'un exsudat fibrineux léger qui s'enlève par le raclage.

Pas de pus, pas de dilatation bronchique, un exsudat séro-sanguinolent abondant s'écoule à la coupe, — au niveau des noyaux de broncho-pneumonie qui paraissent être au stade d'hépatisation rouge.

Les parties non hépatisées sont emphysémateuses, sauf pourtant les portions avoisinant les noyaux d'hépatisation, qui sont splénisées.

Poumon droit : Les lésions y sont plus étendues : le lobe inférieur en entier est hépatisé, rouge violacé : les noyaux y sont saillants ; les interstices inter-lobulaires plus accusés par une dépression.

Au niveau de ce foyer étendu, la plèvre est dépolie, parcheminée, recouverte d'un exsudat fibrineux peu adhérent. — Il y a même des adhérences celluleuses récentes de la plèvre, surtout à la base et vers le bord postéreur. A la coupe, pas de pus, même exsudat séro-sanguinolent, très abondant. La surface de coupe est polie, non granuleuse. Pas de dilatation bronchique. Emphysème dans le reste du poumon.

Nulle part de tuberculose, — ni de fausses membranes diphthériques (pharynx, larynx, trachée et bronches).

Foie : Gras, surtout au niveau des espaces portes.

Reins : Semblent être normaux.

Étude histologique. — A un premier examen, les lésions paraissent être assez avancées dans leur évolution.

Elles sont surtout accentuées sous la plèvre où la zone d'hépatisation forme une bande de six à huit millimètres de largeur. Il est d'ailleurs vrai que ces mêmes lésions se retrouvent également dans la profondeur du parenchyme pulmonaire, où elles forment des foyers isolés ; disséminés çà et là, on aperçoit des foyers hémorrhagiques.

Les *grosses bronches* sont assez profondément atteintes ; leur épithélium a presque partout disparu. Leurs parois sont infiltrées de leucocytes au point de n'être plus constituées uniquement que par une zone assez étendue de leucocytes. Les vaisseaux y sont extrêmement dilatés. C'est autour des bronches les plus malades que se trouvent les foyers d'hépatisation les plus avancés dans leur évolution.

Les *petites bronches* sont encore plus lésées que les grosses ; on n'y rencontre plus aucune trace de paroi propre, on ne voit plus rien qu'un anneau assez épais de leucocytes entourant un espace central vide, irrégulièrement arrondi.

Les parois des *artérioles* sont également très profondément lésées; il n'y a pas d'endartérite, mais partout on constate une périartérite très intense; de plus, mêlés au sang qui remplit la lumière de ces vaisseaux, on voit une quantité anormale de leucocytes.

Les lésions du parenchyme pulmonaire, c'est-à-dire des *alvéoles*, sont disséminées, et se montrent à des degrés très divers de leur évolution.

Sous la plèvre, dans la zone de pneumonie qui la borde, on remarque, immédiatement sous sa face profonde, des lésions de pneumonie épithéliale : les alvéoles y ont une paroi constituée par de grosses cellules rondes dont la desquamation est fort active, et dont on trouve par conséquent un grand nombre tombées dans la cavité alvéolaire.

Plus profondément, au-dessous de cette zone de pneumonie épithéliale, les alvéoles, tout en conservant leur paroi à grosses cellules, sont, à leur intérieur, gorgés de leucocytes.

Enfin, en s'enfonçant plus profondément encore dans le parenchyme, les parois alvéolaires sont uniquement constituées non plus par de grosses cellules, mais par des leucocytes.

Ces lésions sont environnées d'emphysème lobulaire extrêmement accentué : les parois des alvéoles très distendues sont dépourvues de noyaux, et réduites à leur tunique élastique; en quelques points, des leucocytes se sont accumulés dans des groupes d'alvéoles ainsi distendus, formant de véritables *vacuoles* : ces lésions paraissent bien être d'origine mécanique, c'est-à-dire dues à la chute fortuite de pus dans les alvéoles préalablement distendus, emphysémateux, car les parois de ces derniers sont amincies, réduites à leur tunique élastique, et indemnes de toute lésion inflammatoire.

Sous la plèvre, on remarque un noyau entouré par la plèvre, et par un anneau de tissu conjonctif où se dessinent des traînées de lymphangite : en ce point, les parois alvéolaires sont extrêmement vascularisées, leur cavité est gorgée de leucocytes, sauf pourtant en deux points où des groupes d'alvéoles sont remplis de sang pur qui s'y est accumulé en distendant leurs parois ; il semble donc bien qu'il s'agisse là d'hémorrhagies en masse qui se font dans des groupes d'alvéoles, plutôt que d'exsudation de sang dans ceux-ci, à la faveur de la congestion intense qui se dénote dans leur paroi.

La *plèvre* est partout épaissie, congestionnée, et sa surface es recouverte d'un exsudat fibrineux, assez peu épais d'ailleurs.

Etude bactériologique.— COLORATION DE LAMELLES.—L'exsudat pulmonaire prélevé avec pureté au niveau des points hépatisés, et étalé sur une lamelle, montre, avec les divers procédés de coloration habituels, deux sortes de microorganismes :

1° Des *streptocoques* ou chaînettes constituées par environ quatre à six coccus (toujours en nombre pair), ovalaires, gros, aplatis transversalement; dans la chaînette, ces coccus sont très nettement rapprochés deux à deux, en diplocoques par conséquent, chaque coccus d'un même diplocoque étant séparé de l'autre par un intervalle moindre que celui qui sépare deux diplocoques d'une même chaînette. — Tous ces coccus sont rapprochés l'un de l'autre non par leurs extrémités, mais par leur partie la plus large.

2° Des *diplocoques* constitués par deux coccus ovalaires aplatis, rapprochés deux à deux par leur partie la plus large.

Ces deux sortes d'organismes sont entourés d'un halo incolore, ressemblant à la capsule du pneumocoque lancéolé avec lequel on pourrait les confondre, n'étaient les différences profondes de culture et de morphologie qui les séparent.

Ces deux sortes d'organismes décelés dans l'exsudat frais par la méthode des colorations, paraissent bien n'être que deux formes d'un même organisme, d'un même diplocoque tantôt isolé, tantôt réuni à d'autres diplocoques de même espèce pour former des chaînettes. — Les cultures n'ont d'ailleurs jamais donné que ce seul organisme à l'état de pureté.

CULTURES. — L'exsudat pulmonaire prélevé avec pureté, sert à ensemencer directement deux tubes de gélose, deux tubes de bouillon et un tube de gélatine. — Il sert en outre à faire deux plaques de gélose.

1°) *Tubes de gélose* ensemencés en strie, et placés à l'étuve à 38°. Le développement déjà notable au bout de vingt-quatre heures, est complet en trois jours. — La culture est constituée par des grains blancs assez gros, plus ou moins espacés, plus ou moins confluents et rapprochés, développés le long de la strie, bien limités sur son trajet, et ne s'étendant guère au delà. — Autour de ces grains blancs peu saillants, s'étale une auréole mince, blanchâtre, irrégulière; chacune de ces colonies et son auréole ayant environ 2 à 3 mm. de diamètre au maximum.

2°) *Tubes de bouillon* placés à l'étuve à 38°. Développement un peu louche; au fond du tube repose un dépôt blanchâtre, granuleux, comme formé de grains de semoule; l'agitation du tube y fait flotter ce dépôt dont les grains y sont tenus en suspension, le reste du bouillon étant à peine troublé.

3°) *Tubes de gélatine* ensemencés en piqûre, et placés à l'étuve à 20°. Le développement beaucoup plus lent, commence au bout de deux jours, et s'arrête au bout de six jours. La culture apparaît sous la forme d'une dizaine de grains gros comme des grains de semoule, très espacés les uns des autres, d'un blanc jaunâtre, irrégulièrement arrondis et granuleux, situés tous sur le trajet de la piqûre.

4°) — *Plaques de gélose.* — Deux tubes de gélose préalablement liquéfiés sont : l'un ensemencé directement après refroidissement, puis versé dans une boîte de Pétri; l'autre versé dans une de ces boîtes où la gélose étalée et solidifiée, est ensuite ensemencée en stries quadrillées. Ces deux plaques sont placées à l'étuve à 38°.

On y retrouve les mêmes colonies, avec les mêmes caractères que sur les tubes de gélose, irrégulièrement disséminées dans la 1re plaque, alignées le long des stries dans la seconde.

Examen de ces colonies. — Au microscope, toutes ces colonies se montrent formées par le même diplocoque en chaînettes, que nous avons décrit dans l'exsudat frais du poumon. Sur gélose, les chaînettes sont généralement très longues, incurvées, plus ou moins sinueuses, les coccus y sont très gros. Sur bouillon, les chaînettes sont plus courtes, moins sinueuses, souvent dissociées en diplocoques isolés; les coccus y sont plus ténus.

Inoculation. — Une souris blanche, adulte, est inoculée le 16 mai, sous la peau, à la base de la queue, avec 2 gouttes de l'exsudat pulmonaire prélevé directement et avec pureté. Elle meurt 3 jours après, le 19 mai.

Son sang semé directement sur 2 tubes de gélose et 2 tubes de bouillon, donne des cultures pures d'un streptocoque en tous points identique à celui précédemment décrit. Ce même streptocoque se montre dans le sang étalé sur des lamelles et colorés par divers procédés. En somme, ce streptocoque diffère de celui de l'érysipèle.

1°. — Par les cultures.

2°. — Par sa morphologie.

3°. — Par les résultats de l'inoculation à la souris.

Nous n'avons en effet jamais observé, dans aucune de nos observations, que les streptocoques que nous identifions avec le streptococcus pyogenes ou erysipelatis donne une culture aussi riche, se développant aussi rapidement ; les coccus qui constituent ce dernier sont beaucoup plus ténus que pour celui qui nous occupe actuellement; enfin, son inoculation a été très rapidement mortelle pour la souris qui a toujours supporté impunément l'inoculation de ceux que nous avons isolés dans toutes nos autres observations.

Doit-on le rapprocher du streptococcus giganteus (Babès), du streptococcus septicus du pus (Babès), ou du streptocoque décrit par F. Ludwig dans les viandes et le sang en putréfaction? Nous ne saurions résoudre cette question, ces diverses espèces ayant été trop insuffisamment déterminées par les auteurs qui les ont décrites. Quoi qu'il en soit, les différences morphologiques et biologiques qui le distinguent du streptococcus pyogenes, et sa présence dans un poumon évidemment mal conservé sans être absolument putréfié, ne nous autorisent pas à voir dans cette espèce distincte un agent pathogène de la broncho-pneumonie où nous l'avons décelée.

Cette broncho-pneumonie rubéolique, datant de plus de onze jours, est en effet constituée par des lésions fort avancées d'hépatisation grise, en foyers disséminés, mais prédominant sous la plèvre, ce qui d'ailleurs est la règle. On y trouve en outre des foyers franchement hémorrhagiques.

Quant au streptocoque que nous y avons trouvé à l'état de pureté, les conditions dans lesquelles nous avons pratiqué l'autopsie, aussi bien que les caractères morphologiques et biologiques de ce streptocoque, nous empêchent de le considérer comme l'agent pathogène de cette broncho-pneumonie, et de l'identifier au streptocoque pyogène que nous avons retrouvé dans tous les autres cas.

Nous devons également mettre la plus grande réserve dans la détermination de son espèce, étant donnée l'impossibilité où nous sommes de l'identifier absolument avec aucune des espèces antérieurement décrites.

Observation X

B..., Henri, 6 mois et demi, entré à la Crèche de l'Hôpital Laënnec (Service de M. le Dr Ferrand), le 7 mai 1890. Bien portant jusqu'alors, il n'avait présenté dans ces derniers temps aucun signe de maladie quelconque, ni éruption de rougeole, ni quintes de coqueluche.

Depuis six jours, il est souffrant, et présente les symptômes suivants :

Toux, fièvre (39°), abattement, diarrhée. A l'auscultation, on constate,dès le jour de son entrée, des signes de broncho-pneumonie, à droite d'abord, puis bientôt dans les deux poumons. Il meurt le 16 mai, à 1 heure du matin. Autopsie le 18 mai, à 10 heures du matin : 32 heures après la mort.

Autopsie. — Le corps est parfaitement conservé, aucune trace de putréfaction, ni sur le tégument externe, ni dans les organes, après l'ouverture du corps.

Pas d'épanchement, ni pleural, ni péricardique.

Poumon droit : foyers de broncho-pneumonie sur le bord postérieur et surtout à la base; le lobe inférieur, en entier, formant un bloc uniformément hépatisé. Le sommet du lobe moyen est également lésé.

La plèvre est parfaitement lisse, non dépolie, non épaissie. Les lobules sont rouge foncé, lie de vin, saillants ; leurs interstices sont blancs, très nettement accusés. Tout ce qui n'est pas hépatisé est très emphysémateux.

A la coupe : le tissu pulmonaire est divisé comme une mosaïque, par des fissures inter-lobulaires. La coupe est unie, non granuleuse, de couleur rouge lie de vin. Pas de dilatation bronchique. A la pression, s'écoule un exsudat séro-sanguinolent, et par places, par l'orifice non dilaté des bronches, sort une gouttelette de pus aéré, peu épais.

Poumon gauche : mêmes lésions, mais moins étendues, et moins avancées. Les foyers broncho-pneumoniques ne se trouvent guère qu'à la base et au bord postérieur, peu de noyaux sur la face extérieure.

Peu de pus, mais du sang et du mucus spumeux s'écoulent de la surface de coupe, à la pression.

Foie : un peu gras.

Reins : très légère congestion.

Examen histologique. — A un premier examen, on remarque que les lésions de pneumonie catarrhale sont extrêmement diffuses et disséminées : les lésions d'hépatisation forment au milieu de ce parenchyme engoué des foyers qui siègent de préférence sous la plèvre, mais qu'on trouve aussi disséminés partout dans la profondeur du parenchyme.

Les *grosses bronches* sont assez légèrement atteintes : leur épithélium est en effet le plus souvent intact; leur paroi est vascularisée d'une façon assez intense, mais l'infiltration des leucocytes ne s'y est que très légèrement produite.

Les *petites bronches* sont plus profondément lésées : l'épithélium en est détruit; seule leur paroi fibro-élastique subsiste, quoique fort amincie; une zone plus ou moins étendue d'infiltration de leucocytes l'entoure; sa cavité est plus ou moins complètement obstruée par du pus.

Les *petites artères* sont atteintes de périartérite très intense; des leucocytes sont accumulés dans leur gaine lymphatique qu'ils distendent.

Les *lésions du parenchyme* sont des lésions d'engouement ou de pneumonie catarrhale diffuses et disséminées presque partout : elles consistent ici comme partout en épaississement des parois alvéolaires par suite de la tuméfaction de leur épithélium, avec desquamation très active de cet épithélium.

En des points où les lésions sont plus avancées, on voit entre les grosses cellules tuméfiées de l'épithélium alvéolaire s'infiltrer des leucocytes qui se mêlent également dans la cavité alvéolaire aux éléments épithéliaux desquamés.

Enfin, il est des foyers où ces lésions sont extrêmement avancées, en pleine hépatisation grise : les parois alvéolaires ne sont plus apparentes : les capillaires très dilatés en indiquent seuls la place : les grosses cellules épithéliales tuméfiées sont remplacées par des leucocytes qui eux-mêmes obstruent la cavité de l'alvéole. Ces foyers d'hépatisation sont assez bien limités; on les trouve le plus souvent sous la plèvre, formant des noyaux qu'entourent des travées conjonctives interlobulaires où se dessinent des traînées très nettes de lymphangite. On les trouve d'ailleurs aussi en d'autres points dans l'épaisseur du parenchyme. Mais il n'y a pas ici de formation de nodule péribronchique vrai : les foyers d'hépatisation sont beaucoup plus étendus, et n'en ont pas la structure.

Sous la plèvre, on trouve un foyer lobulaire d'hémorrhagie qui s'est faite dans la cavité d'alvéoles, préalablement atteints d'alvéolite catarrhale.

Étude bactériologique. — L'exsudat pulmonaire frais est prélevé avec pureté, étalé sur des lamelles, desséché, puis examiné après coloration. On n'y décèle aucun bacille tuberculeux. On n'y trouve absolument que des diplocoques encapsulés, dont les coccus légèrement allongés en grain de blé, ou plus souvent pourtant, tendant à affecter une forme plus ou moins régulièrement arrondie, montrent bien qu'il s'agit du *pneumocoque de Talamon-Frænkel* : ils se colorent assez bien par les procédés ordinaires de coloration, et prennent bien le Gram.

Cultures. — Le même exsudat pulmonaire sert à ensemencer directement deux tubes de gélose, deux tubes de bouillon, un tube de gélatine, et en outre à faire deux plaques de gélose.

1° *Tubes de gélose*, ensemencés en strie, et placés à l'étuve à 38°. Au bout de quarante-huit heures, développement complet de colonies maigres, nettement caractérisées, du pneumocoque de Talamon-Frænkel.

2° *Tubes de bouillon*, placés à l'étuve à 38° : au bout du même temps, très léger nuage.

3° *Tube de gélatine*, ensemencé en piqûre, et placé à l'étuve à 22°. Au bout de trois jours, le long du trait de la piqûre, ligne blanchâtre très ténue, uniforme, sans liquéfaction de la gélatine, dont le développement s'arrête aussitôt. Rien ne se développe à la surface de la gélatine.

4° *Plaques de gélose*, placées à l'étuve à 38°, sont ensemencées l'une en stries sur la gélose solidifiée dans une boîte de Petri, l'autre directement dans la gélose liquéfiée puis refroidie, et versée ensuite dans une boîte de Petri. Il ne s'y développe que des colonies de pneumocoque de Talamon-Frænkel.

L'examen des cultures faites par ensemencement direct des tubes, et sur plaques, montre que dans tous les cas, il s'agit de *cultures pures du pneumocoque de Talamon-Frænkel*.

Inoculation. — Une souris blanche adulte est inoculée, le 18 mai, sous la peau, à la base de la queue, avec deux gouttes de l'exsudat pulmonaire frais, prélevées avec pureté. Cette souris meurt le 21 mai, 3 jours après l'inoculation. L'examen de son sang n'y décèle que du pneumocoque de Talamon-Frænkel en grande quantité, et à l'état de pureté : il s'y montre sous forme de diplo ou de streptocoques presque tous encapsulés.

Ce sang est ensemencé directement sur deux tubes de gélose, et dans deux tubes de bouillon. Dans ces quatres tubes se sont développées des cultures pures du pneumocoque de Talamon-Frænkel. Nous avons pu remarquer que cet organisme était plus allongé, plus lancéolé dans le bouillon que sur la gélose, et qu'il s'y arrangeait plus souvent en streptocoques, en chaînettes formées de deux à quatre diplocoques ayant chacun, d'ailleurs, les caractères morphologiques du diplocoque de Talamon-Frænkel.

Cette souris morte le 21 mai, du pneumocoque, ayant, par hasard, à l'autopsie, été trouvée pleine, nous avons lié les deux cornes utérines avec un fil trempé dans le sublimé, et transporté celles-ci dans une solution de sublimé à 1. p, 1000 où elles ont séjourné environ une demi-heure. — Puis, avec toutes les précautions antiseptiques désirables, nous avons successivement pris trois embryons; après ouverture antiseptique de la poche des eaux, et brûlure superficielle (avec une lame de platine portée au rouge) de ces embryons, nous avons prélevé du sang du cœur que nous avons étalé et desséché sur des lamelles, ensemencé sur deux tubes de gélose et deux tubes de bouillon placés à l'étuve à 38°, et enfin, inoculé (deux gouttes de sang) à une souris blanche (21 mai).

Or, 1°) — *l'examen microscopique* du sang du cœur de l'embryon ne nous y a montré que du pneumocoque de Talamon-Frænkel, en très petite quantité, il est vrai.

2°) — Sur les quatre tubes ensemencés se sont développées des *cultures pures* de ce même pneumocoque.

3°) — Enfin, la souris inoculée le 21 mai meurt le 24 mai, trois jours après. Et l'examen de son sang y montre des pneumocoques de Talamon-Frænkel, — de même que, d'autre part, l'ensemencement direct du sang de cette souris dans de la gélose et du bouillon, donne des cultures pures de ce même pneumocoque.

Il est donc bien évident que, dans ce cas, le pneumocoque de Talamon-Frænkel a passé du sang de la mère dans celui de l'embryon : l'examen microscopique, les cultures, et les résultats de l'inoculation du sang du cœur des embryons, faits avec toutes les précautions antiseptiques désirables, concordent tous à déposer dans ce sens.

Remarques. — L'extension des lésions, leur localisation lobaire, montrent qu'il s'agit bien ici d'une broncho-pneumonie pseudo-lobaire.

La continuité des lésions entre elles, sans interposition de portions saines de parenchyme, en est la preuve.

Ces lésions sont assez avancées. En effet, outre que le début de la pneumonie remonte au moins à neuf jours (jour de l'entrée à l'hôpital) et au plus à quinze jours (premiers symptômes de maladie observés par la mère du petit malade), outre ces preuves cliniques de la longue durée de la pneumonie, les lésions que nous avons notées sont elles-mêmes des lésions assez anciennes, des lésions d'hépatisation grise très avancée.

Dans le parenchyme ainsi altéré nous avons retrouvé le pneumocoque lancéolé à l'état de pureté, et c'est dans les parties simplement engouées, c'est-à-dire au début de l'évolution des lésions, qu'on le retrouve surtout.

Enfin, nous avons eu l'occasion de constater, d'une façon tout à fait fortuite et accessoire, le passage du pneumocoque lancéolé du sang de la mère dans celui du fœtus, chez la souris au moins. Ce fait s'accorde d'ailleurs avec ce qu'a observé M. Netter (1), qui a constaté que chez les rongeurs, le pneumocoque lancéolé paraît passer constamment de la mère au fœtus. Chez l'homme, quand l'infection pneumococcique reste localisée au poumon, le pneumocoque ne passe pas ; quand elle se généralise, il passe dans le fœtus et détermine, soit une infection générale, soit parfois des lésions locales diverses, parmi lesquelles la pneumonie est la plus fréquente.

Observation XI

Hen... Paul., 11 mois. — Entré le 24 mai 1890. Salle Guersant, n° 4 (Crèche de l'hôpital Laënnec, service de M. Ferrand). — Cet

(1) Netter : Transmission intra-utérine de la pneumonie et de l'infection pneumonique chez l'homme et dans l'espèce animale; in *Comp. rend. de la Soc. de Biol.*, séance du 9 mars 1889.

enfant a toujours été souffrant. Il est déjà resté trois mois à la crèche de l'hôpital Laënnec, en juillet, août et septembre 1889, pour des bronchites répétées. Il en sortit guéri en septembre 1889.

Il y rentre le 24 mai 1890; depuis quinze jours il était malade; sans rougeole, ni coqueluche, il toussait beaucoup, quand tout à coup, brusquement, les accidents se sont aggravés.

A son entrée, il est en pleine asphyxie : le visage est bouffi, les lèvres bleuâtres, les extrémités algides, la respiration accélérée, courte, précipitée. A l'auscultation, râles sous-crépitants aux deux bases. Température 39°,5 matin et soir. Il meurt le 25 mai, à deux heures du soir. Autopsie le 26 mai, à onze heures du matin, vingt et une heures après la mort.

Autopsie. — Le corps est parfaitement conservé; pas de décomposition cadavérique. — *Poumons :* nulle part n'existent de traces de tuberculose.

A la base du *poumon droit*, le lobe inférieur forme un bloc hépatisé, dur, recouvert à sa surface d'un léger exsudat pleural fibrineux, donnant à la plèvre un aspect chagriné ; dépoli. La coupe de ce bloc hépatisé est granuleuse; il s'en écoule du sang, du liquide spumeux, mais pas de pus ; on n'y distingue pas de noyaux isolés : la coupe est uniforme, sauf une délimitation plus nette entre les lobules, une accentuation très nette des espaces interlobulaires, habituelle d'ailleurs chez les enfants de cet âge. — Cette lésion ressemble donc à s'y méprendre à un bloc de pneumonie lobaire franche.

Seulement, à la partie supérieure du lobe moyen, on remarque un foyer de broncho-pneumonie très net, où les noyaux ont l'aspect accoutumé des noyaux de pneumonie lobulaire.

Dans le *poumon gauche*, à la base et à la face postérieure, on observe, de même, des foyers de broncho-pneumonie disséminés; en hépatisation : à la coupe, s'écoule un exsudat sanguinolent; de l'orifice des bronchioles sourdent des gouttelettes de pus.

On observe dans les deux poumons, de l'emphysème et des portions atélectasiées où les lobules sont affaissés, déprimés, de couleur bleuâtre.

Foie un peu gras.

Reins paraissent être sains.

Examen histologique. — L'interprétation des coupes est assez délicate, bien que les lésions soient en parfait accord avec la clinique. Il y a en effet dans les coupes un mélange de lésions anciennes et de lésions récentes en voie d'évolution ou de régression, et de plus, des lésions récentes greffées sur d'autres beaucoup plus anciennes, ce qui fait que l'examen des coupes offre plus de difficultés.

Ici, comme partout, les lésions des *bronches* portent beaucoup plus sur les petites que sur les grosses, mais dans presque toutes l'épithélium est intact.

Les parois propres des grosses bronches sont presque indemnes de toute lésion, on n'y voit que de rares leucocytes infiltrés dans leur épaisseur. — Les bronchioles, au contraire, sont atteintes de bronchite et de péribronchite, avec infiltration leucocytique des parois, peu étendue il est vrai, au pourtour de ces dernières ; leur lumière est gorgée de leucocytes, mais leur épithélium subsiste.

Les *parois artérielles* sont altérées ; elles sont fort épaissies, mais ici encore ce sont d'anciennes lésions ; elles sont épaissies par périartérite ancienne, leur paroi conjonctive est énorme, constituée par des fibres conjonctives ; mais on ne voit pas d'infiltration de noyaux entre les tuniques de leurs parois, comme on le constate d'habitude dans les artérioles atteintes de périartérite récente.

Les lésions du *parenchyme* consistent en lésions de broncho-pneumonie chronique ; elles sont partout disséminées, et par places sont venues s'y surajouter des foyers de lésions inflammatoires aiguës, récentes.

Ces lésions chroniques consistent en épaississement des parois alvéolaires dans lesquelles on remarque des faisceaux de tissu conjonctif jeune, nucléé, mêlés aux faisceaux de fibres élastiques. De part et d'autre de cette paroi conjonctive, tapissant la cavité des alvéoles qu'elle sépare, se voient des cellules assez grosses, non plus globuleuses comme quand il s'agit de lésions récentes, mais allongées parallèlement à la paroi, ovoïdes ; leur centre plus épais que leurs extrémités contient un noyau plongé au milieu d'un protoplasma assez abondant, moins granuleux, et plus coloré que dans les cellules tuméfiées qu'on trouve dans l'alvéolite catarrhale aiguë.

En certains points, ces lésions chroniques sont mêlées de lésions inflammatoires aiguës qui s'y sont surajoutées : les cellules de l'alvéole deviennent plus grosses, plus globuleuses, leur protoplasma plus granuleux ; on en retrouve un grand nombre desquamées et tombées dans la cavité de l'alvéole.

Enfin, autour des bronches les plus malades, on voit ces alvéoles dont l'épithélium est tuméfié, remplis de leucocytes : ce sont là des lésions d'hépatisation surajoutées aux lésions de broncho-pneumonie chronique.

En beaucoup de points on trouve des foyers hémorrhagiques : du sang pur ou mélangé à quelques leucocytes est épanché dans un groupe d'alvéoles dont les parois ont été anciennement enflammées.

Nulle part on ne trouve de fibrine.

Étude bactériologique. — COLORATION DE LAMELLES. — Des parcelles d'exsudat pulmonaire sont prélevées avec pureté, au niveau des foyers d'hépatisation, d'une part dans le poumon droit, dans l'épaisseur du foyer de noyaux confluents ; d'autre part dans le poumon gauche, au niveau des noyaux disséminés.

Ces lamelles colorées par les procédés habituels nous montrent toutes du *pneumocoque de Talamon-Frænkel* à l'état de pureté : il s'y montre à l'état de diplocoques, rarement de chaînettes de deux à trois diplocoques, avec capsule peu apparente.

Le pneumocoque est notablement plus abondant dans l'exsudat prélevé au niveau des noyaux récents que dans les parcelles prises au niveau du foyer de noyaux anciens, où il se montre beaucoup plus clairsemé.

CULTURES. L'exsudat pulmonaire prélevé avec les précautions habituelles est ensemencé, après l'autopsie, d'une part, directement sur quatre tubes de gélose et quatre tubes de bouillon ; d'autre part, en stries sur deux plaques de gélose.

Or, sur les deux tubes de gélose et les deux tubes de bouillon ensemencés avec l'exsudat prélevé au niveau des noyaux récents se sont montrées, au bout de vingt-quatre heures, des cultures pures, caractéristiques du pneumocoque lancéolé de Talamon-Frænkel ; l'examen microscopique de ces cultures, après coloration par la méthode de Gram, et par divers autres procédés, nous a montré que c'était bien de ce pneumocoque qu'il s'agissait.

Au contraire, sur les deux tubes de bouillon et les deux tubes de gélose ensemencés avec l'exsudat pris au niveau du foyer de noyaux anciens dans le poumon droit, rien ne s'est développé.

De même pour les plaques de gélose : sur celles ensemencées avec l'exsudat des noyaux d'hépatisation récents, se sont développées, le long des stries, de maigres colonies de pneumocoque de Talamon-Frænkel ; au contraire, les plaques ensemencées avec le foyer ancien d'hépatisation, rien ne s'est développé.

Inoculations. Une souris blanche, jeune, est inoculée le 26 mai, sous la peau, à la base de la queue, avec deux gouttes de l'exsudat prises au niveau des noyaux disséminés.

Cette souris meurt le 27 mai, à peine vingt-quatre heures après l'inoculation.

Or, le résultat des cultures faites avec le sang du cœur de cette souris recueilli avec pureté aussitôt après sa mort, et d'autre part l'examen des lamelles sur lesquelles cet exsudat avait été étalé, desséché et coloré, concordent à montrer qu'il s'agit bien en réalité du pneumocoque lancéolé de Talamon-Frænkel. Cet organisme, il est vrai, se montre en faible quantité sur les lamelles colorées, et ses cultures sur gélose et sur bouillon sont extrêmement pauvres ; les caractères des diplocoques colorés dans le sang, et les caractères des cultures montrent pourtant que le pneumocoque de Talamon-Frænkel se trouvait à l'état de pureté dans le sang du cœur de la souris.

Remarques. — Les observations cliniques, l'étude histologique et les recherches bactériologiques concordent à nous montrer dans ce cas un exemple de broncho-pneumonie déjà assez avancée, survenue sur d'anciennes lésions de pneumonie chronique auxquelles elle s'est pour ainsi dire superposée.

Chez un enfant déjà soigné pour des bronchites répétées, survient une poussée aiguë de bronchite et de broncho-pneumonie qui détermine sa mort quinze jours environ après le début des accidents.

L'autopsie nous montre dans les poumons des foyers pseudo-lobaires, et d'autres plus récents, plus disséminés. — L'histologie nous prouve que ce sont bien là des lésions inflammatoires récentes, plus ou moins avancées, il est vrai, dans leur évolution, greffées sur des lésions anciennes chroniques.

Enfin, les recherches bactériologiques nous révèlent la présence exclusive du pneumocoque lancéolé de Talamon-Fænkel. Mais, fait important à noter, ce n'est pas dans les foyers déjà anciens, que nous retrouvons ce pneumocoque : dans ces foyers de lésions déjà en régression, les recherches sont restées infructueuses, et les cultures sont demeurées stériles. — C'est dans les foyers plus récents que nous les avons retrouvés, là où la lésion était au début, où elle se montrait encore à l'état d'alvéolite catarrhale.

Ce résultat concorde d'ailleurs parfaitement avec ceux obtenus par presque tous les auteurs qui se sont occupés de cette question. On sait, en effet, que dans une pneumonie lobaire, franche, c'est toujours à la périphérie des lésions d'hépatisation, là où elles sont encore au stade d'engouement qu'on retrouve les pneumocoques. Là où l'hépatisation est avancée, ceux-ci ont terminé leur évolution, ils sont détruits, ils ont disparu.

Observation XII

Mor... Eugénie, 2 ans et demi. — Entrée le 27 mai 1890, au n° 11 du pavillon Trousseau (Diphthérie), à l'hôpital des Enfants-Malades, service de M. le Dr J. Simon. — Cette malade présente, à son entrée, des fausses membranes de diphthérie cutanée à l'oreille droite. Elle est, en outre, en pleine éruption de rougeole ; cette rougeole a débuté cinq jours avant son entrée.

A son entrée au pavillon de la Diphthérie, on ne constate ni broncho-pneumonie, ni diphthérie du pharynx ou du larynx. — On la place dans une petite salle d'isolement, voisine des salles de diphthérie où l'on couche d'habitude les malades atteints à la fois de rougeole et de diphthérie, et où plusieurs de ces petits malades sont morts récemment de broncho-pneumonie. — Le 29 mai, deux jours après son entrée, on constate des signes de broncho-pneumonie, disséminés dans les deux poumons. — Décès le 1er juin, à 4 heures du matin. — Autopsie le 2 juin, à 11 heures du matin, 31 heures après le décès.

Autopsie. — Pas de décomposition cadavérique.

Poumon : 1° *droit.* — Au sommet, se trouve un bloc dur, blanchâtre, occupant tout le sommet. A la coupe : masse blanchâtre, parsemée de tubercules miliaires gris très confluents ; le reste de la coupe présente des nodules grisâtres, non saillants, à surface granuleuse, entre ces lobules, épaississement des espaces interlobulaires; pas de pus ni de sang à la coupe. En somme, cette masse ressemblerait assez à de la broncho-pneumonie, n'était la couleur blanc-grisâtre, et l'absence d'exsudat. — Pas de cavernes, ni même de points ramollis : c'est, en somme, de l'infiltration tuberculeuse limitée au sommet droit, avec sclérose jeune entre les lobules, et dans les lobules, entre les tubercules.

A la base, au contraire, se trouve un gros foyer de broncho-pneumonie rouge lie de vin, dur, avec pleurésie sèche, exsudat fibrineux à la surface de la plèvre.

A la coupe, nodules de broncho-pneumonie légèrements saillants, un peu granuleux; un exsudat muco-sanguinolent s'en écoule. Congestion très intense.

2° *Poumon gauche*. A la base et à la partie moyenne de sa face postérieure, noyaux de broncho-pneumonie très nets, de couleur rouge, violacée; à leur niveau, la plèvre est dépolie, chagrinée. A la coupe, saillie des nodules hépatisés; du sang s'en écoule; des bronches, légèrement dilatées, s'écoule du pus.

En somme, les noyaux de broncho-pneumonie sont à un stade plus avancé à gauche qu'à droite. Partout ces noyaux sont indépendants de la masse tuberculeuse du sommet droit, qui est beaucoup plus ancienne.

Les *ganglions trachéo-bronchiques* sont très peu tuméfiés, non caséeux, sauf pourtant un ganglion sus-bronchique droit, près du hile qui est gros, et complètement caséeux.

Le *Foie* est gros, gras; des tubercules miliaires y sont très nets, mais peu abondants.

La *Rate* est grosse, dure, sans tubercules appréciables à l'œil nu.

Les *Reins* sont un peu congestionnés, surtout au niveau de leur substance corticale.

Étude histologique. — Il y a à examiner dans les coupes de ce poumon, deux ordres de lésions bien distinctes : les lésions tuberculeuses et les lésions pneumoniques. Or, malgré leurs différences, on ne peut les étudier complètement à part, car il y a certains points où elles sont superposées, et on ne peut les dissocier dans une description. Pourtant, comme il existe certaines coupes où les lésions pneumoniques existent seules, nous étudierons ces dernières dans les coupes où coexistent des lésions tuberculeuses, et dans celles où les lésions pneumoniques sont pures.

A) — A l'examen des coupes portant sur le sommet du poumon droit, on voit se détacher, sur un fond formé par les noyaux des parois alvéolaires, une mosaïque élégante de masses compactes, rosées, irrégulièrement découpées comme les pièces d'un jeu de patience, et qui ne sont en réalité que les moules fibrineux des cavités alvéolaires : leur structure est finement fibrillaire ; les filaments de fibrine y sont entremêlés de leucocytes, de quelques grosses cellules épithéliales globuleuses, à noyau mal coloré, et de quelques rares globules rouges. La constitution de ces masses est donc presque uniquement fibrineuse. Tantôt elles adhèrent à la paroi alvéolaire, tantôt elles en sont détachées, et séparées par un très petit espace vide. Les parois de ces alvéoles sont extrêmement épaisses, constituées par du tissu fibreux, contenant de nombreux noyaux, allongés suivant le grand axe de la travée interalvéolaire : ce tissu fibreux est bordé, du côté de la cavité alvéolaire, par des cellules épithéliales tuméfiées, allongées, ovoïdes, suivant l'axe de la travée ; leur protoplasma se colore bien, leur noyau est assez gros, fortement coloré par l'hématoxyline.

Il est rare d'observer de la congestion des capillaires des parois alvéolaires ; là où on la constate, elle est d'ailleurs peu prononcée.

Les *artères* sont toutes très profondément lésées : la périartérite y prédomine ; elle tend à en amener l'oblitération ; et par places on voit des artérioles complètement transformées en blocs fibreux dont on aurait parfois de la peine à reconnaître l'origine, n'était leur voisinage d'une bronchiole. — Cette oblitération vasculaire assez fréquente, explique, croyons-nous, l'absence ou tout au moins la rareté de la congestion des parois alvéolaires, — qui sûrement se serait nettement manifestée, si elle avait existé, puisque ces pièces avaient été conservées dans le liquide de Müller.

Les *Bronches* sont peu malades ; leur cavité est libre, on n'y voit pas de pus ; leur épithélium est intact ; leur paroi très peu épaissie par de la péribronchite ancienne, c'est-à-dire par du tissu conjonctif.

Au milieu de ces lésions de pneumonie catarrhale fibrineuse, on voit disséminés partout, sans qu'on puisse leur attribuer de localisation bien nette, des *tubercules* arrondis, avec cellules géantes, et contenant souvent à leur centre un vaisseau oblitéré.

B). — Sur d'autres coupes, on ne voit que des lésions alvéolaires récentes, sans mélange de lésions tuberculeuses : ces coupes portaient sur la base du poumon gauche.

En ces points, la bronchite est assez intense ; la péribronchite s'étend plus ou moins loin autour des parois de la bronchiole ; il n'y a pas de pus dans la lumière de ce conduit.

Les *artères* sont atteintes de périartérite peu intense d'ailleurs, mais jamais d'endartérite ; aussi est-il à peine besoin d'ajouter que nulle part on n'en voit d'oblitérées.

Dans le *parenchyme*, on voit les lésions habituelles, disséminées, d'alvéolite catarrhale desquamative, et, par places, des groupes d'alvéoles remplis de fibrine ; ici, la congestion des parois alvéolaires est assez intense.

Étude bactériologique. — COLORATION DE LAMELLES. — L'exsudat pulmonaire prélevé avec pureté au niveau des noyaux de broncho-pneumonie, et étalé sur des lamelles, montre, après coloration par les diverses méthodes dont nous nous servons habituellement, qu'il s'agit ici d'un coccus ou plutôt d'un diplocoque en chaînettes généralement courtes de deux à six coccus au plus, mais d'un nombre toujours pair de ces coccus. Les chaînettes sont très nettement constituées par des assemblages de diplocoques, et non par des coccus comme le streptocoque de l'érysipèle. Diplocoques isolés ou en chaînettes sont dépourvus de capsule. Ils sont très nombreux sur tous nos frottis de lamelles.

Nous n'avons vu que ces organismes, par la méthode des colorations ; nous n'avons vu ni le pneumocoque de Frænkel, ni celui de Friedlænder, ni le bacille de Lœffler. Quant au bacille de la tuberculose on ne le trouve que dans les frottis de lamelles faits avec l'exsudat prélevé au niveau du sommet droit ; encore y est-il fort peu abondant.

CULTURES. — L'exsudat du poumon sert à faire des cultures par ensemencement direct sur des tubes de bouillon, de gélose et de gélatine ; il nous sert aussi à ensemencer par stries deux plaques de gélose.

1°) *Tubes de bouillon.* — Au bout de vingt-quatre heures, la culture s'est bien développée, le bouillon est très légèrement troublé ;

au fond du tube se trouve un dépôt trouble, blanchâtre, crémeux, épais, qui se répand dans le tube par l'agitation, et trouble le bouillon. La culture est identique dans les deux tubes de bouillon ensemencés ; dans ces deux tubes on constate que la culture est absolument pure; ce sont des chaînettes fort longues, sinueuses, recourbées en S ou enroulées sur elles-mêmes, constituées par des coccus arrondis régulièrement, très nettement associés deux à deux ; ce sont donc des chaînettes de diplocoques qui paraissent différer des chaînettes de coccus équidistants qui constituent le streptocoque de l'érysipèle:

2°) *Tubes de gélose*. — Culture très riche et absolument pure qui se montre sous la forme de petits points très confluents, brillants et réfringents à la partie supérieure de la strie; devenant blanchâtres et se rapprochant un peu plus bas, formant enfin, en bas de la strie, une masse blanche peu épaisse, peu étendue sur les côtés de la strie, godronnée et plus épaisse sur les bords que vers le centre, où elle est plus mince. Sur cette culture on retrouve les mêmes chaînettes que sur le bouillon, mais beaucoup plus courtes et moins sinueuses ; elles sont toujours constituées par des diplocoques associés.

3°). *Tubes de gélatine* ensemencés par piqûre : le long du trait de piqûre se sont développées des colonies sous forme de petits points séparés, d'autant plus nombreux et plus rapprochés qu'ils sont plus près de la surface de la gélatine. Cette culture, qui a commencé à se développer au bout de trente-six heures environ, a atteint son maximum de croissance en trois jours : la gélatine n'est pas liquéfiée. L'examen de cette culture montre qu'il s'agit des mêmes organismes que ceux trouvés dans les tubes de bouillon et de gélose.

4°). — *Plaques de gélose*. Deux plaques sont ensemencées, l'une en stries, après solidification de la gélose dans une boîte de Petri ; l'autre est faite avec un tube de gélose liquéfié, puis ensemencé après refroidissement, et versé enfin sur la plaque. Or, dans ces deux plaques se sont développées en 24 heures des colonies petites, irrégulièrement arrondies, quelquefois ovales, légèrement granuleuses, blanc jaunâtre, quand elles sont dans la profondeur de la gélose, plus pâles, plus réfringentes quand elles sont superficielles.

Toutes ces colonies, semblables entre elles, sont des colonies du même diplocoque en chaînettes que nous avons trouvé dans nos divers tubes. Ces colonies ont été seules à se développer sur les plaques.

INOCULATIONS. — Une souris blanche adulte est inoculée le 2 juin sous la peau, de la base de la queue avec deux gouttes de l'exsudat pulmonaire prélevé avec pureté au niveau des noyaux de broncho-pneumonie.

Cette souris meurt le 4 juin. Ni l'examen microscopique, ni les cultures du sang du cœur dans les divers milieux nutritifs solides ou liquides habituellement employés, n'y ont démontré la présence d'aucun organisme.

REMARQUES. — La cause prédisposante de cette broncho-pneumonie doit être évidemment cherchée beaucoup plus dans la rougeole qui l'a précédée que dans les lésions insignifiantes de diphthérie que nous avons notées. La contagion se montre nettement comme la cause qui en a déterminé l'apparition.

La marche a été rapide, sa durée courte, comme en témoigne l'observation clinique. L'étude histologique des lésions dépose également dans ce sens; pourtant leur interprétation présente quelques difficultés qu'explique la superposition de ces lésions récentes à des lésions anciennes d'alvéolite chronique, et à des lésions tuberculeuses.

La desquamation épithéliale, l'exsudation de fibrine, lésions qui ne peuvent évidemment être attribuées qu'à un processus inflammatoire aigu, récent, se surajoutent ici à un épaississement des travées alvéolaires dont la nature conjonctive démontre l'ancienneté. Et d'ailleurs, il est des points où ces lésions récentes existent seules, sans mélange de lésions d'alvéolite chronique.

Quant aux lésions tuberculeuses, leur constitution fort nette ne permet pas de les rapprocher des précédentes, ni même de les leur comparer : il y a là deux processus bien distincts que nous ne voulons nullement rapprocher : leur constitution diffère, comme leur cause microbienne.

Le bacille de Koch a déterminé la formation des tubercules; un streptocoque la formation des lésions alvéolaires. Ce dernier organisme qui, par ses cultures, semble se différencier du streptococcus pyogenes, doit cependant lui être identifié, car les réensemencements successifs ont fini par donner des cultures absolument analogues à celles de ce dernier; enfin nous en avons injecté une sous la peau de l'oreille d'un lapin où s'est montrée le lendemain la rougeur et la tuméfaction habituelles. Peut-être ce même streptocoque avait-il antérieurement déterminé des lésions qui avaient abouti à l'alvéolite chronique que nous avons notée; ce n'est là qu'une hypothèse que nous ne pouvons démontrer; mais nous nous refusons formellement à voir dans ces lésions, des lésions dues à l'action du bacille de la tuberculose : ce n'est pas de cette façon que ce bacille se comporte, et nous ne sachons pas qu'il ait jamais déterminé primitivement des lésions épithéliales telles que l'alvéolite catarrhale desquamative.

Observation XIII

Pag..., Marie, 2 ans ; entrée le 1er juin 1890, au pavillon Trousseau (Diphthérie) de l'hôpital des Enfants-Malades. Service de M. J. Simon. Angine depuis huit jours. Toux rauque le 31 mai. Aucune maladie antérieure, ni coqueluche, ni rougeole. A son entrée, on constate de l'angine diphthérique, et du croup (tirage), et en outre de la broncho-pneumonie du côté gauche. Trachéotomie le 2 juin au matin. Décès le 2 juin à onze heures du soir. Autopsie le 4 juin à onze heures du matin, trente-six heures après la mort.

Autopsie. — Le corps est bien conservé. Pas de décomposition cadavérique. Le larynx et la trachée sont remplis de pus épais, blanc jaunâtre, qui s'écoule par la plaie cutanée de la trachéotomie.

Poumons : 1° droit. — La bronche droite et ses ramifications sont pleines de pus s'enlevant facilement par le raclage; au-dessous, la muqueuse est congestionnée, rouge. Pas de fausses membranes appréciables.

On ne trouve, à la base et dans les parties postérieures de ce poumon, que des lésions disséminées d'atélectasie; ces parties surnagent.

2° *gauche.* — Pus dans la bronche gauche et ses ramifications. A la base, foyer d'hépatisation gros comme un œuf de poule ; la plèvre est lisse, sans exsudat à sa surface. — A la coupe s'écoule du sang, et par les orifices non dilatés des bronches, des gouttelettes de pus. La surface de la coupe est légèrement granuleuse, uniforme, sans saillie appréciable des lobules. C'est là, en somme, un foyer de broncho-pneumonie à noyaux confluents.

A la partie postérieure de ce poumon, un peu plus haut, se trouvent quelques foyers disséminés d'hépatisation.

Nulle part, ni dans les poumons, ni dans les ganglions trachéo-bronchiques, il n'y a traces de tubercules.

Fausses membranes diphthériques très nettes dans le larynx et pharynx; elles ne dépassent pas les limites du larynx, et on n'en trouve ni dans la trachée, ni dans les bronches.

Foie. — Très fortement lobulé : accentuation anormale des espaces interlobulaires. Pas de congestion notable.

Reins. — Faiblement congestionnés.

Rate. — Grosse, dure.

Examen histologique. — Toutes les lésions que l'on peut constater sur les coupes, sont des lésions récentes : elles sont assez uniformes, diffuses, généralisées, et au milieu de ces lésions de pneumonie catarrhale, on ne trouve de lésions d'hépatisations qu'en des points fort rares et fort peu étendus.

Les *grosses bronches* sont presque intactes; leur épithélium est sain; leur paroi propre est fort légèrement infiltrée de leucocytes; mais ce qu'on y observe parfois, sur des coupes perpendiculaires au grand axe des bronches, ce sont de petits amas très régulièrement arrondis de leucocytes situés en un point de la paroi de la bronche, dans l'épaisseur de celle-ci, et généralement dans l'angle rentrant formé par l'adossement de la bronche et de son artère : ce sont là vraisemblablement des traînées de lymphangite, déjà signalées d'ailleurs dans ces cas. — Outre ces lésions, les parois des grosses bronches sont assez congestionnées; on ne remarque ni exsudat filbrineux tapissant leurs parois, ni pus remplissant leur cavité.

Les *petites bronches* sont beaucoup plus malades : leur épithélium a disparu : leur paroi se présente en coupe transversale, sous forme d'un cercle mince, régulièrement arrondi, entouré d'une zone plus ou moins étendue de leucocytes : leur paroi est en effet réduite à ce cercle fibro-élastique entouré de cette péribronchite variable en étendue et en intensité, qui s'étend uniformément autour d'elle, ou se présente parfois plus accentuée en un point de sa périphérie. — Les bronches ainsi lésées ne contiennent ni fibrine ni pus : leur lumière est libre.

Les *Artérioles* sont fort peu malades : il n'y a pas d'endartérite; et à peine si l'on y peut noter une périartérite toujours fort légère.

L'examen du *parenchyme* pulmonaire y dénote des lésions diffuses, généralisées de pneumonie catarrhale : les parois alvéolaires sont épaissies par suite de la tuméfaction de leur épithélium ; des capillaires des travées interalvéolaires sont distendus à l'extrême ; entre les grosses cellules épithéliales tuméfiées s'infiltrent quelques leucocytes ; enfin, la cavité des alvéoles est obstruée par des grosses cellules épithéliales dont la desquamation est active et qui sont emprisonnées dans un exsudat fibrineux fort abondant : la grande quantité de fibrine qu'on trouve dans les alvéoles est la caractéristique de ce cas, elle attire l'attention dès le premier examen, et on doit la noter spécialement ici.

En certains points, principalement autour des bronches les plus malades, se voient des groupes d'alvéoles dont la cavité est comblée par un amas de leucocytes.

Nulle part on ne trouve de foyers hémorrhagiques.

Au milieu de ces lésions, on remarque, disséminés et comme creusés en plein tissu splénisé ou hépatisé, des cavités régulièrement arrondies, comme taillées à l'emporte-pièce, dont la paroi est nette, lisse, épaisse ; plusieurs de ces cavités sont parfois réunies, et alors incomplètement séparées les unes des autres par des éperons saillants dans leur cavité.

Ces cavités sont bien en réalité des alvéoles ou des acini extrêmement distendus, et dont les lésions seraient comparables à celle de l'emphysème, n'étaient les lésions inflammatoires évidentes de leurs parois. — Ce sont, croyons-nous, des lésions d'emphysème survenues dans des régions préalablement splénisées, et peut-être l'obstruction des conduits alvéolaires situés en amont, par l'exsudat fibrineux dont nous avons noté l'abondance anormale, pourrait-elle en rendre compte.

Ce n'est là qu'une hypothèse, mais elle n'a rien d'invraisemblable, et nous ne voyons guère d'autre interprétation plausible de ces lésions.

Étude bactériologique. — Coloration de lamelles. — Immédiatement après l'autopsie, on étale sur des lamelles des parcelles d'exsudat pulmonaire et de pus des grosses bronches recueillis avec pureté.

1°) — *L'exsudat pulmonaire* coloré par diverses méthodes, après dessiccation, ne montre aucun microorganisme.

2°) — *Le pus des grosses bronches* coloré par les mêmes méthodes, après dessiccation présente, à l'examen :

a) — Des coccus en chaînettes courtes, régulièrement arrondis et équidistants, sans capsule.

b) — Des coccus isolés, ou unis deux à deux, sans capsule, arrondis.

c) — Des coccus agglomérés, nombreux, arrondis.

On ne peut donc hésiter, parmi les organismes pathogènes habituellement rencontrés, qu'entre le streptococcus pyogène, le pneumococcus de Friedlænder et le staphylococcus aureus ou albus.

CULTURES. — L'exsudat pulmonaire, au niveau des foyers de broncho-pneumonie, d'une part, — le pus des bronches, d'autre part, — prélevés tous deux avec pureté servent à faire des cultures :

a) — Par ensemencement direct de tubes de gélose, gélatine et bouillon.

b) — Par ensemencement de plaques de gélose dont les colonies sont ensuite repiquées sur divers milieux nutritifs, solides et liquides.

I° — *Ensemencements directs.* — L'exsudat pulmonaire recueilli avec pureté sert à ensemencer directement deux tubes de gélose, deux tubes de bouillon, et un tube de gélatine qui, conservés pendant quinze jours, et examinés chaque jour, ne montrent, au bout de ce temps, l'apparence d'aucune colonie microbienne.

II° — *Ensemencement de plaques.* — On fait deux plaques de gélose, toutes deux ensemencées en stries, après refroidissement (4 juin) :

a) avec l'exsudat pulmonaire.

b) avec le pus des bronches.

a) — Or celle de ces plaques que nous avons faite avec l'exsudat pulmonaire, est restée constamment stérile.

b) — Celle, au contraire, ensemencée avec le pus des bronches a montré, au bout de vingt-quatre heures, le développement de colonies microbiennes se présentant sous deux aspects différents :

1° — Des colonies jaunâtres épaisses, crémeuses, irrégulièrement arrondies, blanches à la périphérie, jaunes au centre, ressemblant aux colonies de staphylococcus aureus.

2° — Des colonies également très nombreuses se présentant sous forme de granulations pâles ou légèrement blanchâtres, très peu épaisses, extrêmement réfringentes, brillantes, arrondies, très petites, présentant l'aspect des colonies de streptococcus pyogenes.

— Les colonies qui se sont développées sur ces plaques nous servent à ensemencer, le 7 juin, des tubes de gélose et de bouillon.

Or il ne s'est développé dans les tubes ensemencés que deux espèces de microbes :

1°) — Tantôt un *coccus en chaînettes* qui, sur gélose, donnait, au bout de quarante-huit heures, des colonies blanchâtres en pointillé très délicat, très fin, très serré, dont les points saillants sont réunis par un voile louche, blanchâtre, formant le long de la strie une bande de trois à quatre millimètres de large, à bords finement festonnés, plus épais que le centre.

Cette même culture, ensemencée dans du bouillon, laissait celui-ci clair, limpide ; au fond du tube se formait un dépôt blanchâtre qui, par l'agitation, troublait le bouillon, et montrait en suspension dans ce bouillon, des grains et des filaments blanchâtres.

L'examen de ces cultures y a décelé, à l'état de pureté, un coccus jamais isolé, mais toujours sous forme soit de diplocoques, soit de chaînettes, ces dernières constituées nettement par l'association de diplocoques ajoutés bout à bout. Ces chaînettes généralement courtes, peu sinueuses, sur la gélose, atteignaient au contraire dans le bouillon une longueur beaucoup plus considérable, en même temps qu'elles devenaient plus sinueuses, s'enlaçant entre elles, et que les coccus qui les constituaient devenaient plus gros.

2°) — Tantôt un coccus isolé, ou groupé en grappes qui, sur gélose, donnait, au bout de vingt-quatre heures, une culture très abondante jaune pâle sur le trajet de la strie, jaune d'or à la périphérie, et diffusant jusqu'auprès des bords du tube.

Cette même culture dans le bouillon, le troublait, et donnait au fond du tube un dépôt jaune d'or.

Cette culture repiquée en piqûre sur un tube de gélatine, liquéfiait lentement celle-ci, en laissant au fond du tube un dépôt jaune d'or. Il s'agissait donc bien dans ces diverses cultures du *staphylococcus aureus* que sa morphologie et ses propriétés biologiques ont suffisamment caractérisé.

Inoculations. — Une souris adulte est inoculée le 4 juin avec l'exsudat pulmonaire, à la base de la queue.

Cette souris n'est pas morte le 8 juin, mais elle a un énorme phlegmon qui occupe presque entièrement la moitié postérieure du tronc et les pattes de derrière, surtout sur le dos; bien que la paroi abdominale elle aussi soit rouge, œdématiée, et présente aussi un peu de pus.

Après avoir coupé les poils et brûlé la surface mise à nu, avec une lame de platine, on fait, au couteau de platine, une incision à la peau du dos, au niveau du phlegmon; il sort par l'incision du pus qui est recueilli et ensemencé sur trois tubes de gélose : sur tous ces tubes se sont développés en vingt-quatre heures des cultures abondantes en voile blanc, assez épais, recouvrant toute la surface inclinée du tube de gélose, parsemé de points arrondis plus épais, blancs crémeux : cette culture examinée au microscope se montre constituée par un staphylocoque.

Repiquée sur gélatine, elle donne au bout de vingt-quatre heures des colonies blanches, très confluentes, arrondies, bien limitées, sur le trajet du trait de piqûre. La gélatine se liquéfie très lentement et progressivement de haut en bas.

Ce staphylocoque paraît donc bien être du *staphylococcus pyogenes albus.*

Cette souris meurt le 10 juin, six jours après l'inoculation on retrouve dans le sang du cœur, par l'examen direct après coloration, et par les cultures, les mêmes staphylocoques trouvés dans le pus pendant la vie.

Remarques. — Il convient de noter dans ce cas de *broncho-pneumonie diphthérique*, l'absence de fausses membranes dans les bronches.

Les lésions du parenchyme pulmonaire sont des lésions en grande partie récentes, ne présentant d'anormale que l'extrême abondance de l'exsudat fibrineux alvéolaire, sans exsudat analogue sur les parois bronchiques.

L'examen au microscope, et les cultures de l'exsudat pulmonaire n'y ont dénoté aucun microbe, tandis que les mêmes procédés de recherche appliqués à l'étude du pus contenu dans les grosses bronches, y ont denoté la présence du streptococcus et du staphyloccus pyogenes aureus. Et pourtant, le parenchyme pulmonaire ne devait pas être absolument aseptique, puisque l'inoculation à une souris de l'exsudat que nos y avions prélevé, a déterminé sa mort, et que dans le sang on a retrouvé un staphylocoque ayant tous les caractères de staphylococcus albus (1). Quel est du streptocoque ou du staphylocoque celui qui a joué le principal rôle dans la détermination des lésions pulmonaires : c'est là une question qu'on ne peut guère résoudre, bien que nous soyons tenté de considérer le staphylocoque comme survenu secondairement, dans un organe déjà lésé par la présence préalable du streptocoque.

Observation XIV

Corr... Louise, 2 ans. Entrée le 9 juin 1890, salle Trousseau, nº 15 (Pavillon de la Diphthérie, à l'hôpital des Enfants-Malades, service de M. le Dr J. Simon).

Elle était malade depuis quatre ou cinq jours, d'une angine diphthérique que n'avait précédée aucune autre maladie antérieure.

A son entrée, elle a des fausses membranes diphthériques occupant tout le pharynx, les amygdales et le voile du palais. — Elle a en outre une grande plaque de diphthérie cutanée qui occupe tout le pourtour du pavillon de l'oreille, et le lobule de l'oreille. Dyspnée intense, avec signes stéthoscopiques de broncho-pneumonie disséminée dans les deux poumons. Elle n'a pas été opérée de la trachéotomie. — Décès le 9 juin à 4 h. du soir, quelques heures après son entrée. Autopsie le 11 juin à 11 h. du matin, quarante-trois heures après la mort.

Autopsie. — Le cadavre est bien conservé. Fausses membranes diphthériques occupant tout le *pharynx*, les amygdales et le voile du palais. Plaque de *diphthérie cutanée* en arrière et au-dessous de l'oreille gauche. Les *ganglions sous-maxillaires* sont énormes des deux côtés.

Le *larynx*, la *trachée* et les *bronches* sont couverts, à leur surface interne, de fausses membranes diphthériques se détachant facilement, et qui se prolongent dans les ramifications bronchiques, surtout du côté droit. Du *pus* s'écoule également par les bronches, surtout par la bronche droite.

Quelques *adhérences pleurales* celluleuses, récentes, à la face postérieure des deux poumons.

(1) Nous admettons d'ailleurs la complète identité des deux staphylocoques pyogènes.

Les *ganglions trachéo-bronchiques* sont un peu tuméfiés et congestionnés ; ils n'offrent pas de traces de lésions tuberculeuses.

Poumons : 1° *Gauche.* Il n'y a qu'un seul noyau de broncho-pneumonie, situé superficiellement, sous la plèvre, au niveau de la partie moyenne de la face et du bord postérieur. A sa surface, quelques points ecchymotiques. Ce noyau peu étendu, ne s'enfonce guère que de 3 à 4 c. m. dans la profondeur du poumon. Le reste du bord et de la face postérieure, ainsi que la base sont atélectasiés et splénisés. La surface de la coupe de ce foyer d'hépatisation est légèrement granuleuse, rouge violacé. Du pus s'écoule par les orifices des bronches qui, d'ailleurs, ne sont pas dilatées.

En avant, le poumon est emphysémateux.

2° *Droit.* Noyaux disséminés d'hépatisation, entourés de parties atélectasiées et splénisées, entièrement semblables au foyer décrit dans le poumon gauche. Seulement, dans ce poumon, les taches ecchymotiques sous-pleurales sont plus nombreuses, plus étendues, situées également en plein tissu hépatisé. Leur coupe est noirâtre, et rappelle pour quelques-uns de ces foyers, l'aspect d'une coupe d'infarctus pulmonaire.

Le *foie* est volumineux, gras ; la séparation des lobules y est plus accentuée que normalement.

La *rate* est volumineuse, sa consistance est normale.

Les *reins* sont peu congestionnés.

Nulle part n'existent de lésions tuberculeuses.

Examen histologique. — Dans toutes les coupes examinées, portant sur divers points des régions hépatisées, l'extrême fréquence des hémorrhagies intra-alvéolaires attire tout d'abord l'attention : presque tous les alvéoles sont remplis de sang qui distend leurs parois et obstrue leur cavité.

Les *bronches* sont partout très malades. Leur épithélium est parfois touché ; mais souvent aussi on le trouve reparti, par place tout au moins. Presque toutes les bronches, même leurs plus fortes ramifications contiennent beaucoup de pus, très peu de sang et de fibrine : l'exsudat fibrineux recouvre directement la paroi : c'est la fausse-membrane diphthérique ; au milieu de la lumière de la bronche se trouve un amas de leucocytes et quelques rares globules rouges.

Les parois des bronches sont extrêmement congestionnées : les vaisseaux sanguins y sont dilatés, gorgés de sang.

Les bronches, et surtout leurs plus fins rameaux sont entourés d'une zone de leucocytes qui s'étend plus ou moins loin autour d'elles ; cette péribronchite est en tous cas fort accentuée.

Les *artères* sont relativement peu malades ; et on ne constate sur les artérioles qu'une périartérite peu intense. On n'y trouve en tous cas aucune trace d'ulcération des parois artérielles.

Le *parenchyme* pulmonaire offre des lésions accentuées, et à divers stades d'évolution, affectant une forme triangulaire, la base du triangle tournée vers la plèvre, à laquelle elle s'adosse ; son sommet plongeant dans la profondeur du parenchyme pulmonaire.

On note, surtout à la superficie de ces foyers triangulaires, des lésions d'alvéolite catarrhale très prononcées, avec desquamation très active des grosses cellules épithéliales tuméfiées qui tapissent la paroi de l'alvéole. Les parois alvéolaires sont extrêmement vascularisées, l'injection de ces vaisseaux forme sur la coupe un réseau d'un rouge intense tranchant très nettement sur le reste des tissus. A l'intérieur des alvéoles, on voit, outre les cellules épithéliales desquamées, une grande quantité de fibrine qui les entoure de ses réseaux.

En certains points, au centre de ces foyers on trouve des foyers hémorrhagiques très étendus, occupant presque toute la zone malade : des alvéoles y sont distendus par du sang presque pur qui comble leur cavité, refoule et distend leurs parois en aplatissant leur épithélium ; à la superficie des foyers hémorrhagiques comprenant un plus ou moins grand nombre d'alvéoles, le sang s'entremêle de grosses cellules desquamées.

Tout à fait au centre de ces foyers, entourant les bronchioles les plus malades, on voit les alvéoles remplis de leucocytes, et leurs parois infiltrées de ces éléments : c'est en somme de l'hépatisation grise.

Partout ailleurs, on trouve une distension emphysémateuse considérable des alvéoles ; cet emphysème paraît être survenu dans des parties antérieurement enflammées, car les parois des alvéoles ainsi distendus sont riches en noyaux.

La *plèvre* est épaissie, vascularisée, recouverte d'un exsudat fibrineux abondant.

Étude bactériologique. — Coloration de lamelles. — On étale sur des lamelles des parcelles d'exsudat de poumon et du contenu des bronches, et on colore après dessiccation.

1°) *Exsudat pulmonaire.* Coloré par diverses méthodes, ne montre que deux sortes d'organismes :

a — des *bacilles* petits, renflés aux deux extrémités, ou plus souvent à une seule extrémité, ayant alors la forme de massue. Ils ressemblent donc morphologiquement au bacille de Lœffler.

b — des *diplocoques* quelquefois unis en chaînettes, pourvus d'une capsule; les coccus qui les constituent sont tantôt arrondis, tantôt allongés, lancéolés. Ce sont vraisemblablement des pneumocoques de Talamon-Frænkel.

Les bacilles sont, dans l'exsudat pulmonaire, beaucoup plus abondants que les coccus.

2°) *Contenu des bronches.* On n'y trouve que deux sortes d'organismes :

a — les mêmes bacilles que dans l'exsudat pulmonaire, mais ici beaucoup moins abondants que dans le parenchyme du poumon.

b — des chaînettes beaucoup plus nombreuses que les bacilles, sans capsule, courtes, incurvées, mais peu sinueuses; ces coccus en chaînettes ne ressemblent guère aux chaînettes encapsulées de diplococcus trouvées dans le parenchyme pulmonaire; elles ressemblent plutôt aux streptococcus pyogenes.

Cultures. A. *Ensemencement direct de tubes de bouillon, de gélose et de sérum.*

1° *Avec l'exsudat du poumon :* les cultures faites le 11 juin, donnent :

a) sur *gélose* : colonies sous forme de gros points blancs arrondis, plus clairs à la périphérie, plus foncés au centre; plus espacés en haut, plus rapprochés à la partie inférieure du trait de culture. En outre, colonies plus petites, brillantes et réfringentes, peu nombreuses. L'examen de ces colonies montre que les premières sont constituées par un bacille petit, court, immobile, renflé à l'une de ses extrémités, ou aux deux, ressemblant morphologiquement au bacille de Lœffler. Les dernières, beaucoup moins nombreuses que les premières, sont constituées par des chaînettes de coccus ressemblant au streptococcus pyogenes.

b) sur *bouillon* : culture également impure : le bouillon est trouble; sur les parois du tube, dépôt blanchâtre en mince pellicule; au fond, dépôt granuleux, blanchâtre. L'examen y décèle les mêmes organismes que sur la gélose, le bacille prédominant encore ici sur les chaînettes.

c) sur *sérum* : même culture que sur gélose; sur les derniers tubes d'une série ensemencés en même temps, le bacille de Loeffler se trouvait presque pur.

2° *Avec le pus des bronches* : les cultures faites le 11 juin, donnent :

a) sur *gélose* : culture impure en points plus ou moins arrondis, plus ou moins épais, blanc-jaunâtres. L'examen de cette culture y décèle de petits *bacilles* morphologiquement semblables au bacille de Loeffler, des *diplocoques* et des *chaînettes* courtes. Dans l'eau de résidu qui se trouve au fond du tube de gélose, on ne voit que des chaînettes extrêmement longues, sinueuses, enroulées et enchevêtrées les unes dans les autres.

b). Dans le *bouillon* : le bouillon est trouble, pas de dépôt sur les parois du tube; mais au fond du tube, dépôt granuleux, blanchâtre. On n'y trouve que des *diplocoques en chaînettes* et des *coccus* isolés ou en amas irréguliers.

B. *Cultures sur plaques de gélose*. — Deux plaques de gélose sont ensemencées le 11 juin, en stries, l'une avec le pus des bronches, l'autre avec l'exsudat pulmonaire.

Sur ces deux plaques, on retrouve deux sortes de colonies.

a) Les unes forment, le long de la strie, des colonies blanchâtres, irrégulièrement arrondies, peu saillantes : leur centre est plus épais, plus foncé; leur périphérie plus transparente. Elles sont constituées par un bacille petit, immobile, dont l'une des extrémités, ou plus rarement les deux extrémités sont arrondies, en massue. Ce bacille, morphologiquement, ressemble au *bacille de Lœffler*.

Ces colonies sont plus abondantes sur la plaque faite avec l'exsudat du poumon que sur celle faite avec le contenu des bronches.

b) Les autres forment, le long des stries de culture, sur les plaques, de très petites colonies, saillantes, brillantes et réfringentes, à peine blanchâtres, très régulièrement arrondies. Examinées au microscope, ces colonies se montrent constituées par des chaînettes de diplocoques peu longues, peu sinueuses, de coccus toujours en nombre pair. Ces chaînettes, morphologiquement, ressemblent au *streptococcus pyogenes*.

Ces colonies sont recueillies avec pureté et ensemencées sur divers milieux nutritifs.

a) Les colonies de *bacilles*, ensemencées le 13 juin avec les colonies des plaques ensemencées le 11 juin, semées sur gélose et sur sérum, donnent les colonies caractéristiques du bacille de la diphthérie de Loeffler, plus développées sur sérum que sur gélose : elles s'y présentent sous forme de colonies arrondies, blanchâtres, plus transparentes à la périphérie, plus foncées au centre.

b) Les colonies de *coccus en chaînettes* repiquées le 13 juin sur des tubes de gélose, de gélatine et de bouillon, avec les colonies des plaques ensemencées le 11 juin.

Sur *gélose* se développent, au bout de trente-six à quarante-huit heures, des colonies en pointillé très fin, très réfringent ; ces colonies, assez clairsemées, sont pourtant plus riches que les colonies obtenues par les cultures analogues du streptococcus erysipelatis. Sur certains tubes, elles se montrent même tellement abondantes qu'elles forment, à la surface du tube incliné de gélose, un voile blanchâtre, transparent, assez diffusé autour du trait de culture, constitué par une multitude de ces mêmes petites colonies ponctuées, extrêmement rapprochées les unes des autres.

Sur *bouillon*, ces colonies se développent sous forme de grains de sable ou de semoule, déposant au fond du tube, tenus en suspension dans le liquide après agitation, mais laissant constamment le bouillon parfaitement limpide.

Sur *gélatine*, la culture faite par piqûre se développe sous forme de colonies petites, arrondies, blanchâtres, développées exclusivement le long du trait de piqûre, plus confluentes à la partie supérieure du tube, plus discrètes, plus espacées et plus petites à sa partie inférieure, ne liquéfiant pas la gélatine.

Sur ces divers milieux, les cultures se sont montrées exclusivement constituées par des diplocoques associés en chaînettes généralement plus allongées, plus sinueuses dans le bouillon que sur gélatine ou sur gélose ; les coccus qui les constituent sont également plus volumineux sur le premier de ces milieux nutritifs que sur les deux derniers.

Ce streptocoque ressemble donc, on le voit, par ses caractères morphologiques et les propriétés biologiques au *streptococcus pyogenes*.

Inoculations. Une souris blanche, jeune, est inoculée le 11 juin, sous la peau de la base de la queue, avec deux gouttes de l'exsudat pulmonaire prélevées avec pureté en plein foyer de broncho-pneumonie.

Cette souris meurt le 13 juin, deux jours après l'inoculation.

L'examen microscopique du sang du cœur y démontre la présence en grande quantité et à l'état de pureté, du *pneumocoque encapsulé de Talamon-Frænkel*, soit à l'état de diplocoques isolés, soit, mais plus rarement, à l'état de diplocoques associés en chaînettes, mais affectant toujours la forme lancéolée caractéristique, et toujours entourés d'une capsule.

Le sang du cœur de la souris ensemencé sur tubes de gélose et de bouillon, a d'ailleurs constamment donné des cultures pures du pneumocoque de Talamon-Frænkel. Les tubes de gélatine ensemencés de la même façon sont restés stériles.

Remarques. — C'est une broncho-pneumonie récente qui n'a certainement pas plus de cinq à six jours de durée, si l'on s'en rapporte aux commémoratifs.

L'étude des lésions montre en effet qu'on a bien affaire à des lésions récentes de pneumonie catarrhale, entremêlées, il est vrai, en certains points, de lésions plus avancées d'hépatisation.

Mais, sans insister davantage sur ces lésions banales, nous devons attirer l'attention sur deux points plus spéciaux à ce fait.

1°) L'abondance de l'exsudat fibrineux dans les cavités alvéolaires, et dans les bronches de petit calibre ; cet exsudat n'est évidemment que la fausse membrane diphthérique qui se continue à travers tout l'arbre aérien pour aboutir jusque dans l'alvéole.

2°) — La grande quantité de foyers hémorrhagiques lobulaires qu'on remarque sur les coupes.

Ces deux particularités avaient d'ailleurs été déjà notées dans les broncho-pneumonies diphthériques ; mais on avait eu le tort d'y voir des caractères anatomiques tout à fait spéciaux à cette forme étiologique, pour ce qui concerne les hémorrhagies tout au moins : nous avons en effet noté celles-ci dans foule de broncho-pneumonies d'autre origine, et si elle est plus abondante ici que dans les autres cas, ce n'est pas une raison pour y voir un caractère anatomique suffisant pour autoriser dans des cas semblables à porter un diagnostic étiologique absolument certain. — Quant à l'exsudat fibrineux, ce n'est évidemment un caractère spécial à cette forme que si on le retrouve dans les alvéoles et dans les bronchioles ; rien en effet ne pourrait distinguer un exsudat fibrineux exclusivement alvéolaire dans une broncho-pneumonie diphthérique. — Seule la continuation de l'exsudat dans les bronchioles, sous forme de fausse membrane tapissant ses parois, peut faire porter ce diagnostic ; l'examen bactériologique enfin vient juger en dernier ressort.

Nous retrouvons en effet ici, dans l'exsudat pulmonaire, non seulement le pneumocoque et le streptocoque, organismes banals de la broncho-pneumonie, mais le bacille de Lœffler, l'agent pathogène de la diphthérie.

Or nous devons faire remarquer que la présence de ce bacille coïncide avec celle de l'exsudat fibrineux broncho-alvéolaire, et que dans les autres cas de broncho-pneumonie diphthérique où l'absence d'exsudat fibrineux dans les bronchioles a été notée, ce bacille n'a pu être décelé dans le parenchyme pulmonaire.

Observation XV

Coq..., Marie, 6 ans, entrée le 9 juin 1890, à l'Hôpital des Enfants-Malades, au pavillon de la Scarlatine, en pleine éruption scarlatineuse, datant de la veille.

Le 11 juin, elle passe à la salle Trousseau (pavillon de la diphthérie, service de M. Simon); examinée dans cette salle, elle présente des fausses membranes, d'aspect diphthérique, occupant le pharynx, les amygdales, le voile du palais, la langue et les parties voisines des joues. On constate en outre des râles sous-crépitants fins disséminés dans la face postérieure des deux poumons. Décès le 13 juin, à 11 heures du matin. Autopsie le 14 juin, à 11 heures du matin, 24 heures après la mort.

Autopsie. — Le corps est parfaitement conservé. Rigidité cadavérique.

Le pharynx et une partie de la bouche sont recouverts de fausses membranes adhérentes, ressemblant à des fausses membranes diphthériques, et constatées pendant la vie.

Le *larynx*, la *trachée* et les *bronches*, sont indemnes de toute lésion ressemblant à la diphthérie. Du pus jaunâtre venant des poumons, s'écoule par les bronches au moment de leur section au niveau du hile.

Poumons : Présentent tous deux les mêmes lésions, d'une étendue égale des deux côtés.

Les bases, les bords et les faces postérieures sont congestionnés ; les lobules rouges, congestionnés, sont séparés par des espaces plus accusés, rouge violacé, lie de vin.

Les parties antérieures et les sommets des poumons sont fortement emphysémateux (emphysème lobulaire).

Pas d'exsudat pleural : les plèvres sont parfaitement lisses.

La coupe des régions postérieures congestionnées, est rouge foncé, lisse ; une grande quantité de sang s'en écoule ; d'autres portions, plus sèches, affaissées, sont atélectasiées. Du pus s'écoule des orifices non dilatés des bronches. Tous les fragments de parenchyme surnagent.

Quelques points sont d'un rouge noirâtre, ecchymotiques.

On ne trouve, en somme, que de la congestion, de la splénisation et par places, de l'atélectasie ; aucun point n'est hépatisé.

Les ganglions trachéo-bronchiques paraissent normaux ; ils ne sont pas tuméfiés.

Le *foie* est sain, sauf quelques points un peu gras.

Les *reins* sont très légèrement congestionnés ; la congestion prédomine dans la substance corticale, et à la base des pyramides.

La *rate* est un peu tuméfiée ; sa consistance est normale.

Examen histologique. — Il y a, dans les coupes, deux ordres de lésions qu'il faut distinguer. Des lésions récentes, inflammatoires, et des lésions anciennes, les premières greffées sur les secondes, et qu'on ne peut décrire à part, car elles sont assez exactement superposées.

Les lésions anciennes s'y montrent sous deux formes différentes :

1°). Les lésions d'*emphysème* lobulaire qui, sans contredit, sont les plus fréquentes : on voit la coupe percée de trous qui sont des alvéoles distendus à l'extrême : ces alvéoles ainsi distendus sont isolés ou plus souvent réunis en nombre variable ; leurs parois régulièrement circulaires forment, dans ce dernier cas, des segments de cercle séparés les uns des autres par des éperons incomplets. — Tout épithélium a disparu à leur surface, mais la paroi propre est épaissie, congestionnée, constituée par du tissu conjonctif riche en noyaux allongés, et entre les faisceaux duquel s'insinuent de nombreux leucocytes. — La cavité de ces alvéoles est d'ailleurs partout libre.

2°).Autour des bronches et des artérioles, on trouve des plaques constituées par des alvéoles dont les parois extrêmement épaisses sont riches en tissu conjonctif jeune et en leucocytes; les capillaires sanguins y sont très dilatés; leur épithélium est tuméfié, moins notablement pourtant que dans les cas aigus d'emblée, sans lésion ancienne; leur cavité est remplie de ces cellules épithéliales desquamées, de fibrine et de pigment sanguin.

Les bronchioles ont des parois régulièrement circulaires, épaissies par du tissu conjonctif, relativement peu vascularisées, et tapissées par un épithélium cubique assez aplati; leur cavité est partout libre.— L'épaississement des tuniques les plus externes des parois artérielles par du tissu conjonctif peut également être mis sur le compte d'une périartérite ancienne.

La *plèvre* est peu épaissie; on remarque, dans son épaisseur, des traînées évidentes de lymphangite sous-pleurale.

En résumé, nous croyons pouvoir considérer ces lésions comme des lésions récentes d'alvéolite catarrhale surajoutées et superposées à des lésions anciennes d'alvéolite chronique.

On pourrait, il nous semble, reconstituer l'histoire de ces lésions et émettre l'hypothèse très justifiable qu'il paraît y avoir eu antérieurement dans ce poumon, des lésions de broncho-pneumonie *(plaques ou nodules péri-bronchio-vasculaires)*, entourées de dilatation emphysémateuse des alvéoles voisins qui a persisté et abouti à l'emphysème lobulaire chronique. — Puis sur ces lésions sont venues se greffer des lésions catarrhales desquamatives récentes déterminant :

a) dans les plaques péri-bronchiques où dominait l'alvéolite chronique, la tuméfaction et la desquamation de l'épithélium, puis l'exsudation de fibrine dans ces alvéoles;

b) dans les régions emphysémateuses environnantes, la congestion vasculaire et la diapédèse leucocytique ; dans l'épaisseur des parois, des lobules d'emphysème, contribuant à les épaissir et à leur donner cet aspect spécial que nous avons décrit.

La congestion et la diapédèse des leucocytes dans l'épaisseur de ces parois, et par places l'exsudation de fibrine à l'intérieur des alvéoles, semblent suffisamment justifier cette hypothèse.

Étude bactériologique. — COLORATION DE LAMELLES. — L'exsudat pulmonaire prélevé avec pureté, au niveau des foyers de splénisation, montre, après coloration, des *coccus* qui se présentent sous 4 formes différentes.

1°). — *Coccus isolés*, petits, sphériques, sans capsule, peu nombreux.

2°). — Coccus en amas ou grappes, ou *staphylococcus* assez nombreux.

3°). — Coccus associés deux à deux, ou *diplococcus* non encapsulés, arrondis ou quelquefois légèrement ovoïdes.

4°). — Coccus en chaînettes assez courtes, peu sinueuses, nombreuses : ces *streptocoques* sont constitués par des coccus sphériques, équidistants les uns des autres, assez volumineux.

Cultures. — L'exsudat pulmonaire prélevé au niveau des foyers de splénisation sert à ensemencer directement des tubes de milieux nutritifs solides et liquides, et à ensemencer deux plaques de gélose.

A. — *Cultures directes*. — L'exsudat pulmonaire ensemencé directement sur des tubes de gélose et dans du bouillon, le 14 juin, montre :

1°). — Sur *gélose* ensemencée en stries sur tube incliné : une culture très abondante, piriforme, large et arrondie en bas, terminée en pointe à sa partie inférieure ; ses bords sont festonnés ; sa couleur est jaune orange au centre, jaune citron à la périphérie, avec liseré presque blanc sur les bords. — L'examen de cette culture la montre constituée par des coccus arrondis, isolés ou en amas ressemblant au *staphylococcus aureus*.

2°). — *Dans le bouillon* : le liquide est troublé ; pas de dépôt sur la paroi du tube ; au fond, dépôt blanchâtre, granuleux, en grumeaux ressemblant à des grains de semoule, et que l'agitation laisse en suspension dans le liquide.

L'examen de cette culture la montre constituée par :

a — des *coccus* isolés sphériques, assez volumineux ;

b — des coccus arrondis, associés deux à deux.

c — des coccus en grappes, ou staphylocoques.

d — des *coccus en chaînettes* plus ou moins courtes, plus ou moins sinueuses ; les coccus constituant ces chaînettes sont très ténus, sphériques, équidistants ou réunis deux à deux ; associés généralement en nombre pair de 4 coccus au moins jusqu'à former des chaînettes très longues et très sinueuses.

B. — *Cultures sur plaques.* — Deux plaques de gélose sont ensemencées en stries, le 14 juin, avec l'exsudat pulmonaire prélevé au niveau des portions splénisées.

Ces deux plaques n'ont présenté que deux sortes différentes de colonies :

1°). — Les unes, serrées, arrondies, confluentes, de couleur jaune d'or au centre, avec liséré plus pâle à la périphérie, forment, le long de la strie, en s'unissant entre elles, une bande de couleur jaune d'or, à bords festonnés. Au microscope, ces colonies se montrent formées par des coccus associés en grappes, présentant tous les caractères du *Staphylococcus aureus.*

2°) D'autres colonies, beaucoup plus espacées, plus clairsemées, très petites, à peine grosses comme une tête d'épingle, saillantes, sphériques, brillantes, réfringentes, se sont développées en quarante-huit heures, plus lentement que les précédentes qui se sont développées en vingt-quatre heures. Ces colonies, beaucoup plus nombreuses que les colonies de staphylocoques, examinées au microscope, se montrent constituées par un *streptocoque* morphologiquement semblable au streptococcus pyogenes.

Ces deux sortes de colonies, repiquées sur divers milieux nutritifs, y ont présenté les caractères suivants :

1°) — Les *colonies de staphylocoques* se sont développées sur les divers milieux, avec leurs caractères connus.

Sur gélose : culture épaisse, crémeuse, jaune d'or, à bords festonnés, avec liséré marginal blanchâtre.

Dans le bouillon : trouble uniforme du liquide avec dépôt jaunâtre.

Sur gélatine : liquéfaction lente avec dépôt jaune d'or au fond du tube.

2°) — Les colonies de *streptocoques* ont de même présenté constamment les caractères habituels des colonies du streptococcus pyogenes.

Sur gélose : le long de la strie, suivant un trajet assez limité à celle-ci, pointillé très fin, très abondant de colonies petites, arrondies, saillantes, brillantes et réfringentes. Les colonies sont constituées par des chaînettes plus ou moins longues et sinueuses, souvent sous forme de diplocoques associés.

Dans le bouillon : le liquide reste limpide; au fond du tube repose un dépôt blanc, granuleux; les chaînettes y sont plus longues, plus sinueuses, enroulées, enchevêtrées entre elles.

Sur gélatine : colonies peu nombreuses ,et pointillé fin le long du trait de piqûre, ne liquéfiant pas la gélatine.

Inoculations. — Une souris blanche, adulte, inoculée le 14 juin avec deux gouttes environ de l'exsudat pulmonaire, a survécu à l'inoculation sans jamais manifester aucune réaction pathologique.

Remarques. — Cette observation doit être considérée comme se rapportant à une broncho-pneumonie scarlatineuse, et l'angine pour laquelle on a transféré la malade au pavillon d'isolement de la diphthérie, comme une angine diphthéroïde scarlatineuse précoce.

L'absence de fausses membranes dans les voies aériennes, la précocité de l'angine par rapport à la date du début de l'éruption scarlatineuse, plaident en ce sens.

Anatomiquement, la lésion pulmonaire consistait en lésions congestives, catarrhales, desquamatives et exsudatives récentes surajoutées à d'anciennes lésions d'emphysème et de broncho-pneumonie chronique.

Dans l'exsudat pulmonaire, nous n'avons pu mettre en évidence que deux organismes : un coccus en chaînettes analogue par son aspect et ses cultures au streptococcus pyogenes, et un coccus en grappes, ressemblant en tous points au staphylococcus pyogenes aureus; nous considérons volontiers l'intervention de ce dernier comme secondaire et accessoire, et nous ne croyons pas qu'on puisse faire à cette hypothèse d'objection sérieuse, si l'on remarque que dans aucune de nos observations, le staphylocoque n'a été trouvé isolé, mais que toujours on a retrouvé avec lui d'autres organismes, tels que le streptocoque et le pneumocoque dont, au contraire, l'existence à l'état de pureté dans des lésions analogues a été démontrée dans plusieurs de nos observations.

Observation XVI

Corr... Jean, âgé de 10 mois, entré le 13 juillet 1890 à l'hopital des Enfants-Malades, salle Trousseau (Pavillon de la diphthérie, Service de M. le Dr Jules Simon). —A son entrée il présente une angine pseudo-membraneuse extrêmement étendue, quelques signes de croup (gêne de la respiration, voix rauque), une tuméfaction considérable des ganglions sous-maxillaires et des ganglions du cou des deux côtés, et surtout un état général fort grave. On ne constate pas de broncho-pneumonie. — Tous ces symptômes existaient, au dire des parents, depuis 5 à 6 jours environ.

Le malade meurt le 17 juillet à 1 heure du matin, sans avoir subi l'opération de la trachéotomie. Autopsie le 18 juillet à 11 heures du matin, 34 heures après la mort.

Autopsie. — Le corps est bien conservé.

Voies aériennes. — Les fausses membranes ne se trouvent que dans le larynx ; elles ne dépassent pas la glotte ; on n'en retrouve aucune trace dans les voies aériennes situées au-dessous.

Les ganglions sous-maxillaires et cervicaux sont extrêmement tuméfiés.

Les *poumons* n'offrent que des lésions extrêmement peu avancées dans leur évolution et fort peu étendues.

Ce n'est en effet que vers le sommet du lobe inférieur du poumon gauche, vers son côté externe qu'on remarque un foyer de broncho-pneumonie atteignant à peine le volume d'un œuf de poule. Toutes les autres parties des deux poumons sont absolument saines. La plèvre est indemne de toute lésion, même au niveau du foyer de broncho-pneumonie.

Ce noyau de pneumonie a une couleur rouge foncé, sa consistance est ferme ; il plonge dans l'eau. A la coupe s'écoule du sang, mais pas de pus ; quelques gouttelettes de pus jaune pâle sourdent pourtant des orifices non dilatés des bronchioles. La surface de coupe est rouge violacé, fort peu granuleuse. Nulle part n'existent de lésions des tubercules.

Les ganglions lymphatiques du hile du poumon gauche, et les groupes trachéo-bronchiques correspondants sont à peine légèrement augmentés de volume.

Examen histologique. — Les lésions sont presque partout récentes, au début, et ce n'est guère qu'au pourtour des bronchioles les plus atteintes qu'on peut trouver des lésions un peu plus avancées.

Les lésions sont en effet presque partout uniformes : c'est de la pneumonie catarrhale disséminée, parsemée de quelques foyers d'hépatisation.

Les *bronchioles* offrent une lumière régulièrement arrondie; leur paroi est réduite à un mince anneau fibro-élastique, généralement dépourvu complètement ou partiellement de son épithélium. A leur intérieur se trouve souvent du pus; autour de leur paroi, une infiltration leucocytique plus ou moins étendue, témoigne d'une péribronchite d'une intensité et d'une étendue variables suivant les points.

Les *artères* sont relativement peu malades; elles ne présentent guère qu'une périartérite assez légère, et assez limitée au point de leur circonférence qui confine à une petite bronche.

Les lésions du *parenchyme* sont, comme nous l'avons dit au début, assez uniformes : ce sont des lésions de pneumonie catarrhale desquamative, diffuses, généralisées à toute l'étendue des coupes que nous avons examinées. Les parois des alvéoles sont épaissies par suite de la tuméfaction des cellules épithéliales qui les revêtent; celles-ci prolifèrent en outre activement, et tombent ensuite dans la cavité alvéolaire où on les trouve en grande quantité. Les capillaires des parois alvéolaires sont très dilatés et gorgés de sang.

Outre ces lésions épithéliales, qui sont des lésions initiales, on retrouve en certains points autour des bronchioles les plus malades, des lésions plus avancées :

1°). Tantôt, en effet, la cavité des alvéoles est remplie par un exsudat fibrineux coloré par du pigment sanguin, et emprisonnant dans ses mailles, des éléments épithéliaux desquamés, quelques leucocytes, mais fort peu de lobules rouges.

2°). Tantôt, les cavités alvéolaires ne renferment que des leucocytes; c'est là le stade le plus avancé des lésions : c'est l'hépatisation grise qui conduit à la suppuration du lobule.

Ces lésions sont groupées autour des bronchioles les plus atteintes; elles ne sont nullement disséminées sans ordre.

Nulle part on ne trouve d'hémorrhagies.

La plèvre n'est que fort légèrement congestionnée et épaissie.

Étude bactériologique. — Coloration de lamelles. — L'exsudat pulmonaire prélevé au niveau de zones de splénisation et d'hépatisation, étalé sur des lamelles, desséché et coloré, ne montre que deux sortes d'organismes : tantôt des *doubles points* arrondis, très ténus, sans capsules; tantôt des *chaînettes* généralement courtes, peu sinueuses, également dépourvues de capsule, le volume des coccus qui les constituent est le même que celui des diplocoques, peut-être donc peut-on les identifier l'un à l'autre. — Ils se colorent également bien par la méthode de Gram.

Il faut noter ici que nous n'avons rencontré dans ces examens aucune forme bacillaire et que par conséquent nous devons noter l'absence du bacille de Lœffler dans les foyers de broncho-pneumonie.

Culture. — L'exsudat pulmonaire a été ensemencé en stries sur deux plaques de gélose placées à l'étuve à 38°.

Sur ces deux plaques se sont développées, dès le lendemain de l'ensemencement, le long des stries de culture, des colonies petites, arrondies, brillantes, légèrement blanchâtres, dont le développement s'est accentué pendant les quatre à cinq jours suivants et s'est dès lors arrêté.

Réensemencées sur des tubes de gélose, de gélatine et de bouillon, ces colonies, partout les mêmes, nous ont donné des cultures pures de streptocoque.

Sur *gélose* elles se sont développées comme sur les plaques, donnant des cultures un peu plus riches que celles du streptocoque de la suppuration, mais comme ces dernières, elles perdaient leur vitalité au bout d'une quinzaine de jours.

Elles ne troublaient pas le *bouillon* qui restait parfaitement limpide; les colonies se déposaient au fond du tube sous forme d'un dépôt granuleux, blanchâtre, que l'agitation mettait en suspension dans le liquide.

Sur la *gélatine* ensemencée par piqûre, elles ne se développaient qu'au bout de 36 à 48 heures et formaient le long du trait de la piqûre des petits point gros comme des têtes d'épingle, arrondis, blanchâtres, granuleux, assez espacés, ne liquéfiant pas la gélatine.

Sur ces divers milieux de culture, les colonies se sont montrées constituées par un coccus assez petit, en chaînettes plus longues, plus sinueuses dans le bouillon que sur la gélose; sur ce dernier milieu les couches étaient également plus ténues que dans le bouillon; souvent les coccus d'une même chaînette se montraient nettement associés deux à deux; tandis que sur d'autres chaînettes, ils se montraient équidistants.

L'inoculation à une souris blanche adulte de deux gouttes de l'exsudat pulmonaire n'a déterminé chez elle l'apparition d'aucun phénomène pathologique.

Remarques. — Il s'agit en somme ici d'une broncho-pneumonie secondaire à la dipthérie, rapide dans son évolution, puisqu'elle n'a guère plus de cinq à six jours de durée, la diphthérie qui l'a précédée ayant évolué en huit à dix jours environ.

Si étiologiquement on doit la considérer comme secondaire à la diphthérie, au double point de vue anatomique et bactériologique, on doit reconnaître qu'elle n'a aucun rapport avec elle.

Les foyers de broncho-pneumonie sont complètement indépendants des lésions diphthériques, puisque la fausse membrane ne dépasse pas la glotte.

Enfin, nulle part dans l'exsudat pulmonaire on ne trouve le bacille de Lœffler; on n'y décèle que la présence à l'état de pureté d'un *streptocoque* qui, par ses caractères morphologiques et l'aspect de ses cultures, ressemble beaucoup au streptocoque de la suppuration.

Observation XVII (1)

La nommée Be... Olympe, âgée de 37 ans, entre le 24 décembre 1889 à l'hôpital de la Pitié, salle Valleix, lit n° 17, dans le service de M. Brouardel.

Elle est depuis environ un mois placée comme femme de chambre chez M. F..., qui, le 22 décembre 1829, après environ vingt-quatre heures de prodromes (malaise, fièvre, etc.), est pris d'un érysipèle de la face.

La plaque érysipélateuse, apparue le 22 décembre au soir, a gagné, les jours suivants, la face et le cuir chevelu, et cet érysipèle fort grave, a mis en danger les jours du malade.

Sa femme de chambre, qui le soignait, est prise le 23 décembre au soir d'un point de côté droit extrêmement violent. Elle prend le lit et passe une nuit très agitée.

(1) Cette observation ayant déjà fait l'objet d'une note à l'Académie, et ayant d'autre part paru *in extenso*, dans les *Archives de médecine expérimentale* (n° 2 de mars 1890, p. 273), nous n'en rappelons ici que les points intéressants au point de vue clinique et anatomique, et les résultats de l'étude bactériologique.

Le 24 décembre au matin, elle est prise d'un frisson unique, très intense et prolongé, et entre le soir même à l'hôpital.

Nous l'examinons le soir même de son entrée à l'hôpital, et nous la trouvons très abattue, avec du délire calme sans agitation ; l'état de prostration où elle est l'empêche de nous donner aucun renseignement; nous n'avons pu les recueillir que des personnes chez lesquelles elle était placée.

Le pouls est rapide, la langue sèche et blanche, la respiration très accélérée, la dyspnée intense.

L'examen minutieux de la peau, du visage surtout, du pharynx n'y décèle aucune rougeur, aucune plaque d'érysipèle.

A l'auscultation des poumons, nous constatons un souffle tubaire, pneumonique à la base du poumon droit, près de la colonne vertébrale ; — au niveau du point très limité où s'entend ce souffle, la pression sur la paroi thoracique est extrêmement douloureuse.

On lui applique, le soir même, en ce point, dix ventouses scarifiées.

Le lendemain 25 décembre au matin, les signes stéthoscopiques sont les mêmes que la veille; mais l'état général s'est aggravé, la prostration et la dyspnée se sont accrues.

Elle meurt ce jour même, 25 décembre 1889, à 5 heures du soir. La température (prise dans le vagin) avait monté à 40°,2 le 24 décembre au soir; 41° le 25 au matin et 40°,2 le 25 au soir.

L'*autopsie* est faite le 27 décembre à 10 heures du matin, par un temps froid, quarante et une heures après la mort.

Autopsie. — Le corps est bien conservé, pas de décomposition cadavérique.

Le *poumon gauche*, vers sa partie moyenne, montre quelques masses tuberculeuses ramollies, caséeuses, dont les plus grosses atteignent à peu près le volume d'une noisette; ces masses sont peu nombreuses. — Pas de cavernes. — Ce poumon gauche est sain dans tout le reste de son étendue.

A la base du *poumon droit*, et à sa partie postérieure, près de la gouttière costo-rachidienne, se trouve une masse indurée grosse environ comme une petite orange. — A la coupe apparaissent quelques lobules saillants, durs, grisâtres, tranchant par leur consistance sur les parties voisines dont la couleur et la consistance, à part une légère congestion, paraissent normales : il y a bien là des foyers disséminés de broncho-pneumonie.

Les lobules hépatisés sont petits, confluents, saillants, fort peu granuleux; il ne s'en écoule pas de pus à la pression; ils semblent être au début du stade d'hépatisation grise.

Du parenchyme pulmonaire simplement congestionné sépare ces nodules les uns des autres. Ceux-ci, enlevés séparément avec les ciseaux, plongent au fond de l'eau.

— Au niveau du foyer de broncho-pneumonie, la *plèvre* est recouverte d'un léger exsudat récent, peu adhérent, sur son feuillet viscéral seulement.

Pas d'épanchement pleural.

Le *larynx*, la *trachée* et les *bronches* sont sains sur tous les points de leur trajet : leur muqueuse est normale, et nullement congestionnée.

Tous les autres organes, à part des lésions congestives du foie, des reins, et la tuméfaction considérable de la rate, sont absolument sains.

Examen histologique. — Les portions hépatisées offrent des lésions absolument différentes de celles que nous avons notées jusqu'à présent.

Les *bronches* sont peu malades : leur épithélium est intact; leur paroi est un peu épaissie par une infiltration considérable de leucocytes dans leur épaisseur ; mais cette bronchite ne s'étend pas au loin : on ne voit pas de péribronchite comme dans les cas précédents.

Les *artérioles* ne sont pas malades ; les espaces lymphatiques qui les entourent sont gorgés de leucocytes.

Le *parenchyme pulmonaire* offre des lésions dont l'intensité n'est pas comparable avec le peu de durée de la maladie : ces lésions sont partout égales, et se montrent sur toute l'étendue des coupes avec une constante uniformité.

Ce qui les caractérise c'est l'extrême abondance des leucocytes.

Les parois alvéolaires, très congestionnées, sont infiltrées de leucocytes qui paraissent seuls les constituer : les cellules de l'épithélium pulmonaire sont remplacées par ces leucocytes qui bordent la cavité de l'alvéole, et qu'un petit espace vide circulaire sépare de l'exsudat qui remplit cette cavité.

Cet exsudat forme un bloc compact de leucocytes tassés les uns contre les autres, entre lesquels on peut à peine distinguer dans les portions les plus minces de la coupe, un réseau très ténu, très peu abondant de fibrine.

Sur les coupes colorées pour l'examen bactériologique par le carmin boraté et la méthode de Gram, on voit une énorme quantité de chaînettes de 6 à 8 microcoques, peu sinueuses, d'habitude simplement incurvées à leurs extrémités, amassées par places, et enchevêtrées les unes dans les autres. Elles se trouvent surtout dans la cavité de l'alvéole, au milieu des leucocytes, quelques-unes beaucoup plus rares et plus isolées, se montrent dans l'épaisseur des parois alvéolaires.

Etude bactériologique. — COLORATION DE LAMELLES. — L'exsudat prélevé avec pureté, immédiatement après l'autopsie, étalé et fixé sur des lamelles, montre, après coloration au violet de gentiane, et par la méthode de Gram, des streptocoques en grand nombre situés surtout en dehors des globules blancs. Ils se présentaient à l'état de pureté, sans mélange avec aucun autre micro-organisme ; leurs chaînettes étaient sinueuses, courtes, constituées par environ trois à six micrococcus sphériques d'environ 0 μ 3 de diamètre.

CULTURES. — Avec l'aiguille de platine plongée dans les nodules hépatisés, après avoir brûlé la surface de l'organe, on prélève des parcelles de l'exsudat que l'on sème dans de la gélatine et dans de la gélose préalablement liquéfiée, et à l'aide desquelles on confectionne des plaques.

En même temps, des traces de l'exsudat sont ensemencées directement par piqûre dans des tubes droits de gélatine, et en strie sur la surface inclinée de tubes de gélose.

Or, sur les *tubes de gélatine* placés à l'étuve à 20°, on voit se développer au bout de deux jours, sur le trajet de la piqûre, une ligne blanche, nette, bien limitée, formée par des colonies blanchâtres, arrondies, très petites, d'autant plus nombreuses et plus confluentes qu'on se rapproche davantage de la surface de la gélatine. La gélatine n'est pas fluidifiée au niveau du développement de ces colonies.

Sur les *tubes de gélose* placés à l'étuve à 38°, on voit se développer au bout de deux jours, le long de la strie d'inoculation, de petites colonies discrètes et espacées.

A l'examen microscopique de ces colonies, on constate qu'elles sont formées exclusivement par des chaînettes de microcoques identiques à celles trouvées et décrites dans les préparations fraîches, et offrant tous les caractères du streptococcus pyogenes.

Sur les *plaques de gélatine* maintenues à la température de 20°, on voit apparaître au bout de trois jours des colonies très petites, blanchâtres, ponctiformes, à contours réguliers, ne liquéfiant pas la gélatine.

Sur les *plaques de gélose* placées à la température de 37°, on voit apparaître au bout de deux jours les mêmes colonies arrondies, constituées, ainsi que celles qui se sont développées sur les plaques de gélatine, exclusivement par le streptococcus.

Les cultures sur plaques de gélose ont été spécialement multipliées et les colonies explorées avec le plus grand soin, dans le but de rechercher le développement possible du pneumocoque de Talamon-Frænkel. Or, sur toutes les plaques on constata son absence.

INOCULATIONS. — Le 29 décembre 1889, on injecte, sous la peau de l'oreille gauche d'un lapin adulte et bien portant, trois gouttes d'une culture sur gélose (faite le 27 décembre), délayées dans du bouillon stérilisé. Le lendemain, l'oreille est tombante, tuméfiée, œdématiée, rouge, chaude et très vascularisée. C'est, en un mot, un type de l'érysipèle expérimental tel qu'on le provoque chez le lapin par l'injection sous-cutanée d'une culture de streptococcus erysipelatis ou pyogenes.

Cette inflammation érysipélateuse s'étend les jours suivants et, le 2 janvier 1890, l'œil gauche est saillant, la paupière supérieure rouge, tuméfiée ; l'animal a de la conjonctivite purulente.

Le 3 janvier, outre que cet état a empiré, la muqueuse de la narine gauche est tuméfiée ; il y a du jetage et du cornage.

Les jours suivants cet état s'améliore progressivement, et l'animal finit par guérir.

Cette expérience a été répétée plusieurs fois les jours suivants sur d'autres lapins avec des cultures de troisième, quatrième ou cinquième génération ; les effets de ces inoculations furent beaucoup moins accusés et se traduisirent par un peu de rougeur et de chaleur de l'oreille qui se dissipèrent rapidement au bout de quelques jours.

Un lapin reçut le 22 janvier, dans la veine marginale de l'oreille, un quart de centimètre cube d'une troisième culture sur gélose délayée dans du bouillon. Il n'y eut aucun résultat. On retrouve donc là un nouvel exemple de la facilité et de la rapidité avec laquelle le streptococcus erysipelatis perd de sa virulence dans les milieux de culture artificielle.

Remarques. — Cette broncho-pneumonie diffère de nos autres observations par les conditions étiologiques dans lesquelles elle s'est développée, par la rapidité de son évolution clinique, et par ses lésions.

Les lésions anatomiques peu étendues, mais aussi fort avancées dans leur évolution semblent en effet s'être développées avec une extrême rapidité: quarante-huit heures après le début, les alvéoles sont déjà comblées de leucocytes, la suppuration allait se faire quand la mort est survenue.

L'invasion paraît bien s'être faite par les voies aériennes, malgré l'intégrité de celles-ci en amont des alvéoles hépatisés, car c'est surtout dans la cavité de l'alvéole que se montrent les streptocoques en quantité considérable.

Ceux-ci ont, en effet, bien pu venir par les voies aériennes sans laisser de trace de leur passage, pour ne pulluler que là où ils ont trouvé un terrain favorable à leur culture, dans les alvéoles pulmonaires. Leur absence dans les vaisseaux sanguins, et dans les lymphatiques écarte toute supposition de leur propagation par ces voies.

Ces streptocoques, nous les avons identifiés au streptocoque du pus et de l'érysipèle, mais nous ne voyons non plus aucun caractère qui permette de les distinguer de ceux que nous avons trouvés dans nos autres observations.

Et pourtant, nous sommes bien obligé de reconnaître qu'il y a au point de vue clinique, anatomique, et au point de vue de la quantité des organismes colorés dans les tissus hépatisés, des différences énormes entre cette observation et les précédentes.

Mais comme nous identifions ces divers organismes les uns avec les autres, nous pensons qu'il s'agit surtout ici d'une question de dose et de virulence de l'agent pathogène, peut-être d'une question de terrain (celle-ci beaucoup plus hypothétique), qui, croyons-nous, expliqueraient ces différences dans la rapidité de l'évolution clinique et de la formation des lésions anatomiques.

Le Mans. — Typographie Ed. Monnoyer.

EXPLICATION DES PLANCHES

EXPLICATION DES PLANCHES

PLANCHE I.

Fig. I. — Alvéole pulmonaire : Diapédèse des leucocytes. — (Obs. XVII de broncho-pneumonie érysipélateuse.)

A. Cavité de l'alvéole dont les parois (*B*) sont infiltrées de leucocytes, un amas (*C*) de ces leucocytes occupe une partie de la cavité de l'alvéole. Des chaînettes de streptocoques sont disséminées en grand nombre dans les parois de l'alvéole et dans l'amas de leucocytes obstruant une partie de sa cavité.

(Coloration double au carmin boraté de Grenacher et au violet de gentiane par le procédé de Gram.)

Obj. immers. homog. apochr. Zeiss, 2.00 — 1.40. Ocul. compensat. n° 8.

Fig. II. — Chaînettes de streptococcus pyogenes provenant d'une culture pure sur tube incliné de gélose placé à l'étuve à 38°, et examinée deux jours après l'ensemencement. (Obs. XVI de broncho-pneumonie diphthérique. (Coloration au violet de gentiane.)

Obj. immers. homog. apochr. Zeiss. 2.00. — 1.40. Ocul. compensat. n° 12.

PLANCHE II.

A. Artériole pulmonaire dont les parois sont épaissies par une artérite légère qui prédomine sur le côté *B* de l'artériole qui confine à une ramification bronchique.

Les capillaires (*C*) sont dilatés. La paroi de l'un d'eux (*C'*) a livré passage aux leucocytes qui ont envahi sa cavité.

En *H*, cette effraction des parois des capillaires a déterminé une hémorrhagie dans les parois de l'artériole pulmonaire dont la tunique musculeuse est dissociée par cette hémorrhagie.

Fig 1

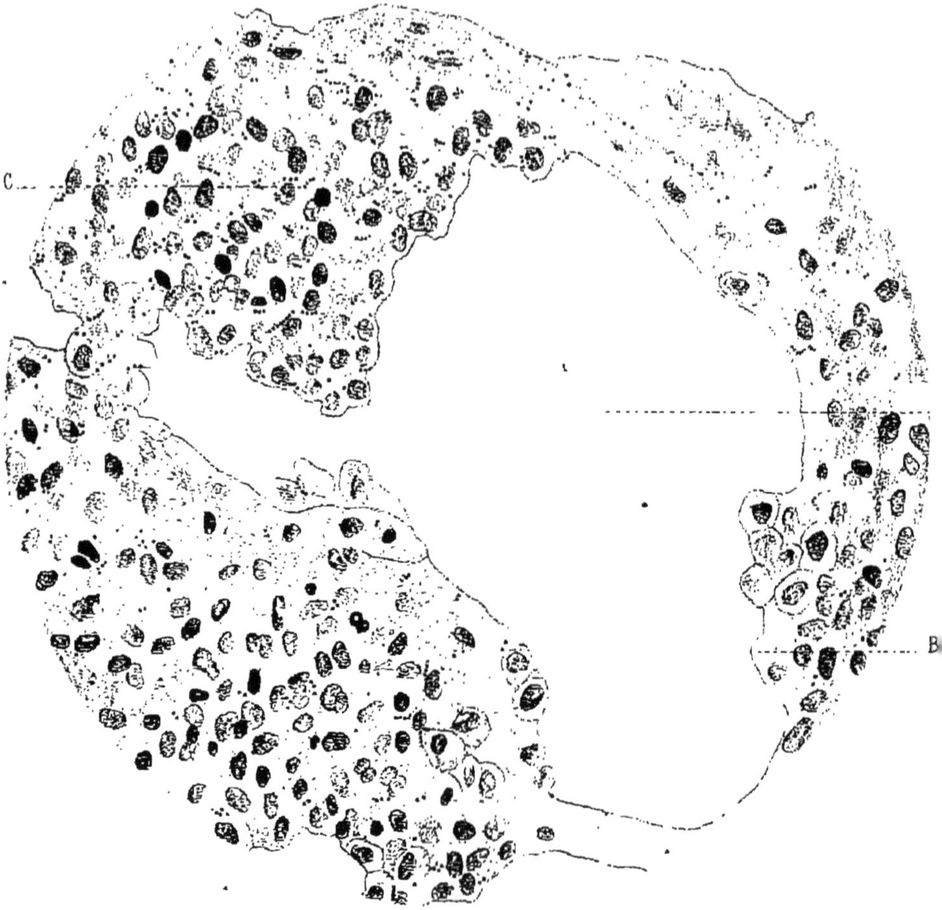

C

B

Fig 2

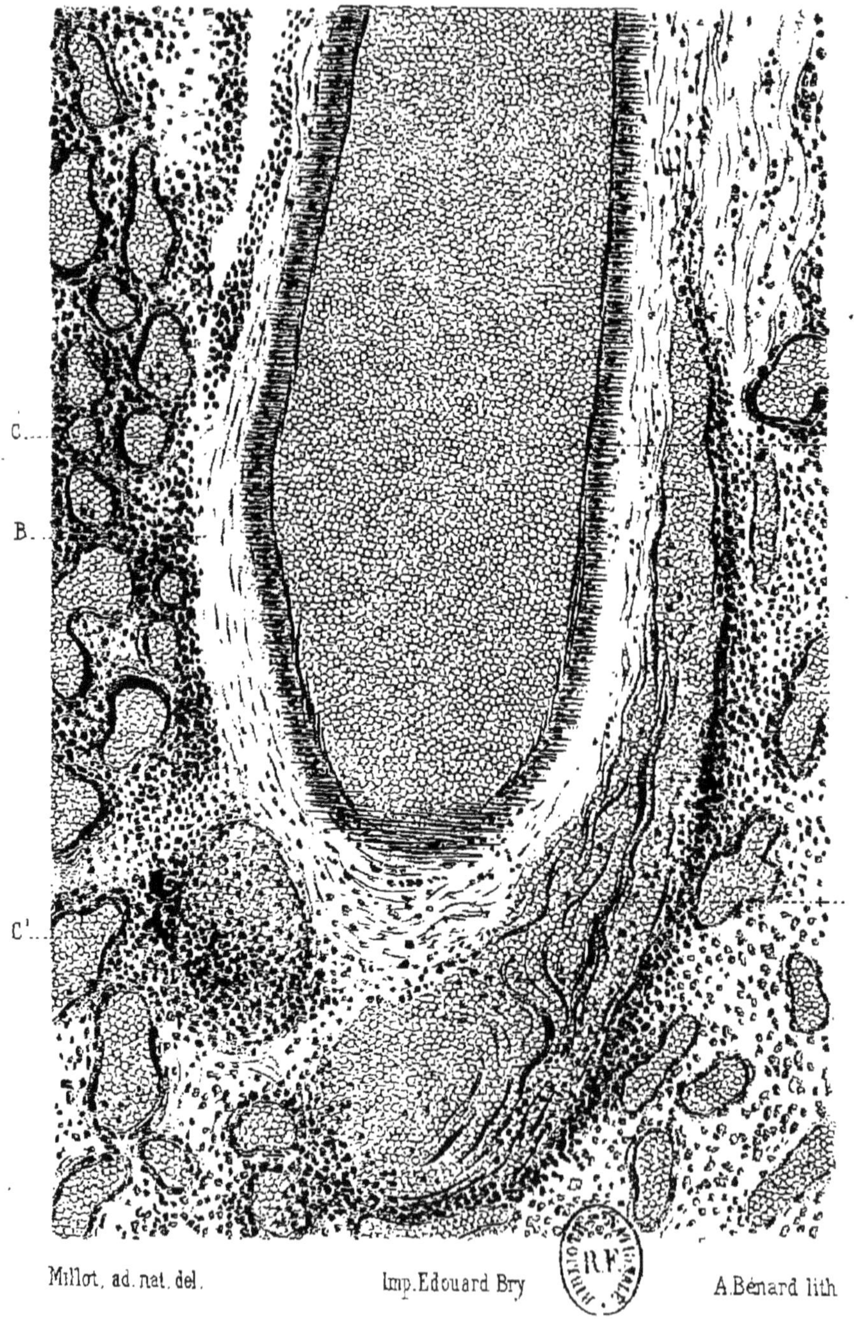

Millot, ad. nat. del. Imp. Edouard Bry A. Bénard lith

Steinheil Editeur, Paris

A LA MÊME LIBRAIRIE

Le Mans. — Typ. Ed. Monnoyer, place des Jacobins, 12.

www.ingramcontent.com/pod-product-compliance
Ingram Content Group UK Ltd.
Pitfield, Milton Keynes, MK11 3LW, UK
UKHW021854190726
13855UKWH00001B/316